THE GENIUS OF WOMEN

THE GENIUS OF WOMEN

: 역사에서 간과되었지만
세상을 변화시킨 힘

여성의 천재성

제니스 캐플런 지음 | 김은경 옮김

매일 천재성과 너그러운 마음으로
나를 고무시켜주는 잭, 애니, 맷, 폴린에게
이 책을 바칩니다.

들어가며

몇 년 전, 모두 남성으로 구성된 한 교수들 모임에서 필독서로 생각되는 책의 목록을 만들었다. 이러한 양서는 지식인이 된다는 것의 의미를 규정했다. 컬럼비아 대학과 시카고 대학을 포함한 많은 대학에서는 이 책들을 핵심 교육 과정의 기초로 활용했다.

백 권 이상의 책이 그 목록에 올랐다. 하지만 이 가운데 여성이 쓴 책은 한 권도 없었다. 이러한 양서를 선정한 남성들은 훌륭한 사상이 담긴 작품을 선정했고 저자가 누구인지는 개의치 않았다고 짐짓 경건하게 주장했다. 심리학 박사 학위가 없는 사람이라도 그들이 자신들을 속이고 있다는 사실을 알 수 있을 것이다. 무엇이 훌륭하고 가치 있고 귀중한가에 대한 우리의 판단은 어느 정도의 사회적 기대를 기반으로 한다. 우리는 지적인 생각이든

재력이든 부동산이든지 간에 사회적으로 용인된 맥락 내에서 그 가치를 평가한다. 그러한 책 목록을 만든 이들을 비롯하여 그 전과 그 이후의 많은 남자 교수들에게 남성은 연구할 가치가 있는 천재라는 기대가 있었다.

유명한 여론 조사자이고 전략가인 내 친구 마이클 벌랜드는 불과 몇 년 전 천재성에 대한 사람들의 태도를 이해하려고 조사를 했다. 마이클은 오랫동안 여론 조사를 해왔다. 그래서 결과를 예측하고, 그러한 결과를 발전적으로 활용하는 방법을 파악하는 데 그 누구보다 뛰어나다. 하지만 그런 마이클도 천재에 대한 여론 조사 결과에 몹시 놀랐다. 그는 한 질문을 통해 누가 가장 천재인 것 같은지 물었는데 이에 미국인의 90%는 남성으로 답했다. 천재 여성의 이름을 말해보라는 질문에 사람들이 생각해낸 인물은 마리 퀴리가 유일했다.

사람들은 어쩌다 여성들의 비범한 재능을 무시하고, 폄하하고, 간과하는 지경에 이르렀을까? 성 문제의식이 높아진 현시대에 여전히 남성과 여성 모두 사회에 대한 남성들의 공헌이 더 의미 있다고 생각하는 이유는 무엇일까?

나는 이 책을 쓰기 위해 수많은 수학자, 물리학자, 화가, 작가, 철학자, 노벨상 수상자를 인터뷰했다. 그 과정에서 남성과 여성의 차이를 만드는 주된 요인이 재능이나 성과, 타고난 명석함이나 근면함이 아니라 규칙을 정할 수 있는 위치에 있다는 사실을 발견했다. 그러한 위치에 오를 힘이 남성에게 있는 반면 여성에게는 없다. 그동안 남성들은 무엇이 선이고 무엇이 중요한지에 대해 결정을 내려왔다. 그리고 그들의 편견은 모두에게 적용되는 현상이자 사회적 기풍이 되었다.

천재를 인정하는 것이 꼭 제로섬 게임이 될 필요는 없지만, 흔히 그렇게 느껴지기 마련이다. 노벨상 수상자의 수와 하버드 대학의 종신직 수는 한정되어 있다. 미술관에 위대한 작품이 전시되는 공간은 한정적이며, 자신의 저서가 핵심 교육 과정에 포함되는 저자들도 그렇게 많지 않다. 당신은 최근에 사람들의 의식 수준이 높아져서 앞서 언급된 양서 목록이 구시대의 유물로 취급될 거로 생각할지 모른다. 하지만 어떤 변화라도 성난 저항에 부딪힌다. 컬럼비아 대학 측에서 사포, 버지니아 울프, 토니 모리슨, 제인 오스틴 같은 여성 작가들의 저서를 필독서 목록에 포함하는 것을 다시 논의했을 때 심지어 가장 진보적인 남자 교수 중 일부도 이에 격노했다. 확실히 버지니아 울프의 작품은 읽을 가치가 있으며 그녀는 그 시대의 그 누구보다 소설을 획기적으로 재정의한 작가일 것이다. 하지만 어떤 남성이 무리에서의 이탈을 감수하고 그녀에게 길을 내주겠는가?

자신들의 저서와 영웅이 교체될지도 모른다는 위협을 느끼는 남성들은 여성들이 이룬 성취에 마음의 문을 닫아버린다. 그들은 결속을 굳히며 천재를 재정의한다. 직설적으로 말해보겠다. 만일 권력을 쥔 누군가가 천재란 새로운 경지를 개척하고, 미래 세대에 영향을 주며, 남근을 가진 사람으로 정의한다면 그 사람은 자기도 모르게 비밀을 상당히 발설한 셈이다. 그 사람은 자신이 평등을 믿고 오직 성과로만 판단한다고 주장할지 모르나 이미 시스템을 조작한 것이 분명하다.

여성들은 어떻게 규칙이 정해졌는지 알아야 한다. 이 규칙에 대한 정의는 방금 내가 설명한 것처럼 명확하지 않다. 숨은 뜻을 알기 전까지는 말이다. 도나 스트릭랜드는 2018년 노벨물리학상을 받았을 때 레이저 광선을 생성하는 새로운 방법을 개발한 획기적인 연구로 극찬을 받았다. 스트릭랜드는 탁월했고 독창적이었으며 위대한 업적을 이루었다. 그때 스트릭랜드에게 없던 것은 위키피디아에 자신이 소개된 일면이었다. 얼마 전에 스트릭랜드를 여기에 등재해야 한다는 제안이 있었지만, 대부분의 백인 남성 문지기들이 이를 거절했다.

위키피디아는 훌륭한 콘텐츠고 나는 그것의 결점을 지적할 생각이 없다. 위키피디아를 총괄하는 비영리단체의 상임이사인 캐서린 마르Katherine Maher는 스트릭랜드의 이야기가 나오자 살짝 당황했다. 하지만 그녀는 위키피디아가 세상의 편견을 반영한 것이지 그러한 편견을 일으킨 건 아니라고 지적했다. 이 비영리단체의 가치를 대표하는 자원봉사자들이 이 거대한 온라인 백과사전을 만든다. 우리는 남성들과 다른 재능을 지닌 여성들이 세상의 갈채를 받지 못하는 이유를 이야기할 수 있고 앞으로도 이야기할 것이다. 하지만 그 빈 페이지는 훨씬 더 명백한 문제를 드러냈다. 바로 남성 동료들과 같거나 더 훌륭한 재능을 지닌 여성들이 ― 세상에, 그녀는 노벨상을 받았단 말이다! ― 여전히 무시를 당한다는 점이다. 위키피디아 가이드라인에 물리학의 천재가 되려면 Y 염색체가 있어야 한다는 구체적인 정의가 나와 있지는 않다. 하지만 위키피디아 측은 스트릭랜드의 등재를 거부함으로써 실제로는 그렇게 정의한 셈이다.

위키피디아에 등재되기 위해 반드시 천재가 되어야 하는 것은 아니다. 그저 '주목할 만한' 수준에 도달하면 되는데 이는 몹시 높은 기준이 아니다. 하지만 2014년 당시 위키피디아에 등재된 전기 가운데 약 15%만 여성에 대한 전기였다. 스트릭랜드가 빠졌을 당시 그 수치는 약 18%였다. 3%의 소폭 증가가 별 것 아닌 것처럼 보일 수 있다. 하지만 이는 "지난 3년 반 동안 매일 72개의 새로운 항목의 증가를 의미한다"라고 마르가 말했다. 하지만 어쨌든 여기에 자신의 분야에서 최고의 영예를 얻은 여성이 포함되지 않았다.

내가 여기서 무슨 말을 하려고 하는지 알겠는가? 당신은 훌륭한 일을 할 수 있다. 당신은 당신의 분야에서 천재가 될 수 있다. 하지만 기존 권력의 힘이 당신에게 불리하게 작용할 수도 있다. 당신이 여성이고 사회에서 탁월하다고 여겨지는 사람들의 85%가(3% 정도의 차이는 날 수 있다) 남성이라면 당신에겐 험난한 여정이 놓여있는 것이다.

스트릭랜드가 사람들에게 무시되었다가 노벨상을 받는 역설적 상황에 직면했을 당시, 필라델피아의 반즈 재단Barnes Foundation

에서는 인상파 화가 베르트 모리조의 작품 전시회가 열렸다. 일반적으로는 19세기 화가와 21세기 물리학자 사이의 연관성을 발견할 수 없다고 생각할 것이다. 하지만 천재 여성이 직면한 문제들은 세대를 거듭하며 변함없이 지속하여 왔다. 호평받는 미술 평론가 피터 슈젤단Peter Schjeldahl은 모리조를 마네, 드가, 르누아르, 모네 같은 거장들이 포함된 그녀의 세대에서 가장 흥미로운 화가라고 말한다. 그 거장들도 모리조를 그들 모임의 일원으로 생각했고 그녀의 작품을 아주 높게 평가했다. 하지만 다른 사람들은 모리조 작품의 강렬한 방식과 의미에는 별 관심이 없고 그녀를 자주 그렸던 마네가 그녀와 사랑에 빠졌는지에 더 관심이 많았다. ― 모리조는 마네의 남동생과 결혼했다 ― 슈젤단은 모리조가 탁월한 작품성에도 불구하고 "일반적인 미술사에서 과소평가를 넘어 평가 자체가 전혀 되지 않았다"라고 살짝 실망감을 드러낸다.

도대체 왜 그런 것일까? 아무리 우리가 작품을 오로지 작품의 질에 근거해 판단한다고 해도 판단이라는 것은 무無의 상태에서 이루어지는 것이 아니다. 어떤 그림이나 물리학 방정식이나 훌륭한 소설을 창조한 사람이 남성인지 여성인지 아는 것은 그것의 가치를 판단하는 데 영향을 준다. 반즈 재단은 모리조 작품 전시회에 '여성 인상파 화가'라는 부제를 달았다. 여기에는 의도하지 않은, 성차별적 오만함이 담겨있다. 여성 인상파 화가는 진정한 인상파 화가와 다른 걸까? 평론가 슈젤단은 이와 유사한 경우를 장난스럽게 상상했다. '조르주 브라크: 남성 입체파 화가'로 불리는 전시회 말이다. 이러한 제안을 하면 사람들은 웃기 마련이다. 이런 일은 절대 일어나지 않기 때문이다. 훌륭한 작품을 만든 사람이 남성일 때 그 누구도 성별을 언급하지 않는다. 사람들은 천재가 여성일 때만 '이런, 정말 놀라운데?'라고 생각하며 주목한다. 모리조는 독창적인 천재일지 모른다. 하지만 남성 중심인 미술계의 관점에서 그녀는 어쩌다 거장들처럼 그림을 그리게 된, 붓을 쥔 여성일 뿐이다.

'물고기는 자신이 물속에 사는 것을 모른다'라는 옛말이 있다. 물고기든 가금류든, 도시 혹은 교외에 살든 일상의 환경을 인지하지 못하며 그 이외의 환경도 알지 못한다. 현재 상황이 존재 가능한 유일한 현실처럼 보인다. 마찬가지로 대부분의 사람은 남성의 판단과 관점이 공기 — 혹은 우리가 수영하는 물 — 처럼 된 세상에서 살고 있다는 사실을 알아차리기 어렵다.

나는 최근 미투MeToo 운동에 약간 혼란스러움을 느낀 남성들과 대화를 나눌 일이 많았다. 그들은 노골적인 모욕을 이해하고 항상 경계선을 넘지 않도록 조심해왔다. 하지만 그들은 여성에게 문을 열어주고, 여성의 저녁 식사비를 내주고, 여성에게 칭찬하는 것을 포기해야 한다는 점은 여전히 이해하지 못한다. 내가 이 책을 쓰기 위해 인터뷰했던 나이 지긋한 한 남성은 음식점에서 처음 만났을 때 내가 외투 벗는 것을 도와주었고 대화를 하기 위해 테이블로 걸어갈 때 내게 팔을 내밀었다. 나는 정중히 거절했다. 그는 서둘러 내 의자를 잡아당겨 주기도 했다. 솔직히, 나는 어른이다. 오랜 세월 동안 누구의 도움 없이 의자에 앉았단 말이다. 한 남성은 내게 이러한 행위를 '댄스'라고 묘사했다.

많은 여성은 그러한 '댄스'를 전혀 개의치 않는다. 남성이 몇 가지 사소한 일에 대해 통제력을 발휘하고 도움을 주도록 내버려 두는 것은 불평등한 세상에서 사는 합리적인 방법처럼 보일지 모른다. 하지만 이에 따른 결과를 인지해야 한다. 당신의 영향력을 타인에게 내주는 것은 당신의 일과 성취가 어떻게 평가되는지와 연관이 있다. 이렇게 되면 당신은 더 이상 동등하지 않다. 당신은 '여성 인상파 화가'나 '여성 작가' 혹은, '여성……'으로 불리게 되는 것이다. 내 의자를 뒤로 당겨주었던 남성은 자신이 그저 정중하게 대해준 거라고 말할 것이다. 하지만 이에 더해 그는 인터뷰 진행자인 내가 우위를 점할 수 있었던 상황을 통제한 것이었다. 나는 그를 당황하게 만들고 싶지 않았기에 아무 말도 하지 않았다. 그 결정이 옳았는지 잘못된 건지는 나도 모르겠다. 지금껏 여성들은 항상 제도 안에서 대처하는 방법을 배워야 했다. 이는 심한 위협을 느끼지 않은 채 자기 길을 간다는 의미다. 이러한 방법을 안다는 것은 약간의 천재성이 있다는 의미이기도 하다.

이 책을 쓰기 위해 수개월 동안 조사를 진행했다. 그 과정에서 지난 세월 동안 여성들의 엄청난 잠재력이 손실되었고 탁월한 성과들이 무시되었다는 사실을 알게 될수록 심란한 기분을 느꼈다. 여성들은 남성들을 쉽게 탓하면서도 그러한 제도를 용인하고 있다. 우리는 우리가 수영하고 있는 물이자, 남성이 지배하는 물이 존재 가능한 유일한 환경이라고 생각한다. 그래서 그 밖으로 튀어나와 새로운 공기를 마셔볼 시도조차 하지 않는다. 우리는 우리의 성과를 평가절하하고 우리가 어떤 일을 남성들만큼 잘할 거라고 기대하지 않는다. 우리는 겁을 먹은 나머지, 다른 사람들이 우리를 성공으로부터 멀리 떨어뜨려 놓기 훨씬 전부터 스스로 성공에서 멀어진다.

2018년 10월, 오프브로드웨이에서 초연된 연극 〈글로리아: 어떤 인생Gloria: A Life〉은 미국의 페미니스트 운동가인 글로리아 스타이넘의 자각을 추적하는 내용을 다루었다. 애초에 스타이넘은 글쓰기를 자신의 고향인 오하이오주州 톨레도를 벗어나는 방법이라고 생각했다. 스타이넘은 뉴욕으로 가서 일류 잡지사에 들어갔지만 예상치 못한 여러 난관에 부딪혔다. 한번은 그녀가 인터뷰하기로 한 유명 인사를 만나려고 플라자호텔 로비에서 기다렸는데 남성 동반자가 없다는 이유로 거기서 쫓겨났다. 그녀는 결국 인터뷰를 놓치고 말았다. 그녀가 남에게 좌우되지 않고 강력히 맞서는 법을 배우는 데 시간이 좀 걸렸다. 이후에 그 호텔 매니저가 또 남성을 동반하지 않았다는 이유로 그녀를 내쫓으려 했을 때 스타이넘은 그곳에서 나오지 않았다. 그런 스타이넘을 연기한 여배우이자 그녀를 많이 닮기도 한 크리스틴 라티는 깨달음의 순간을 이렇게 표현했다.

"마침내 나는 여성도 인간이라는 근본적 생각을 이해하게 되었다. 우리가 가부장제 아래 사는 것이 아니라 가부장제가 우리 안에 살고 있는 것이다."

'가부장제가 우리 안에 살고 있다.' 이는 영향력이 크고 강력한 말이다. 1960년대 후반부터 일어난 역할 변화의 격변 속에서 여성이 직면한 가장 큰 도전은 자신의 가치를 믿는 일이 되었기 때문이다. 심지어 지금도 여성들은 오랫동안 뿌리내린 저급한 고정관념을 물리치기 위해 고군분투하고 있다. 당신이 호텔 로비나 고급 사무실, 노벨상 시상식은 당신의 영역이 아니라는 메시지를 명시적으로나 무의식적으로 듣는다면, 세상이 잘못되었으며 세상에 당신의 천재성을 발휘할 수 있다는 온전한 확신을 품고 전진하기란 어렵다.

마이클 벌랜드가 천재에 대한 조사에서 던졌던 질문의 답을 보면 이 문제가 왜 사라지지 않는지 알 수 있다. 남성들에게 혹시 자신이 천재라고 생각하는지 물었을 때 15%의 남성들이 그렇다고 대답했다. 하지만 여성들은 단 한 명도 그렇게 대답하지 않았다. 그 조사에 응답한 남성들 가운데 일부는 자신의 능력에 망상을 품고 있는 건지도 모르지만, 이는 사실 중요하지 않다. 이 질문에 대한 대답은 자신의 가능성에 대한 인식이 어떤지 보여준다. 뭔가가 실현 가능하다고 믿어야만 그것을 실현할 수 있다.

"자신이 천재라고 생각하세요?" 마이클은 그 조사 결과에 대해 말해주며 내게 물었다.

"물론 아니죠! 뭐, 똑똑할지는 몰라도 천재는 아니죠."

마이클은 고개를 절레절레 저었다. "저는 제니스 씨가 천재 같은데요. 제가 아는 여성들 중에 천재가 많다고 생각해요. 그런데 그들은 왜 그렇게 생각하지 않을까요?"

우리는 왜 우리가 얼마나 뛰어난지 알지 못할까? 우리는 왜 우리의 강점과 잠재적 천재성을 알아차리지 못할까? '가부장제가 우리 안에 살고 있기 때문이다.'

언제든 천재로 인정받으려면 굴종하는 자세를 보이거나 자신의 강점을 두려워하면 안 된다. 환경이 어떠하든지 간에 용인된 규범에 도전하고, 새로운 관점으로 사물을 보려고 노력해야 한다. 또한, 자신의 길을 개척하고 자신만의 규칙을 만들 수 있어야 한다. 이전 세대에 비하면 지금의 여성들에겐 자신의 천재성을 빛낼 기회가 더 많이 주어져 있다. 하지만 나는 이 책을 위한 취재를 진행하면서 그 장벽이 여전히 높고 장애물도 많다는 사실을 알게 되었다.

천재들은 중요하다. 그들은 세상을 흔드는 혁신자들이자 선지자들이기 때문이다. 당신은 레오나르도 다 빈치, 갈릴레오, 미켈란젤로, 알베르트 아인슈타인, 아이작 뉴턴을 알 것이다. 하지만 에미 뇌터, 에밀리 뒤 샤틀레, 클라라 피터스, 에이다 러브레이스에 대해 들어보았는가? 이들은 자신의 길에 놓인 장애물에도 불구하고 아주 독창적인 생각을 해냈고 세상에 대한 새로운 관점을 제시했다. 멋진 여배우 헤디 라마르는 제2차 세계대전 때 사용된 무선 유도 시스템을 개발하는 데 도움을 주었고, 현재 우리 모두가 사용하는 블루투스 기술의 선구자로 여겨지고 있다. 영화계 거물 루이스 B. 메이어는 라마르를 세상에서 가장 아름다운 여성으로 홍보했지만, 세계적인 항공회사 TWA의 설립자 하워드 휴스는 다른 이유로 그녀에게 깊은 인상을 받았다. 그는 자신의 비행기에 새로운 공기역학적 날개를 설계할 때 전적으로 라마르의 도움을 받았기에, 라마르를 천재라고 불렀다.

나는 모든 세대마다 천재 여성들이 있었다는 사실에 희망과 감탄을 느낀다. 우리는 그녀들이 어떻게 그런 천재성을 발휘했는지, 그러니까 여성으로서 어떻게 이탈리아 르네상스 시대에 탁월한 그림을 그렸는지, 여성은 으레 집에서 요리나 만들어야 한다고 인식되었던 19세기에 어떻게 물리학을 재조명했는지 파악한다면 우리 삶에 존재하는 한계와 가능성에 접근하는 방법을 바꿀 수 있다. 반드시 수학자나 미국 항공우주국 나사NASA의 과학자나 교수 같은 사람들만 천재가 될 자격이 되는 것은 아니다. ─ 물론 내가 이러한 분야에 몸담은 많은 여성을 인터뷰하긴 했다 ─ 많은 천재 여성이 우리의 옆 사무실이나 옆 책상에서 열심히 일하고 있지만, 오늘도 그녀들은 인정받지 못하고 있다. 이제 우리가 관점을 바꾸고 여성들의 재능을 새로운 방식으로 주시해야 할 때다.

천재성은 타고난 지능과 열정과 고된 일에 대한 헌신이 결합할 때 생겨난다. 천재들은 다양한 능력을 보이는 경향이 있다. 그들은 과학과 예술을 통합하고 자신이 기울이는 노력에 감성을 담아낸다. 스티브 잡스, 알베르트 아인슈타인, 벤저민 프랭클린의 훌륭한 전기를 쓴 월터 아이작슨은 천재들의 공통된 특징이 "인문학에 대한 감성과 과학에 대한 감성이 하나의 강한 개성으로 결합할 때 형성되는 창의성"이라는 점을 발견했다. 우리는 여기에 꼭 들어맞는 수학자, 물리학자, 발명가뿐만 아니라 기업가, 화가, 천문학자도 찾을 수 있다. 그리고 이러한 다면적 특성들을 열거하다 보면 여성들이 여기에 상당히 잘 들어맞는다는 점을 알 수 있다.

플라톤은 "한 나라에서 명예롭게 여겨지는 것은 바로 그 나라에서 장려된다"라고 말했다. 현재 미국이나 다른 많은 나라에서 여성의 천재성이 제대로 장려되고 있지 않다고 말하는 것은 과장이 아니다. 사실, 여성의 천재성은 사회적으로 전혀 권장되거나 장려되지 않았다. 천재들은 인간의 가능성을 보여주는 본보기로서 사람들에게 창의적이고 폭넓은 사고를 하도록 자극한다. 그들은 새로운 길을 고려하고 일반적 통념을 따르지 않는다. 여성의 천재성은 정치, 경제, 교육을 변화시킬 힘이 있다. 만일 우리가 그 천재성이 빛을 발하도록 장려한다면 말이다.

여성들의 천재적 잠재력을 발휘하지 못하게 가로막는 수많은 편견과 장애물을 주제로 책 한 권은 쓸 수 있을 것이다. 아니, 두세 권도 쓸 수 있으리라. 하지만 내가 더 관심을 기울인 대상이자 이 책의 상당한 부분을 차지한 이들은 가던 길에서 멈춰 세워지는 것뿐만 아니라 걷는 속도가 늦춰지는 것조차 거절했던 여성들이다. 나는 아주 먼 과거에서부터 지금에 이르기까지 장애물을 에둘러 돌아가고 장벽을 뛰어넘은 여성들을 발견했다. 내가 천재와 관련하여 품고 있는 진정한 질문은 다음과 같다. 여러 세대에 걸친 일부 여성들은 완벽하지 못한 환경 속에서도 어떻게 그리 높이 비상하고, 많은 성취를 이루고, 멀리 전진할 수 있었을까? 이것은 우리가 전진하는 과정에서 할 수 있는 일에 대해 무엇을 말해주는가?

나는 젊은 작가 쉴라 헤티Sheila Heti의 책을 우연히 발견했다. 한 영향력 있는 평론가는 "문학을 새로운 방향으로 나아가게 한다"라며 그녀를 극찬했다. 그녀의 소설『사람은 어떻게 존재해야 하는가?How Should a Person Be?』의 초반부에서는 천재 여성이라는 주제를 묘하게 비틀어서 말한다.

"여성이 되는 것의 한 가지 좋은 점은 천재 여성이 어떤 사람인지에 대한 예시가 아직 많지 않다는 점이다. 그 천재가 바로 나일 수도 있다."

나는 '이보다 더 현명한 관점이 있을 수 있을까?'라는 생각에 이 문장을 보고 미소지었다. 당신은 사람들이 천재를 남성이라고 생각한다는 사실을 보여주는, 내 친구 마이클의 조사 결과에 불평할 수 있다. 혹은 이를 긍정적인 측면으로 볼 수도 있다. 다만 이전에 여성들이 무시되었다는 사실은 이제 여성들이 전진하는 모습을 창조하고 새로운 가능성과 정의를 발견할 수 있다는 점을 의미한다는 것이다. 사람들이 천재 여성은 어떤 사람일지 상상할 때 어리둥절해 하더라도 당신은 당신만의 이미지로 그려내면 된다.

천재 여성의 본보기는 나일 수도, 당신일 수도, 당신의 딸일 수도 있다. 그러니 플라톤의 조언을 따라가는 나의 도전적이고 흥미롭고 가끔 재미있기도 한 여정에 동참하여, 여성의 진정한 천재성을 살펴보고 존중하고 장려하는 방법을 발견해보길 바란다.

목 차

● **들어가며** 7

1부 ────
**천재는 당신이
생각하는 사람이
아니다**

1장 당신이 리제 마이트너라는 이름을
들어본 적 없는 이유 **27**

2장 모차르트 누나에 대한
극악한 편견 **50**

3장 아인슈타인의 아내와
상대성이론 **74**

4장 10대 수녀는 어떻게
〈최후의 만찬〉을 그렸을까 **96**

5장 이탈리아 여성들이
수학을 잘하는 이유 **121**

2부 ────
**우리 속에 있는
천재들**

6장 페이-페이 리가《베너티 페어》의
표지를 장식해야 하는 이유 **147**

7장 스스로 완벽해질 수 있는
천체물리학자 **171**

8장 다양함을 담아내는
브로드웨이의 티나 랜도우 **194**

9장 사랑스러운 천재
루스 베이더 긴즈버그 **217**

10장 여성 과학자들을 제거하려 한
어둠의 제왕 **237**

3부 ————

**천재 여성들은
어떻게 싸우고……
승리하는가**

11장 에리얼-신데렐라 콤플렉스와
싸운다는 것 **265**

12장 지니 데이비스와
좋은 사람 콤플렉스 **285**

13장 자신을 의심하지 않았던 노벨상 수상자
프랜시스 아놀드 **308**

14장 시선을 끄는 스카프를 매고
사업에 성공하는 법 **329**

15장 천재 여성들의
세상을 바꾸는 힘 **348**

● **감사의 말** **361**

THE GENIUS OF WOMEN

1부

천재는 당신이
생각하는 사람이
아니다

나는 실명을 밝히지 않고 그렇게 많은 시를 쓴 아논이
여자였을 거라는 추측을 감히 해보곤 했다.

— 버지니아 울프

1장

당신이 리제 마이트너라는 이름을 들어본 적 없는 이유

내가 아홉 살이 된 직후, 우리 집 가정의는 어머니에게 내가 글을 너무 많이 읽는다고 주의를 시켰다. 내가 너무 당혹스러운 기분으로 그를 쳐다보았던 것이 아직도 기억난다. 그때까지 나의 열렬한 책 사랑은 우리 가족의 자부심이었다. 하지만 그때 어머니는 그렇게 책을 읽어서 내 시력이 나빠졌는지 걱정스럽게 물으셨다. 가정의는 그건 아니라고 했다. 내 시력이 괜찮긴 하지만 내가 좀 더 여성스러운 활동도 해봐야 한다고 했다. 그는 내가 먼 곳을 배경으로 한 책들에 너무 흥분하고 새로운 생각들을 떠벌리다 보면 의도하지 않은 결과가 발생할 수 있다며 걱정했다.

"여자애들은 너무 똑똑해봤자 득 될 게 없어요." 그는 몹시 심각한 어조로 말했다. '너무 똑똑해봤자 득 될 게 없어요.' 어머니는 고개를 주억거리셨다. 어머니는 그 말을 이해하셨지만 나는 충격을 받았다. 그 순간은 내 안에 항상 남아서 내가 기분이 몹시 불편할 때면 오롯이 떠오를 만큼 충격적이었다. 나는 그 말을 여성 슈퍼히어로 영화의 흥행 수익이 10억 달러를 돌파하고, 미투 운동의 힘으로 남성들이 휘청거리는 이 세상과 이제 관련없는 구시대적 시각으로 일축해버리고 싶다. 하지만 그건 희망 사항일 뿐이다. 한 문화에 수십 년 동안, 심지어 몇 세기 동안 뿌리내린 사고방식은 똑똑한 여자아이가 성인으로 자라는 동안에 사라지지 않는다.

'너무 똑똑해봤자 득 될 게 없어요.' 요즘도 나는 여성의 천재가 될 잠재력과 일반적인 사고방식을 깨뜨릴 잠재력을 곰곰이 생각할 때면 그 말을 종종 떠올린다. 나는 여성들의 역할이 변화하고 있던 시기에 성장했다. 이는 현재에 살거나 우리가 기억하는 과거에 살던 모든 여성에게 해당한다. 100년 전까지만 해도 미국 여성들은 선거권이 없었다. 나는 지금도 이 사실에 충격을 받으며, 만일 내가 그 시대에 살았더라면 거리에서 행진하며 시위를 했을 거라고 종종 생각한다. 하지만 실제로 그러지 못했을 수도 있다. 사람이란 으레 상황에 익숙해지니까 말이다. 사람들이 당신에게 여성이 투표한다거나, 여성이 과학자나 화가, 수학자가 되는 건 정상적이지 않다는 말을 한다고 해보자. 깊이 뿌리내린 사회적 기대가 '이건 옳지 않아'라는 당신의 내면 깊은 곳의 생각과 격렬하게 충돌할 것이다.

젊은 시절, 나에겐 순수한 자신감이 있었다. 그 가정의가 그런 말을 했지만, 여성들이 남성들이 했던 일을 할 수 없다는 생각은 전혀 들지 않았다. 나는 과거에 남성들만 다녔던 아이비리그 대학에 다녔고 기자와 텔레비전 방송 제작자로서 썩 괜찮은 경력을 쌓았다. 미국에서 가장 큰 잡지사를 운영했었고 — 남편과 — 훌륭한 두 아들도 키웠다. 하지만 그 과정에서 여성들의 잠재력 가운데 많은 부분이 사라지고 무시되고 버려졌고, 지금도 여전히 그러하다는 점을 깨닫기 시작했다. 차별의 세세한 부분들은 시간이 지나면서 변했다. 가령, 내가 스포츠 기자로 일을 처음 시작했을 때에 비해 요즘 여성 테니스 선수들은 돈을 훨씬 많이 번다. 하지만 더 큰 문제들이 남아있다. 어떤 분야에서든 재능 있고 야심에 찬 여성이 된다는 것은 켄터키 더비*에서 누군가 자신의 고삐를 잡아당기는 상태로 말을 모는 것과 같다. 당신은 당신에게 힘과 능력과 훌륭한 말이 있다는 사실을 안다. 그렇다면 당신을 멈추려고 하는 보이지 않는 손은 무엇인가?

프랑스 철학자 시몬 드 보부아르는 1900년대 중반에 이렇게 설명했다. 남성들은 자신들을 표준 즉, 인간성의 정의로 생각하고 하나의 편이 되기를 자처하기 때문에 여성들은 다른 편이 된다고 말이다. 보부아르는 이러한 태도를 불안한 남성들의 '비상식적인 위안'이라고 불렀다. 그야말로 보통의 남성이라도 자신이

---

* 켄터키주 루이빌에서 열리는 경마 – 역주

제압하는 여성과 자신을 비교할 때 우월감을 느끼기 때문이다. 그동안 여성들은 흔히 이러한 취급을 받아들여 왔다. 이렇게 하면 잠재적 이점이 있기 때문이다. 격동의 과거 시절에 남성 통치자는 여성을 난폭한 무리로부터 보호해주었다. 또한, 불평등한 급여체계가 존재하는 현재에 관리직 남성은 여성이 혼자만의 능력으로 사지 못하는 근사한 집을 살 수 있다. ─ 남성들이 여성의 가치에 걸맞은 봉급을 주지 않기 때문에 여성은 혼자만의 능력으로 사지 못하는 것이다. 이는 마치 악순환의 정의 같다 ─

하지만 모든 사람이 이러한 합의를 받아들이는 것은 아니다. 생각해보면 내 어릴 적 가정의는 어느 정도 그 사실을 알았던 것 같다. 너무 똑똑하다는 것은 그 합의를 거부할 것을 뜻한다. 남성들이 반드시 더 똑똑하거나 더 재능 있는 게 아니라는 점을 깨달았다면, 자신만의 목소리를 발견하여 그것을 활용하기로 할 것이다. 이러한 결심을 하면 장점과 위험이 모두 따라온다. 자신의 위치가 위협받는다고 느끼는 남성은 궁지에 몰린 개처럼 될 수 있다. 당신은 요란하게 짖는 개를 잘 대처할 수도 있지만, 그보다는 위험하게 공격당하는 것을 피하고 싶을 것이다.

역사를 통틀어 천재 여성들은 남들과 다르다는 위험을 감수해 왔다. 그들은 천재가 된다는 것이 성별과 관련이 없다는 사실을 이해했기 때문에 자신만의 길을 가면서 경멸과 조롱을 받아들였다. 비록 다른 사람들은 이를 이해하지 못했을 때도 말이다. 과거의 천재 여성들을 살펴보노라면 그녀들의 탁월함과 끝없는 장애물에도 불구하고 전진하는 능력에 경외심을 느끼게 된다. 현재 비범함을 보이는 여성들과 대화를 나누고 이 책에서 다룰 천재 여성들을 선택하면서 나는 그러한 장애물들이 아직 사라지지 않았다는 사실을 깨달았다. 설령 재능이 있더라도 주목을 받으려면 엄청난 배짱과 강인함이 필요하다. 사회적, 문화적 압력은 유전자나 염색체의 힘보다 더 강하게 우리가 어떤 사람인지 규정한다. 천재 여성은 타고나는 것이 아니라 그렇게 되어가는 것이다. 하지만 세상이 당신을 멈춰 세우려고 할 때, '너무 똑똑해봤자 득될 게 없다'라는 말이 당신에게는 적용되지 않는다는 점을 어떻게 입증할 것인가?

⚛

나는 옥스퍼드 대학에서 여성들의 천재성을 이해하기 위한 여정을 시작했는데, 이곳은 항상 명석한 사람들의 본거지와 같았다. 하지만 1879년까지 이러한 사람들 가운데 여성은 없었다. 옥스퍼드 대학에는 학생들이 활동하고 공부하는 약 36개의 칼리지*가 있다. 초가을의 어느 화창한 날, 나는 옥스퍼드 대학에서 여성의 입학을 허용한 최초의 칼리지인 레이디 마거릿 홀Lady Margaret Hall로 이어지는 아름다운 가로수 길을 걸었다. 이곳은 '잘못된 것을 바로잡기 위해 설립되었다'라고 홍보되고 있다. 하지만 이 대학

....

* 옥스퍼드 대학교를 구성하는 단과 대학 - 역주

은 1879년부터 여성의 입학을 허용하면서도 1920년이 될 때까지 여성들에게 학위 수여는 하지 않았다.

붉은 벽돌 건물인 레이디 마거릿 홀은 드넓은 땅과 정원 속에 있다. 수위실에 있던 친절한 사람이 내가 들어가는 것을 반겨주었다. 잠시 후 수잔 월렌버그 교수가 안뜰을 걸어와 나를 맞아주었다. 월렌버그는 롱스커트에 작은 체구를 감싼 따스한 카디건 차림이었고 머리를 동그랗게 하여 뒤로 묶은 모습이었다. 월렌버그는 한 손으로 서류 다발을 움켜잡은 채 나를 상냥하게 맞이했다. 만일 내가 옥스퍼드 대학 선임 교수에 대한 영화를 만든다면 그녀를 제일 먼저 캐스팅할 것이다.

월렌버그는 옥스퍼드 대학에서 음악과 교수가 된 최초의 여성이었다. 또한, 최초로 일반적인 고전 음악에서 시선을 돌려 여성 작곡가들을 연구한 사람이었다. 최초로 한 일이 많지 않은가? 나는 아름다운 칼리지 정원을 걷다가 월렌버그의 연구실에 앉아 오후 내내 대화를 나눴는데, 그녀가 자신이 추구하는 일에서 얼마나 대담하고 용기 있었는지 깨달았다. 월렌버그의 겸손하고 부드러운 말투를 고려한다면, 자신이 대담하고 용기 있었다는 표현은 쓰지 않을 것이다. 나와 대화를 나눌 때 그녀는 문화적 장애물에 돌진하거나 최소한 그것을 옆으로 밀쳐내는 것의 의미보다는 자신이 한 일에 초점을 맞추어 말했다. 하지만 실제로 그녀가 장애물을 밀쳐내기는 했다. 천재의 한 가지 특징이 획기적이고 독창적으로 사고하는 사람이라면 그녀는 옥스퍼드 음대의 천재적

반항아였다.

월렌버그는 옥스퍼드 대학에서 학생으로 지내던 옛 시절을 반추하며 그 시절 그녀의 모든 연구는 남성에게 초점이 맞추어져 있었다고 말했다. 월렌버그는 남성들이 만든 음악에 귀를 기울였고 그들에 대한 논문을 썼다. 여성 작곡가들에 대해 말하는 사람은 아무도 없었다.

"분명 여성 작곡가들도 있을 거라는 생각이 들었어요. 하지만 그녀들은 어디에 있을까요? 그녀들은 순전히 간과되거나 무시되었던 거예요."

월렌버그는 교수가 되었을 때 고대에서 중세 그리고 현재에 이르는 여성 작곡가들에 대한 강좌를 열기 시작했다. 모든 시기에서 훌륭한 음악적 재능을 지녔지만 남성들의 연주 거부로 그러한 재능이 묻혀버린 여성 작곡가들을 발견했다. 알려진 여성 작곡가들은 사람들에게 음악을 들려줄 색다른 방법을 발견한 이들이었다. 12세기에 힐데가르트 폰 빙엔은 엄청난 양의 작곡을 했다. 월렌버그는 "힐데가르트의 경우, 수녀원장이 되어 자신의 수녀원을 이끌고 성가대를 위해 직접 작곡했기 때문에" 사람들의 주목을 받았다고 설명했다. 여성들에게 선택의 여지가 좁았던 시대에 수녀가 되는 것은 반드시 속세를 벗어나는 것만을 의미하지 않았다. 이는 다른 사람들과 관계를 맺고 자신의 창의성을 드러내는 유일한 방법이기도 했다. 여성으로서 천재가 되려면 하나님을 자기편으로 만드는 일이 도움되었던 것은 분명해 보인다.

아니면 적어도 자신을 지지해줄 수많은 여성을 주위에 둔 것이 도움이 되었을지도 모른다. 항상 천재 여성들은 대안 경로를 찾아야 했는데, 힐데가르트와 그 이후의 다른 여성들에게 수녀원은 자신이 추구하는 것을 시도할 만한 대안적 장소였다.

월렌버그는 '항상 천재는 남성'이었기 때문에 사람들이 훌륭하고 위대한 일을 하는 여성들에게 주목하지 못한다고 설명했다. 그러면서 자신처럼 전통적 사고의 방향을 바꾸어 클라라 슈만과 파니 멘델스존 같은 천재 여성 작곡가들에게 주의를 기울인 다른 대학의 교수들을 언급했다. 월렌버그가 언급한 교수들이 모두 여성이었다는 사실이 나중에야 떠올랐다. 물론 이것이 놀라운 사실은 아니었다. 여성의 천재성에는 다른 여성의 천재성을 알아보는 것도 포함되는지 모른다. 남성들이 그렇게 해주길 기다린다면 너무 오래 걸릴 것이다.

⚛

다음 날 나는 런던에서 음식점 룰즈에 가는 길에 코벤트 가든 광장을 돌아다녔다. 룰즈는 1798년에 문을 열었고 찰스 디킨스부터 에드워드 7세에 이르는 수많은 사람이 이곳에서 밥을 먹었다. 그곳에 도착했을 때 나와 점심 약속을 한 찰스 존스가 바에서 아주 영국적인 음료를 마시며 나를 기다리고 있었다. 처음 만난 자리였지만 몇 분 동안의 대화만으로도 그가 똑똑하고 박식하며 선한 사람이라는 점을 알 수 있었다. 그러한 남성들은 실제로 존재하며, 여성의 천재성을 인정한다는 것이 남성의 모든 통찰력을 무시한다는 것을 의미하지 않는다. 남녀가 서로의 지혜와 재능을 활용할 수 있다면 좋을 것이다. 그래서 비록 우리는 그의 프로젝트를 논의하러 만난 것이긴 했지만, 나는 나의 프로젝트에 그의 관점을 담아보기로 했다.

폭넓은 지식을 갖춘, 케임브리지 대학의 교수인 찰스는 역사에서 윤리학으로, 다시 국제 관계로 대화 주제를 자유자재로 바꾸었다. 점심을 먹기 위한 테이블로 걸어갈 때 나는 찰스가 와인 전문가이기도 하다는 사실을 알게 되었고 그는 내가 그렇지 못하다는 점을 알아차렸다. "우리 둘 다 즐길만한 것으로 제가 골라도 될까요?" 그는 와인 목록을 훑어보았다. 나는 속으로 그의 감성지능 점수에 가산점을 주었다.

첫 번째 코스 요리가 나오자 나는 연어 타르타르에 포크를 넣으며 천재를 만드는 요소를 생각하는 데 많은 시간을 보냈다고 말했다. 찰스는 그런 생각을 해봤을까?

찰스는 샤르도네*를 한 모금 홀짝였다. "천재라." 그가 생각에 잠기며 말했다. "전 그게 비상한 능력과 명성이 만나는 지점에 존재하는 거 같아요."

놀란 마음으로 그를 쳐다보며, 내 포크는 공중에 그대로 멈추었다. 명성이 있어야 한다고? 찰스가 잉글랜드 상류층 특유의 말

----

* 화이트 와인의 일종 – 역주

투를 써서 그런지 그의 모든 말이 좀 더 똑똑하게 들렸다. 하지만 그가 월렌버그 교수가 설명했던 여성들의 경우를 포함하여 많은 것을 이해시켜주는 핵심을 짚었다는 느낌도 들었다. 그 여성들은 비상한 재능을 지녔지만 자신의 곡을 연주할 관현악단 — 과거 당시 모두 남자였다 — 을 구성할 수 없었다. 물론 그래서 그녀들은 역사 속으로 사라졌다. 베토벤이 자신의 협주곡을 집에서만 연주했다면 천재로 여겨졌을까? 훌륭한 일을 해내는 사람들은 많다. 하지만 우리가 천재라고 부르는 사람들은 우리의 관심을 끌고 우리의 상상력을 사로잡은 이들이기도 하다.

"만일 그게 맞는다면 천재 여성들은 왜 그렇게 적다고 생각하세요?" 나는 질문하며 대답을 짐작했다.

찰스는 한숨을 쉬더니 내 짐작과 맞는 대답을 했다. "역사적으로 여성들은 그 등식의 절반만 충족했어요. 그러니까 능력은 있고 명성은 없었던 거죠. 자신의 능력에 대해 주목받지 못했던 거예요."

그렇구나. 이제야 나는 내 와인 잔에 손을 뻗었다. — 그의 선택은 탁월했다 — 우리는 천재를 고정된 상태로 생각하는 경향이 있다. 그러니까 천재이거나 천재가 아니거나 둘 중 하나라고 본다. 하지만 천재가 되는 것은 당선되어 이름이 학년 앨범에 영원히 실리는 반장이 되는 것과 다르다. 우리가 천재라고 생각하는 대상은 시간이 지남에 따라, 그리고 그 사람의 이야기가 어떻게 전해지는가에 따라 변한다.

찰스는 전형적인 보수주의 교수다. 그러므로 그가 연예인 카다시안 같은 명성을 의미한 것이 아니라는 점을 나는 알았다. 그는 아마 리얼리티 프로그램에 대해 들어본 적도 없을 것이다. 하지만 그는 경쟁이 치열한 학계에 오래 몸담아왔기에 모든 탁월함이 동등하게 취급되지 않는다는 사실을 잘 안다. 어떤 사람들은 자신의 실제 재능 수준보다 훨씬 더 큰 명성과 평판을 얻는다. 반면에 어떤 사람들의 경우는 비범한 성과를 보이더라도 소수의 친밀한 사람들에게만 칭송받는다. 자신의 위대한 성과가 전적으로 무시되는 것을 발견하고 망연자실한 사람들도 있다.

역사적으로 여성들은 주로 마지막 범주에 속했다. 여성들은 자신의 천재성이 예술 쪽이든 과학 쪽이든지 간에 사람들의 인정을 받는 데 어려움을 겪었다. 이는 위키피디아에 등재되지 못했던 도나 스트릭랜드의 경우처럼 감지되기 어려울 때도 있었다. 하지만 주목받은 여성들을 밀어낼 작정으로 남성들이 개입하여 공적을 가로채는 때가 많았다.

좀 더 과거의 사례를 보자면 서기 350년에 태어난 히파티아가 있다. 그녀는 천문학과 철학의 천재적인 사상가였고 우리가 아는 최초의 여성 수학자였다. ─ 아마 업적이 기록되지 못한 다른 여성들이 있을 테지만 ─ 그녀와 동시대 사람인 콘스탄티노플의 소크라테스는 그녀의 업적이 그 당시 누구의 업적보다 뛰어나다고 기록했다. 이 사실을 달가워하지 않은 사람들이 많았다. 그녀의 수학적 성과는 어느 정도 아버지 알렉산드리아의 테온 덕분이었다. 하지만 충격적인 몰락이 이어졌다. 성난 군중이 히파티아를 공격하여 그녀의 몸을 갈기갈기 찢고 시체까지 불에 태운 것이다.

히파티아에 대한 공격을 주도한 사람과 그 이유는 오랫동안 확실하게 밝혀지지 않았다. 하지만 한 천재 여성이 기존의 사고방식에 도전했을 때 발생하는 반감과 상당한 관련이 있었음은 분명하다. 수 세기 동안 히파티아는 페미니스트의 아이콘이 되면서 그녀를 다룬 다양한 연극, 소설, 미술품이 등장했고 2009년에는 레이첼 와이즈가 주연한 영화로도 제작되었다. 하지만 성난 군중 사건을 감안할 때 히파티아를 천재 여성들의 롤모델로 삼기에는 우려스러운 것이 사실이다. 히파티아가 권력을 쥐었던 남성들보다 더 뛰어난 업적을 남기며 그들을 화나게 만든 이후 약 2천 년이 지났다. 남성들은 여성들의 사지를 찢는 좀 더 교묘한 방법을 배웠다. 그러나 남성의 지배를 위협하거나 의심하는 여성에 대한 일반화된 분노는 여전히 섬뜩하다. 이는 남성들이 무슨 수를 써서라도 자신들만의 특권을 주장하는 맹렬한 기세가 변하지 않았다는 점을 유감스럽게 상기시켜준다.

나는 음식점을 나온 이후 런던 거리를 잠시 돌아다녔다. 우리가 누구에 관해 이야기하든, 그들이 어디에 있든, 천재는 양성될 필요가 있고 사람들의 인정을 받아야 한다는 생각이 들었다. 만일 어떤 여성이 탁월한 업적을 이루었지만 아무도 이를 알아주

지 않는다면 우리가 그녀를 천재로 부를 수 있을까? 이는 숲속에서 한 나무가 쓰러진 상황과 약간 비슷하다. 만일 세상 그 누구도 그 나무가 쓰러진 소리를 듣지 못했다면 정말로 소리가 났다고 할 수 있을까?

천재와 관련한 등식에서 명성이라는 요소는 많은 부분에 영향을 끼친다. 이는 우리가 최근에 천재 여성들을 계속 재발견하는 이유를 설명해준다. 사실 그동안에도 천재 여성들은 존재해왔다. 우리가 그녀들을 알아보지 못했던 것뿐이다. 2016년 영화 〈히든 피겨스Hidden Figures〉는 나사 초기 시절에 핵심 인물이었던 흑인 여성 수학자 세 명을 우리에게 소개해준다. 이들 가운데 한 명인 캐서린 존슨은 1962년에 존 허셜 글렌이 최초로 우주 궤도를 돌았을 때의 비행 궤도를 계산했다.

누구나 존 글렌에 대해 들어보았을 것이다. 하지만 캐서린 존슨에 대해 들어보았는가? 우리는 여러 부문에서 오스카상 후보에 오른 한 영화가 있었기에, 수학적 천재성으로 미국의 우주 개발 프로그램 착수에 실질적인 도움을 준 여성들을 발견할 수 있었다.

만일 내가 천재의 범주에 넣을 아주 탁월한 지성인을 선택해야 한다면 리제 마이트너를 택하겠다. 그녀는 핵분열을 발견하여 물리학계를 완전히 바꾸어놓았다. 이는 대단한 성과였으며 얼마

후에는 열과 전기를 발생시키는 원자로 개발로까지 이어졌다.*
그녀가 우라늄 원자핵이 어떻게 두 개로 쪼개어지고 이때 어떤
일이 발생하는지 파악한 것은 획기적인 발견이었다.

하지만 리제 마이트너는 그 성과로 유명해졌을까? 별로 그렇
지 못했다. 마이트너는 몇십 년 동안 화학자 오토 한과, 방사능과
핵분열에 관해 공동 연구를 했다. 두 사람은 노벨상 후보로 자주
거론되었다. 마침내 1944년에 스웨덴 왕립과학원은 '중원자 핵
분열 발견'에 대해 노벨상을 수여하기로 했다. 하지만 그들이 발
표한 수상자는…… 오토 한이었다. 오토 한이라니! 리제 마이트
너가 아니었다. 오토 한과 리제 마이트너의 공동 수상도 아니었
다. 그 팀의 반쪽만, 그러니까 남성만 영예와 인정과 상금을 거머
쥐었다.

수년 후, 일부 물리학자들이 세상에 알려진 지 얼마 안 된 노벨
위원회의 절차를 재검토한 결과 리제 마이트너를 수상에서 제외
한 것은 용납할 수 없는 일이라는 결론을 내렸다. 그들은 그 결과
를 '편견, 정치적 둔감, 무지, 성급함'이 뒤섞여 발생한 일로 묘사
했다. 이는 적절한 표현이었다.

오토 한은 훌륭한 화학자였고 내가 읽은 내용에 의하면 노벨
상을 받을 자격이 있는 사람 같다. 하지만 이는 그가 받았던 노벨

---

* 핵분열 발견은 제2차 세계대전이 종식한 이후에 세상을 겁먹게 만든 핵무기 개발
의 시발점이기도 했다. 마이트너는 최초의 원자 폭탄을 만드는 데 동참하는 것을
거부했다.

상에는 해당하지 않는다. 그는 핵분열의 이론적 기초를 전혀 이해하지 못했고 그 현상에 대해서는 마이트너의 설명에만 의존했다. 마이트너는 수상에서 제외되는 무시를 당한 후에 담담한 태도를 유지했지만, 원자 분열에 관해 쓴 한 편지에서 날카롭게 언급했다. "그것이 어떻게 생겨나고 어떻게 많은 에너지를 생산하는지…… 이는 한에게 너무 머나먼 이야기 같은 것이었다."

그렇다면 물리학의 진정한 천재인 마이트너는 왜 수상에서 제외되었을까? 확증 편향이 그 원인일 수 있다. 사람들은 어떤 것에 대해 이미 의견을 정한 후, 그것을 뒷받침할 사실과 정보를 찾는다는 것이 연구 결과 드러났다. 만일 당신이 볼보를 가장 근사하고 안전한 차라고 생각해서 구입했다면 분명 볼보의 장점을 다룬 모든 기사에 주목할 것이다. 당신의 이러한 생각을 반박하는 새로운 정보가 등장해도 당신은 그것을 무시할 이유만 찾을 것이다. 볼보를 모는 당신의 이웃이 그 차의 시야가 좋지 않아 연석을 들이받았다고 말한다면? 당신은 이렇게 생각할 것이다. '흠, 그건 그 사람 문제지! 능숙한 운전자가 아닌 모양이군.'

사람들은 흔히 자신이 객관적이고 공정하다고 생각한다. 하지만 오랫동안 품어온 생각과 '이건 이러해야 한다'라는 자신만의 느낌에 자기도 모르게 좌우된다. 사람들은 자신이 믿고 싶은 것을 확신한다. 16세기 철학자 프랜시스 베이컨은 합리적 설명과 경험적 접근법의 초기 주창자였지만 "인간의 마음은 일단 어떤 의견을 채택하면…… 그것을 뒷받침하고 동의하는 다른 모든 것을 끌어들인다"라는 점을 이해했다. 러시아의 위대한 소설가 레오 톨스토이도 『전쟁과 평화』와 『안나 카레니나』 같은 작품에서 어떻게 인간이 자신만의 믿음과 숨 막히는 사회관습에 갇힐 수 있는가라는 주제를 탐험했다. 톨스토이는 공정한 관점을 유지하는 문제에 대해 자신의 에세이에서 좀 더 직설적으로 말했다. 한때 그는 대부분의 남성이 "그들이 자부심을 느끼고······ 그들의 삶의 기반이기도 한······ 그들이 내린 결론들의 허위성"을 인정해야 할 경우, 가장 단순한 진실조차 이해하지 못한다고 설명했다.

그렇다. 자기 삶의 기반이 된 결론들에 이의를 제기하기란 어려운 일이다. 하지만 여성들의 재능을 알아봐야 한다는 점에서 이제 그럴 때가 되었다. ─ 아니 훨씬 늦었다 ─ 수 세기 동안 남성들은 여성들의 성과가 자신들의 성과에 필적할 수 없다고 믿었다. 유감스럽게도 대부분의 여성 역시 그렇게 생각했다. 사람들은 마이트너가 무시되었던 사실에 격분하지 않았다. 이는 여성들이 최고 수준의 과학적 성과를 내지 못한다는 그들의 믿음을 확고하게 해주었을 뿐이기 때문이다. 그러한 태도는 모래 언덕 위에서 형성되었을지 모르지만 일단 뿌리 깊은 믿음이 되면 허물어뜨리기가 쉽지 않다. ─ 지금도 그러하다 ─

노벨위원회의 남성들에게도 그들만의 믿음이 있었으니 바로, 여성은 세계에서 가장 권위 있는 과학상을 받을 자격이 안 된다는 것이었다. 그래서 그들은 마이트너가 탁월한 발견을 했다는 새로운 정보를 접하고도 무시해버렸다. 그들은 여성이란 남성의 더 나은 성과를 위해 보조하는 역할만 할 수 있다고 보았다.

마이트너는 물리학에 몸담는 동안 그와 비슷한 상황을 여러 번 직면했다. 그녀는 오스트리아 빈에서 물리학 박사 학위를 받았지만 일자리를 얻을 전망이 없어서 베를린으로 이사했다. 이후에 그녀는 독일에서 여성 최초로 물리학 정교수가 되었다. 하지만 상황은 여전히 녹록지 않았다. 교수라는 직위에도 불구하고 그녀는 베를린 대학의 주요 실험실 사용이 금지되어서 결국 지하 목공실에서 실험해야 했다. 심지어 가장 가까운 여성용 화장실은 길거리에 있었다. 그녀가 오토 한과 함께 걸을 때면 동료들은 으레 그녀를 무시하고 오토 한에게만 인사했다.

삶은 복잡하며 성별과 관련없는 문제들도 발생한다. 마이트너는 빈의 유대인 가정 출신이었지만 나치 정권이 들어서기 시작할 때 자신의 연구에 몰두하느라 연구실 밖으로 나가려하지 않았다. 1938년에 독일이 국경을 봉쇄하고 있을 때가 돼서야 비로소 마이트너는 도망쳐야 한다는 사실을 깨달았다. 감동적인 이별의 순간에 오토 한은 마이트너에게 어머니의 다이아몬드 반지를 주었다. 사랑 때문이 아니라 돈으로 쓰라고 준 거였다. 마이트너는 국경 경비원들에게 뇌물로 주기 위해 그것이 필요했을 것이다. 마침내 그녀는 네덜란드로 건너갔고 뒤이어 스웨덴으로 가서 연구를 이어나갔다. 그러니까 노벨위원회의 남성들과 엎어지면 코 닿을 거리에서 말이다.

현재 많은 과학자는 마이트너가 그런 대우를 받았던 것에 분통하며 이를 만회하고 싶어 한다. 그 일환으로 건물, 학교, 거리, 상뿐만 아니라 달의 분화구와 금성의 분화구에도 그녀의 이름이 붙여졌다. 현재 베를린에는 그녀의 조각상도 세워져 있다. 마이트너는 그녀가 살던 시대에는 별Star로 인정받지 못했지만, 지금은 소행성이 되었다. 그 이름은 '6999마이트너', 이 소행성은 태양 주위를 도는 주 소행성대의 일부분이다.

마이트너의 명예로운 일 가운데 내가 가장 좋아하는 것이 있는데, 이는 그녀를 특히 행복하게 해주었을 것이라는 생각이 든다. 고등학교 화학 수업 시간에 벽에 붙어 있던 주기율표를 기억하는가? 이것은 원자 번호에 따라 모든 화학 원소를 배열한 표다. 한 작가는 주기율표의 새로운 칸을 '과학계에서 가장 상징적인 자산'이라고 묘사했다. 그만큼 새로운 원소를 발견하는 것은 대단한 일인데, 1917년에 마이트너와 한은 화학 원소 프로트악티늄을 발견했다. 현재 이것의 원자 번호는 91이다.

수년간 원소들은 신화에 등장하는 이름이나 그것이 발견된 장소의 지명을 따서 명명되었다. 하지만 지난 100여 년 동안 새로운 원소들은 알베르트 아인슈타인, 닐스 보어, 엔리코 페르미 같은 위대한 과학자들의 이름을 따서 명명되었다. 한 원소가 지구가 태양 주위를 돈다는 사실을 발견하여 인간이 우주를 보는 관점을 뒤집었던 코페르니쿠스의 이름을 따서 명명된 것처럼 말이다. 이후 1997년에 원자 번호 109번에 붙여진 이름은…… 마이트너듐이었다.

획기적인 발견을 하고 독창적 사고를 보였던 리제 마이트너가 아인슈타인과 코페르니쿠스와 동급으로 자리를 잡은 것을 보면 기분이 좋다. 천재들의 이름은 주기율표에 소중히 남겨져 있다.

이러한 사실에 담긴 극적인 변화를 과소평가하지 말자. 믿음을 저버리고 새로운 관점을 받아들이는 일은 쉽지 않다. 대부분의 사람은 여성들의 성취와 관련하여 잘못된 믿음을 고수한다. 진실로 말미암아 자신이 방해를 받는 것보다 이렇게 하는 것이 더 수월하기 때문이다. 마이트너듐을 발견하여 이름 지은 과학자들, 마이트너 소행성을 발견하여 이름 지은 사람들, 베를린에 조각상을 만든 예술가들은 잘못된 현상을 바꾸는 데 동참했던 이들이다. 그들은 한 여성이 엄청난 업적을 이루었으며, 남성들이 여성 과학자들에 대해 내린 결론이 완전히 잘못되었다는 점을 지적할 수 있기를 열망했다. 그들은 리제 마이트너가 천재였다는 사실을 인정했다. 나는 그들을 대단히 존경한다.

⚛

나는 천재란 혼자 힘으로만 될 수 없다는 점을 아주 분명히 알게 되었다. 누군가의 성과가 현재의 관점과 역사적 관점에서 어떻게 인식되는가는 누가 그 사람의 이야기를 들려주는가에 혹은, 그 사람의 이야기가 사람들에게 전해지는가에 크게 좌우된다. 오랫동안 그래왔듯 남성들이 이야기를 통제할 때 천재 여성들의 이야기는 흔히 어딘가로 사라진다. 천재 여성들은 세상 사람들이 품고 있는 이미지와, 그리고 누가 성취해야 하고 누가 성취하면 안 된다는 믿음 체계와 맞지 않는다.

천재 여성들이 분명 생을 살다가 저세상으로 갔음에도 그녀들의 이야기를 전하는 사람이 아무도 없다면, 그녀들의 삶은 존재하지 않았던 것과 같아진다.《뉴욕 타임스》를 '기록의 신문'으로 자칭하는 이 일간지 관계자들은 최근, 여성에 대한 인식에 관해서는 그들의 기록이 전혀 완벽하지 않다고 인정했다. 1850년대에 이 신문이 발행되기 시작한 이후 실린 사망 기사 가운데 여성에 관한 기사는 약 10%밖에 되지 않았다. 2018년도에 편집자들은 사망 당시 중요한 존재로 여겨지지 못해 언급이 안 되었던 여성들에게 경의를 표하기 위해서 '간과된Overlooked 여성들'이라는 시리즈를 연재했다. 이 가운데 첫 번째 그룹에는 현재 우리가 각 분야에서 천재로 인정하는 여성들이 포함되었다. 바로,『제인 에어』의 저자 샬럿 브론테, 시인 실비아 플라스, 1852년에 죽은 에이다 러브레이스였다. 에이다는 빌 게이츠가 태어나기도 전에 컴퓨터를 상상하고 프로그래밍한 것으로 현재 인정받고 있다. 그리고 사진작가 다이안 아버스도 언급되었다.

이들은 모두 엄청난 능력을 지녔지만 수십 년이 지난 후에야 천재로 여겨지는 명성을 얻었다. 실비아 플라스의 소설『벨 자』는 그녀가 사망한 후에야 미국에서 출간되었다. 이후에 그 책은 3백만 부 이상 팔렸고 그녀는 사후에 퓰리처상을 받았다. 플라스는 서른 살에 자살했는데 좀 더 일찍 사람들의 인정을 받았다면 자살을 피할 수 있었을까? 그녀는 심각한 우울증을 앓았기에 그 답은 알 수 없다. 하지만 재능을 인정받지 못한 채 그만 포기해버린 그녀를 상상하는 것은 비극적인 일이다.

다른 천재 여성들은 대부분 절대 포기하지 않았다. 샬럿 브론테는 스무 살이었을 때 자신이 쓴 시를 그 당시 영국의 계관 시인 로버트 사우디에게 보냈다. 사우디는 샬럿에게 보낸 악명 높은 답장에서 그녀의 시적 재능은 호평했지만 이렇게 꾸짖었다. "문학은 여자의 일이 아니며 여자의 일이 되어서도 안 됩니다."

샬럿은 조언해준 그에게 고마움을 전했지만 그 말을 무시해버렸다. 『제인 에어』의 팬이 아닌 사람들도 — 나도 여기에 해당된다 — 이 책이 그 시대에 획기적이고 중요한 작품이었음을 인정하고 있다. 샬럿의 여동생 에밀리는 『폭풍의 언덕』을 썼고, 셋째 여동생 앤은 흔히 최초의 페미니스트 소설로 여겨지는 『와일드펠 홀의 소작인』을 썼다. 이 세 여성은 남성 필명으로 시작했고 이후에는 본명을 밝히며 대담한 태도를 보였다. 나중에 앤은 남성과 여성 사이에 아무 차이가 없다는 자기 생각을 분명히 밝히며 이렇게 썼다. "나는 훌륭한 책은 그것을 쓴 저자의 성별과 상관없이 훌륭하다는 사실에 만족한다."

여성들의 천재성은 아무도 그녀들을 믿어주지 않을 때도 계속된다.

런던 시내를 돌아다니며 주위에서 억압하려는 모든 시도에도 불구하고 자신의 천재성을 키웠던 여성들을 생각했다. 그러다가 방향을 바꾸어 웨스트민스터 사원으로 향했다. 그 안에 들어가 한 시간 동안 왕들과 여왕들의 장엄한 무덤을 감탄하며 바라보았다. 뒤이어 케이트 미들턴이 윌리엄 왕자와 결혼식을 올렸던 긴 통로를 걸었다. 하지만 케이트가 위대한 일을 성취하지 않는 이상 공주에 대한 환상은 나의 프로젝트에 전혀 도움이 되지 않을 것이기에 나는 '시인 구역'으로 향했다. 그곳에는 위대한 작가들과 독창적인 예술가들의 기념비가 있다.

샬럿 브론테를 애써 낙담시키려 했던 로버트 사우디의 기념비를 찾는 데 시간이 좀 걸렸지만 어쨌든 찾기는 했다. 여성 혐오주의가 담긴 편지를 썼다는 사실은 그를 웨스트민스터 사원에 들이지 않을 사유가 되지 못했던 모양이다. 그 근처에서 윌리엄 셰익스피어의 기념비도 발견했다. 바로 옆에는 세 자매인 샬럿, 에밀리, 앤 브론테의 이름과 주요 날짜들이 새겨진 큰 비석이 있었다. 나는 뒤돌아 사우디의 기념비를 보며 그가 위대한 여성 작가들의 열정을 전혀 막지 못했다는 사실을 알게 된다면 어떤 기분일지 궁금해졌다. 더욱이 그녀들은 명성에서 그를 훨씬 능가하지 않았나. 아마 저세상에서 그는 그녀들의 기념비에 쓰인 '참고 견디는 용기를 가지고'라는 말을 영원히 볼 것이다.

수 세기 동안 천재 여성 대부분에게는 재능을 제대로 인정받는 일이 결코 일어나지 않았다. 그녀들의 잠재력이 사라졌다는 비극은 수 세대에 걸친 성차별과 억압에 대한 우리의 끔찍한 대가다. 하지만 히파티아부터 샬럿 브론테와 리제 마이트너에 이르기까지 먼 과거에서부터 탁월한 여성들은 과학계와 수학계에서 중요한 발견을 해왔고, 뛰어난 미술품과 음악을 만들어왔으며, 천재 코페르니쿠스가 상상하지 못했던 방식으로 우주를 설명해왔다. 사람들은 그녀들의 천재성을 억압하려 했지만 그녀들은 위대한 작품을 썼고 결국 웨스트민스터 사원에 안치되었다. 노벨위원회는 그녀들을 무시했지만, 그녀들은 계속 연구하고 발견했으며 소행성에 이름이 붙여지기도 했다. 나는 그녀들이 이상적이지 못한 환경에서도 활약했다는 사실을 떠올리며 때때로 여성들의 천재성을 막을 수 없는 이유가 무엇인지 알고 싶어졌다.

2장

모차르트 누나에 대한
극악한 편견

나는 천재란 양성될 필요가 있고 사람들의 인정을 받아야 하며, 완벽해 보이지 않는다는 사실을 분명히 이해하게 되었다. 하지만 그 와중에도 영화와 대중문화에서 이와 상반된 관점을 계속 접했다. 주인공이 너무 근사하게 묘사되었기 때문이다. 그래서 이를 맷 데이먼만의 문제로 생각해 보았다. 젊은 시절의 데이먼은 영화 〈굿 윌 헌팅〉의 주연을 맡아 보스턴 빈민가 출신으로 밤마다 대학교 교실을 치우는 청소부 역을 연기했다. 영화에서 그는 한 교수가 칠판에 남겨놓은 복잡한 수학 문제를 보자마자 대걸레를 내려놓고 문제를 푼다. 그는 타고난 천재다! 정식 교육을 받지 않았지만 탁월한 재능을 보인다.

이 영화는 큰 인기를 끌었다. 이는 단순히 데이먼이 훌륭한 배우이기 때문만은 아니다. 천재 청소부 캐릭터는 '위대한 통찰력은 번개가 번쩍하는 순간에 생겨난다'라는 통념과 잘 들어맞았다. 이러한 통찰력은 대부분의 사람에겐 없고 일부에게만 있는, 불가해한 인식의 번득임으로 인지된다. 우리는 모차르트가 다섯 살 때 협주곡을 작곡했다는 일화나 수학자 존 폰 노이만이 여섯 살 때 복잡한 계산을 머리로 풀었다는 — 그는 고대 그리스어도 구사했다 — 일화를 좋아한다. 여기, 하버드 대학을 중퇴하고 어린 시절 친구 벤 애플렉과 영화 대본을 써서 아카데미상을 받은 데이먼도 있다. 타고난 천재인데 대학 학위를 받을 필요가 있겠는가!

타고난 천재라는 개념은 그 영화에 아주 유용하지만 사실 아주 정확하진 않다. 대부분의 분야에서 천재들은 그들 주변 사람들과 온갖 기회와 기대에 힘입어 성공한다. 아무리 타고난 수재라도 격려받지 못하면 능력이 시들해진다. 데이먼이 연기한 천재 청소부조차 천재성을 온전히 발휘하는 데 방해가 되는 감정적 문제를 해결하기 위해 친절한 심리 치료사(로빈 윌리엄스 역)의 도움이 필요했다. 데이먼의 영화 대본 역시 아무런 도움 없이 탄생한 것이 아니다. 그는 처음엔 하버드 대학에서 듣는 수업을 위해 그 대본을 썼다가 나중에 로브 라이너 감독과 윌리엄 골드먼 작가 같은 할리우드 천재들에게 조언을 구해 완성했다.

데이먼이 첫 오스카상을 받은 지 10년 후, 나는 두 곳의 잡지에 그에 관한 표지 기사를 쓰게 되어 그를 인터뷰한 적이 있다.

그 당시 데이먼은 〈본 아이덴티티〉, 〈오션스 일레븐〉, 〈라이언 일병 구하기〉 같은 초대작에 출연한 대스타였다. 나는 똑똑하고 대화를 나눌 때 재미있을 뿐만 아니라, 목적의식이 강하고 단호하며 근면한 데이먼을 좋아했다. 내가 한 표지 기사의 초안을 보여주었을 때 데이먼은 내게 세 번 전화를 걸어 세부 사항을 수정했다. 한창 영화 촬영 중이라 시간이 많지 않았을 텐데 그는 꼼꼼하게 모든 세부 사항을 바로잡았다. 이렇게 볼 때 아까 맷 데이먼만의 문제로 생각했던 부분에 대한 답은 천재의 본질이란 겉으로 드러난 모습과 다르다는 점일지 모른다. 당신이 설령 지능과 재능이라는 후광을 갖고 태어났다 해도 그 빛을 발산하려면 매일 그것을 연마해야 하고, 주위 사람들도 당신이 그렇게 하도록 고무시켜주어야 한다. 궁극적으로 우리가 누구를 양성하고 누구를 인정하느냐는 누가 천재가 되는지 결정하는 데 영향을 미친다.

이는 모차르트 같은 신동에도 해당한다. 그렇다, 모차르트는 세 살 때 건반과 바이올린을 연주했고 다섯 살 때 왕족을 위해 공연했다. 그의 '교향곡 1번 Eb장조'는 그의 곡 중 최고가 아닐지 모르나 우리는 이를 이해할 수 있다. 이것은 그가 여덟 살에 작곡한 곡이기 때문이다. 모차르트는 그 후로 40여 곡의 교향곡과 약 600곡을 작곡했다.

하지만 모차르트의 초기 재능은 전문적으로 양성된 것이었다. 작곡가이자 바이올린 연주자였던 그의 아버지는 그에게 음악을 가르쳤다. 어린 모차르트는 수없이 많은 시간 동안 연습을 했다. 그의 아버지는 어린 그를 유럽 순회공연에 데려가서 다른 작곡가들과 음악가들에게 소개해주었다. 그리고 이들은 모차르트를 도와주고 고무시켜주었다. 모차르트는 잘츠부르크에서 궁정음악가로 활동했고 그곳에서 수입이 충분하지 않자 더 좋은 기회를 찾아 파리, 뮌헨, 빈으로 떠났다. 그는 자신의 창의력을 억누르기보다 안정된 위치를 떠나면서까지, 삶의 매 순간 열정과 목적의식을 갖고 일하다가 35세에 세상을 떠났다. 잘츠부르크에는 만일 친구와 모차르트의 집에서 만나기로 했다면 서로 절대 만나지 못한다는 우스갯소리가 있다. 모차르트의 집이 너무 많기 때문이다.

이제 잠시 상상해보자. 만일 18세기에 이 어린 영재가 여자아이였다면 어땠을까. 이 여아도 다섯 살에 작곡을 시작했으리라. 하지만 아버지는 이 딸을 유럽 순회공연에 데려가지 않았을 것이다. 이 딸은 왕족 앞에서 연주하거나, 오페라 작곡을 의뢰받거나, 잘츠부르크 통치자로부터 궁정음악가로 환대받지도 못했을 것이다. 고무되고 위대해질 기회를 얻기보다 집에 있으면서 바느질을 배우라는 권유를 받았을 것이다. 천재적 불꽃은 온갖 역경에도 불구하고 점화될 수 있지만, 발로 짓밟혀 꺼질 수도 있다.

이는 내가 지어낸 이야기가 아니다. 실제로 모차르트에겐 마리아 안나라는 이름의 누나가 있었다. '난네를'이라고도 불렸던 그녀는 재능이 뛰어났고 하프시코드를 연주했으며, 어린 시절에 모차르트와 함께 여행도 다녔다. 어떤 기록에 의하면 마리아 안나는 남동생보다 재능이 더 뛰어났으며, 모차르트는 누나를 존경했고 누나에게 음악을 배웠다고 한다. 하지만 그러한 사실은 중요하지 않다. 모차르트의 아버지는 마리아 안나가 10대가 되자 딸이 연주하는 것은 이제 적절하지 않다고 생각해 딸을 결혼시키고자 집으로 돌려보냈다. 빈과 파리의 무대에서 뛰어난 재능으로 칭송받던 그녀가 고분고분하고 순종적이어야 한다는 주변의 기대로 집안에 갇혀있어야 했을 때 얼마나 좌절감을 느꼈을지 상상이 되는가? 하지만 그녀는 그러한 사회에서 다른 선택지가 없었기에 아이들이 줄줄이 딸린 홀아비와 결혼해서 아이를 몇 명 낳았다. 그렇게 아주 괜찮은 인생을 꾸려나갔을지도 모른다. 하지만 몇 세기가 지난 후 그녀의 잠재력은 천재성으로 알려졌는가? 그러한 가능성은 아예 사라졌다.

나는 마리아 안나가 아버지와 전체 사회에 맞서고 자신의 곡을 계속 연주할 수도 있었다고 생각한다. 어쩌면 그게 진정한 천재의 모습이었을지도 모른다. 하지만 뛰어난 재능을 지닌 여성에게 사람들의 주목을 받으려면 반항자의 냉정한 마음을 지녀야 한다고 요구하는 것은 심한 것 같다. 사람들은 모차르트에게 세상의 도전을 받아들이라고 요구한 적이 없다. 그저 그가 자신이 좋아하는 일을 하도록 내버려 뒀을 뿐이다. 하지만 그의 누나에게는 그러한 기회가 전혀 주어지지 않았다.

　일반적으로 사람들은 남성과 여성으로 포괄적인 구분을 하려고 한다. 하지만 그렇게 하면 출구가 없는 블랙홀에 휩쓸려 들어간다. 남성의 특성과 여성의 특성 사이에 겹치는 부분이 많다는 점은 어떤 특징이나 성과도 성별을 기준으로 정확하고 완벽하게 구분할 수 없다는 것을 의미한다. 만일 내가 여성들이 통찰력과 감수성이 더 뛰어나다고 말한다면 당신은 당신이 알고 있는, 로맨틱 코미디를 보고 울고 페르시아 시를 암송하는 여성적인 남성에 대해 내게 언급하지 못할 것이다. 혹은, 냉정하고 매정한 당신의 여성 사장에 대해 내게 말하지 못할 것이다. 일반화는 무익하다.

　최근에 남편과 나는 플로리다에서 열린 한 디너파티에 참석했다. 그곳에서 한 젊은 부부가 레인지 후드 교체에 관한 이야기를 꺼냈다. "우린 의견이 맞지 않아요. 남자가 좋아하는 후드랑 여자가 좋아하는 후드가 다르거든요." 그 남편이 말했다. 그의 아내는 그 명백한 사실에 대해 진지하게 고개를 끄덕였고 테이블 여기저기서 동의하며 중얼거리는 소리가 들렸다. 그날 밤늦게 나는 남편에게 그 부부가 한 말이 무슨 의미인지 아느냐고 물었다.

　"잘 모르겠지만 다른 사람들은 모두 이해한 것 같던데." 남편이 말했다.

　"우리 집에 있는 건 남성적인 후드인가 여성적인 후드인가?"

"한 번 알아봐야겠네. 그걸 모르다니 당황스러운데." 우리는 웃음을 터뜨렸고 공기를 빨아들이는 측면에서 남성적인 후드와 여성적인 후드 가운데 어떤 것이 더 나은지에 대해 — 약간은 지저분한 — 농담을 나누었다. 그 부부의 말은 터무니없었지만, 테이블에 있던 그 누구도 눈 하나 깜짝하지 않았다. 이외에 성을 기반으로 한 구분들 역시 터무니없는데도 어리석은 분류가 아닌 사실로 받아들여진다.

이따금 너무 어처구니없는 말은 반감을 불러일으킨다. 수년 동안 학자들은 천재와 지능에 대해 언쟁을 벌여왔다. 특정한 분야에서 왜 남성들이 여성들보다 더 성공을 거둘까라는 질문은 여전히 격렬한 논쟁을 불러일으킨다. 전직 하버드대 총장 로렌스 서머스는 2005년에 한 학술회의에서 과학계에 여성들이 남성들보다 적은 이유가 '선천적 능력의 차이'로 설명될 수 있다고 발언한 이후, 많은 동료 사이에서 모든 신뢰를 잃었다. — 그 결과 다음 해에 총장직에서 물러났다 — 매사추세츠 공과대학의 분자생물학자인 낸시 홉킨스Nancy Hopkins는 그가 말을 하는 중간에 회의실에서 나갔다.

나중에 홉킨스는 이렇게 말했다. "나는 그런 유형의 편견을 접하면 몸이 불편해서 숨을 제대로 쉴 수 없었다. 과거에 사람들이 여자들은 자동차를 운전할 수 없다고 했던 말을 잊지 말아야 한다."

과거에만 그랬을까? 사우디아라비아에선 2018년까지 여성들의 운전이 금지되었다. 그렇게 한 이유로 제시된 한 가지 설명은 여성이 운전하면 난소에 너무 많은 스트레스가 가해져 생식기관이 위험한 상태가 되어 임신할 수 없다는 것이었다. 2016년에 사우디아라비아의 한 고위 관리자가 했던 이러한 주장은 이 나라가 여성들을 움직이지 않게 만들어 출산율을 유지하려고 하는 건 아닌가 하는 의구심을 들게 했다. 하지만 웃을 일이 아니다. 불과 한 세기 전에 미국과 영국에서도 여성들을 대학에 못 들어가게 하기 위해 이와 비슷한 설명이 오랫동안 통용되었다. 만일 혈액이 여성들의 뇌로 흘러 들어가면 생식기관으로는 흘러 들어가지 못한다는 것이 바로 그것이다. 그동안 남성들은 여성들에 대한 보호를 가장하여 여성들을 제외하는 일에 능숙했다. 과학이나 사실에 근거하지 않은 터무니없는 정보를 활용해서 말이다.●

그러므로 나는 낸시 홉킨스가 래리 서머스의 말에 몸이 불편하다고 느꼈던 이유를 이해할 수 있다. 과학, 수학, 물리학에서 대가가 될 잠재력이 있는 여성들이 많다는 점은 명백하기 때문이다.

지난 몇 세기를 되돌아보면 다소 충격적인 기분이 든다. 어떤 분야에서든 재능 있는 여성들을 양성하고 그녀들에게 합당한 기회를 주려는 노력이 거의 없었다는 사실을 깨닫기 때문이다. 나는 런던에 있을 때, 런던 대학교에 여성들의 입학 150주년을 기

● 그 관습은 유행이 지난 것이 아니다. 우리는 여성들을 통제하고 폄하하기로 작정한 남성들로부터 이러한 관습이 스며든 다양한 발언을 여전히 듣는다.

넘하는 포스터를 보았다. 포스터에는 그 대학을 졸업해 사회에서 중요한 역할을 하는 여성들의 미소 짓는 얼굴이 있었다. 대도시 한복판에서 그렇게 여성을 인정하는 포스터를 접하니 흡족했다. 하지만 150년이 아주 긴 세월이 아니라는 생각도 들었다. 150년 전에 영국의 여성들은 대학 교육을 받지 못했다. 얼마 전 옥스퍼드 대학을 기분 좋게 방문했을 당시 그 대학이 1167년에 문을 연 아주 오래된 대학이라는 사실이 떠올랐다. 하지만 내가 알게 되었듯 1879년까지 여성들은 그곳에 입학을 못 했고 1920년까지 학위 수여를 받지 못했다. 그리고 1948년이 지나고 나서야 여성이 정교수가 될 수 있었다. 그렇게 되기까지 약 800년이 걸린 것이다! 그 세월 동안 얼마나 많은 훌륭한 여성들이 간과되었고 얼마나 많은 재능이 발휘되지 못했을까?

나는 미국인으로서 좀 더 민주적인 이 나라에 자부심을 느끼고 싶지만, 우리에겐 자랑할 거리가 없다. 하버드 대학은 개교 후 312년이 지나서야 여성이 종신교수가 될 수 있었다. 이것도 1948년에 유나이티드 프루트 컴퍼니*가 '탁월한 여성 학자'를 위한 교수직을 만드는 데 재정 지원을 해주었기에 가능했던 일이다. 하버드 대학 측은 그 자리를 채우기 위해 케임브리지 대학에서 헬렌 캠이라는 학자를 스카우트해왔다. 그로부터 10년이 더 지나고 나서야 하버드 대학 측은 여성 교수를 종신교수로 승

---

* 과거에 존재했던 미국의 기업 – 역주

진시켰다. 그리고 또다시 10년이 지난 후에야 여성들이 교직원 회관의 정문으로 출입할 수 있었다.

당신이 내 설명을 따라 연도를 계산하지 않았다면 내가 정확히 말해주겠다. 1968년까지 여성들은 하버드 대학 교직원 회관의 정문을 사용할 수 없었고 여성 휴게실로 가야 했다. 1968년은 그리 먼 과거가 아니다. 따라서 그 모든 천재 여성은 어디로 갔을지 궁금하다면 여기 한 가지 가능성이 존재한다. 최근까지 그녀들은 옆방에 갇히고 거기서 또 구석으로 몰렸을지도 모른다.

나는 젊었을 때 이러한 한계선을 대부분 의식하지 못했다. 다행히 내가 대학에 지원할 당시에는 여성들의 아이비리그 대학 입학이 허용되었다. 나는 예일 대학에서 행복한 4년을 보냈다. 사방 벽에 예일 대학 남자 졸업생들을 그린 유화가 걸린 구내식당에 앉아있을 때 내가 배제되고 있다고 느낀 적도 없었다. 오히려 내가 특혜받은 집단의 일원이라는 느낌이 들었다. 하지만 만일 내가 한 세대 전에 — 심지어 10년 전에 — 자랐더라면 가능성에 대한 나의 인식은 어땠을까? 의심스러운 아이큐 검사에서 누가 몇 점 더 높게 나왔거나 낮게 나왔는지는 중요하지 않다. 당신의 잠재력이 어디에서 양성되는가 하는 점이 훨씬 중요하다.

나는 졸업 후 맨해튼으로 이사해 친구 몇 명과 뉴욕 예일 클럽에 가입했다. 그 당시 예일대의 모든 대학과 대학원에서 여성의 가입을 허용했고 우리 여성들은 예일 클럽의 정문을 얼마든지 이용할 수 있었다. 하지만 여성들의 운동 시설 사용이 금지되었는데 이는 지금도 믿어지지 않는 부분이다. 이에 일부 여성들이 항의하자 클럽 관리자는 남성 회원들이 수영장에서 알몸으로 수영하기 때문에 그러한 규칙은 바뀔 수 없다고 공식적으로 설명했다.

"남성 회원들을 스피도 수영복으로 가리면 되지 않을까요." 내 친구 한명이 제안했다.

"아니면 브룩스브라더스의 헐렁한 수영복으로 가리든가요." 내가 덧붙였다.

그 관리자는 우리의 유머에 시큰둥했을 뿐만 아니라, 생각을 바꾸지 않았다. 나는 클럽 회원권을 취소했고 센트럴파크에서 조깅을 시작했다. 그곳은 남자들의 반바지 착용에 대해 문제 될 것이 없었다. 1987년까지 여성들의 예일 클럽 수영장 사용이 금지되었다. 1987년이라니, 깜짝 놀라울 만큼 최근이다. ― 내 남편은 그보다 더 오래된 넥타이를 갖고 있고 그걸 아직도 메고 다닌다 ― 시야를 넓혀서 보면 예일 클럽은 말도 안 되게 유별난 경우가 아니었다. 의회에 있는 수영장은 2009년까지 여성들 ― 미국에서 투표로 선출된 공무원들 말이다! ― 의 사용이 금지되었다. 그 이유는 똑같았다. 일부 남성 의원들이 맨몸으로 수영하는 것을 좋아했기 때문이다.

왜 학교나 클럽이나 행사에 여성들의 참여를 허용하면 안 되는가에 대한 논쟁은 이제 합리적으로 들리지 않는다. 남성들이 알몸으로 수영을 해야만 한다는 것은 지금이야 어처구니없이 들리지만, 그 당시에는 절대적 진리로 받아들여졌다. 나는 예일 클럽의 운동 시설 사용에 대해 이의를 제기했을 당시에 그 문제를 짜증스럽다기보다 웃긴다고 생각했다. 하지만 지금은 여성 대 남성의 구분이 심각한 파장을 야기하고 깊은 분열을 초래한다는 점을 알게 되었다. 어떤 분야에서든 천재로 일컬어지려면 사람들의 주목을 받아야 하는데 정문으로 출입이 금지된다면 주목을 받기란 어렵다. 혹은, 남성들이 당신과 운동하고 싶은 마음이 전혀 없어서 당신을 운동 시설에 들어오지 못하게 할 때도 당신은 주목을 받기 어렵다. 지난날을 되돌아보면 어린 시절에 느꼈던 지적 활력이 사회적 기대 때문에 얼마나 많이 짓눌렸을까 하는 생각이 든다. 만일 누군가 내게 모든 장애물을 무시하라고 격려해주었다면 나는 더 똑똑해지고 더 큰 성공을 거두었을까? 아마 그랬을 것 같다. 그동안 내가 해 온 일들이 자랑스럽기는 하지만, 세상에 대고 나는 좀 더 많은 것을 할 수 있으니 뒤로 물러나 있으라고 말하지 못했던 나 자신에게 살짝 화가 난다.

그렇게 여성들에게 문이 닫혀있던 시기에서 눈 깜짝할 사이에 현재가 되었다. 변화의 정도가 너무 심해서 어떻게 사람들이 그런 것을 받아들일 만한 것으로 믿을 수 있었는지 의아할 정도다. 예일 클럽은 운동 시설을 개조하고 여성들의 탈의실을 확장했다. ― 나는 다시 회원이 되어 기쁘다 ― 아이비리그의 절반 이상의 학교에서 현재 여성이 총장을 맡고 있다. 또한, 미국에서 대학에 다니는 인원을 보면 남성들보다 여성들이 더 많다. 드류 길핀

파우스트는 하버드 대학에서 자신이 원하는 어떤 정문이든 출입할 수 있게 되고, 2007년 이 대학의 총장이 된 후 더 많은 문을 개방했다. 그녀는 그 당시 이렇게 말했다. "전 하버드 대학의 여성 총장이 아니라 하버드 대학의 총장입니다."

⚛

나는 몇 세기에 걸쳐 존재하는, 공식적인 교육을 받는 것이 금지되었지만 어떻게든 천재적 지식인이 된 여성들에게 경외심을 느낀다. 영향력 있는 프랑스의 비평가였던 제르멘 드 스탈은 1700년대에 "천재는 성별과 상관이 없다"라고 명백하게 설명했다. 스탈은 본인이 직접 이를 입증했다. 그 당시 모든 여성처럼 정규 교육을 받는 것이 허용되지 않았던 스탈은 자신의 독창성을 발휘하여 사회의 요구에 저항하고 자신만의 학문석 중심지를 만들었다. 그녀는 학계의 일반적인 집회소가 아닌 자신의 집에 '살롱'을 만들었다. 그리고 당대의 위대한 사상가들을 그곳으로 불러들였다. 물론 그들은 대부분 남성이었다. 점차 훌륭한 사람들이 스탈 주위로 몰려들면서 그녀는 통찰력과 정치적 힘을 키웠다.

제르멘 드 스탈에 대한 이야기는 내 심장을 뛰게 한다. 그녀의 지적 용기는 그 무엇보다 열정을 북돋아 주기 때문이다. 스탈에겐 부유한 가정 출신이라는 이점이 있었다. 분명히 이는 스탈이 사회적 제약에서 벗어나 고무적이고 독창적인 삶을 만드는 데 도움이 되었다. 스탈의 아버지는 은행 간부이자 루이 16세 시대에 재무장관을 지냈고, 그녀의 어머니는 많은 사람이 모여든 살롱을 이끌어나갔다. 하지만 그녀를 정말로 돋보이게 하는 요소는 그녀의 열정적인 지성과 강렬한 포부였다. 그녀는 프랑스 혁명을 지지하는 정치적 여론을 형성하기 위해 영향력 있는 친구들을 결집시켰고 나폴레옹과는 큰 불화를 일으켰다. 그녀는 얼마나 중요한 인물이었을까? 프랑스의 전기 집필자 마담 드 샤스트네 Madame de Chastenay는 그 당시 유럽 정신을 위해 나폴레옹에 대항하여 싸운 세 가지 막강한 힘은 영국, 러시아, 제르멘 드 스탈이라고 말한 것으로 유명하다.

나폴레옹은 제르멘 드 스탈이 한 모든 일에 분개하여 그녀를 프랑스에서 여러 번 추방했다. 그는 여성이 자신의 신경을 건드리는 것에 특히 분개했다. 스탈은 프랑스에서 추방된 후에도 이탈리아에서 살롱을 이어나갔다. 자신이 사는 세상의 한계들을 인식한 것은 스탈이 보인 천재성의 일면이었다. 이미 열정과 천재성으로 차별화되었던 그녀는 밝은 공작 깃털이 달린 화려한 비단 터번을 써서 이색적인 스타일을 연출했다. 제르멘 드 스탈의 전기 작가이자 옥스퍼드 대학 교수인 안젤리카 구든 Angelica Goodden은 그녀를 이렇게 묘사했다. "논쟁적이고 확신에 찬 사람으로, 여성의 예절과 남성의 권위를 내세우는 사회적 패러다임에 따르는 것을 거부했다." 스탈은 남편에게 복종할 때 진정한 행복이 찾아온다는 말을 끊임없이 듣고 자라다, 스무 살에 프랑스 법원 주재 스웨덴 대사와 중매결혼을 하는 데 동의했다. 그녀는 세상으로부터 자신을 차단하고 순종적인 가정생활로 도피하여 남편에게 이런 식으로 말하는 삶은 어떨지 상상했다. "난 세상의 무대에서 빛날 수도 있었고 남자들의 칭송을 받을 수도 있었겠지만, 이 세상에서 내 관심을 끄는 건 오직 당신이네요." 하지만 생각만 했을 뿐 실제로 그렇게 하진 않았다.

사실 스탈은 결혼 생활을 유지하면서도 지성과 영향력을 발휘하며 분주하게 사느라, 대부분의 시간 동안 남편과 떨어져 살았다. 스탈은 자녀들이 있었지만 수많은 탁월한 여성이 그렇듯 자신의 개인적 삶과 공적인 삶 사이에 조화를 이루려고 노력했다. 또한, 여성들에게 관습에 순응하도록 요구하는 사회에서 자신의 개성을 확고히 하고자 애를 썼다. 스탈은 남성이 주도하는 사회에 살면서 자신이 정정당당하게 행동해야 한다고 생각했나. 사람들이 '뛰어난 달변가'로 묘사했던 스탈은 기민성과 현명한 생각으로 추종자들을 끌어당기는 능력을 지녔다. 내 생각에 '달변가'라는 꼬리표는 스탈을 다소 과소평가한 말 같다. 스탈의 살롱에서 이루어진 저녁 모임을 그토록 흥미롭게 만든 요인이 그녀의 영향력 있는 지성보다 피상적인 매력에 있다고 여긴 것 같기 때문이다. 저자들과 위대한 사상가들은 스탈을 보고 고무되었고 그녀 역시 그들을 통해 배웠다. 천재성으로 매력을 풍겼던 스탈은 당대의 몇몇 위대한 지식인과 열정적인 사랑에 빠지기도 했다. 스탈의 대담하고 무한한 활기, 그리고 평등과 자유에 대한 열정보다 그녀를 더 매력적으로 만드는 것은 없었다.

남성들은 제르멘 드 스탈에게 그녀가 영향력을 발휘할 수 없다고 말했고, 나폴레옹은 그녀에게 프랑스에서 살 수 없다고 말했으며, 세상은 집으로 가서 순종적인 아내가 되라고 말했다. 하지만 독창적이었던 스탈은 자신만의 원칙을 만들었고 남성들로 하여금 자신을 믿고 자기 생각에 귀 기울이도록 고무시켰다. 이것을 위대한 차선책으로 불러도 될 것이다. 만일 18세기에 여성으로서 세상의 무대에서 빛나길 원했다면 하이힐과 버슬* 스커트 차림으로 모든 장벽을 돌며 춤을 추듯 노고를 쏟아야 했다. 제르멘 드 스탈만큼 이를 잘 해낸 여성은 없었다. 그녀는 그 당시의 여러 난관을 어떻게 해서라도 극복하여 여성의 천재성을 보여준 훌륭한 본보기였다.

⚛

어떤 시대에든 천재를 정의하는 일은 복잡하다. 고대 로마인들은 천재를 신과의 매개체로 생각했다. 그래서 천재에게 경례하는 것은 인간을 보호해주고 성공으로 이끌어주는 신령 ― 일종의 수호천사 ― 을 알아본다는 것을 의미했다. 성자들이 더욱 세속적으로 변했던 1600년대에 천재를 정의한 남성들은 자신들의 이미지를 기준으로 천재를 창조했다. ― 놀랍지도 않다 ― 다트머스

---

* 스커트의 뒷자락을 부풀게 하는 허리받이 ― 역주

대학의 역사학과 교수로, 계몽주의 시대의 사상사를 연구하는 대린 M. 맥마흔은 18세기에 '오랜 편견에 따라 천재란 오직 남자'라는 인식이 있었다고 말한다. 그 오래된 편견은 이제 훨씬 더 오래된 편견이 되었다. 그것이 지금까지 이어지고 있기 때문이다.

일부 학자들은 우리가 천재라는 개념을 지나치게 민주적으로 확장하여 우승 축구팀 감독이나 뛰어난 패션 디자이너를 칭찬하는 데 쓰는 것을 우려한다. 애플 스토어에는 지니어스바가 있다. 이것은 애플을 세상에서 재정적으로 가장 성공한 소매점으로 만드는 데 일조한 마케팅 전략이다. 이 회사 측은 소비자가 컴퓨터 화면이 안 나올 때 티셔츠를 입은 무작위 기술자보다는 명목상의 천재가 수리해주는 걸 더 선호한다는 점을 파악할 정도로 아주 기민했다.

사람들은 지금까지 천재가 여러 방면에서 확장되고 있다는 점을 인정하면서도 천재가 여성이라는 점을 — 심지어 이름이 여성적이라는 점도 — 기꺼이 받아들이지 못했다. 지니어스바에서 일하는 샌디라는 이름의 한 여성은 그곳 직원들 대부분이 남성이며 고객들이 자신을 깔보기도 한다고 내게 말했다. 고객이 샌디가 처리한 일을 다른 남자 직원을 통해 다시 확인하게 해달라고 그녀에게 부탁한 적이 여러 번 있었다고 한다. "모든 직원이 똑같은 절차와 지침을 따르는데 말이죠." 샌디가 말했다. 하지만 그녀는 고객 만족을 위해 남성 지니어스를 데려온다. 그러면 그 남성 직원이 조금 전 그녀가 했던 말을 똑같이 말한다고 한다.

"그렇게 해야 정확하다고 생각한다니까요." 샌디는 눈에 힘을 주며 말했다.

아이폰이 깨졌을 경우처럼 작은 위기의 순간에도, 근거 없는 성별에 대한 기대가 모든 이성보다 앞선다. 사람들은 지니어스바에서 전문 기술자가 남자일 거라고 기대한다. 추수감사절에 터키 토크 라인*에 전화할 때면 양념 국물을 바르는 비법에 대해 여성이 도움을 줄 거라고 기대한다. 이러한 기대들은 타당하지 않다. 남성도 터키 요리에 대해 조언을 할 수 있고 여성도 기술을 가르칠 수 있다. 훌륭한 컴퓨터 프로그래머들 가운데 여성들도 있었는데 그레이스 호퍼가 그 예다. 1940년대에 해군 소장이었던 호퍼는 오늘날에도 쓰이는 프로그래밍 언어를 개발하는 데 기여했다. 호퍼는 코딩과 컴퓨터 언어에 천재였고 자기 생각을 알리는 데 인내심을 발휘했다. 최근에 현재 우리가 당연하게 여기는 컴퓨터 세상의 선구자였던 어메이징 그레이스**를 기리는 뜻에서 예일 대학의 한 칼리지가 그녀의 이름을 따서 명명되었다.

사람들은 그레이스 호퍼가 천재였고, 애플 지니어스바에 있는 사람들은 그저 잘 훈련된 기술자들이라는 점에 모두 동의할 것

* 칠면조 요리에 대한 질문이 생겼을 때 전화하면 전문가의 도움을 제공하는 서비스 – 역주

** 그레이스 호퍼를 일컫는 또 다른 말 – 역주

이다. 하지만 고대 로마 시대부터 누가 천재인지 알아내려는 노력이 있었고 그 과정에서 터무니없는 발상이 연이어 유행했다. 대부분의 사람은 여성들을 제외하기로 작정한 후 실제로도 그렇게 했다. 1800년대에 유행했던 발상 한 가지는 두개골의 모양이 영리함의 정도를 결정한다는 점이었다. 그러자 뇌 질량이 클수록 더 똑똑하다는 주장과 함께 머리 바깥 부분이 아닌 안쪽을 측정하는 여러 가지 방법이 등장했다. 남성이 평균적으로 여성보다 더 크기 때문에 신장, 간, 뇌 질량, 발 등의 신체 부위도 더 크다. 만일 뇌 질량을 지능과 연결시킨다면 남성들이 여성들보다 더 똑똑하다고 주장할 수 있다. ― 그러면서 '증명 종료!'를 외칠 것이다 ― 하지만 이는 전혀 타당하지 않다. 맥마흔 교수는 익살맞게 이런 언급을 했다. "만일 지능이라는 부분에서 크기 자체만 정말 중요하다면 고래가 우리 모두의 지배자가 될 것이다."

뇌 질량이 천재성과 동일시된다는 개념은 오랫동안 아주 진지하게 받아들여졌다. 이런 말을 하기 유감스럽지만, 이 개념은 지능을 측정하는 방법을 다룬 오늘날의 일부 글에서도 계속 등장하는 것 같다. 그러니까 사람들은 남성의 해마와 소뇌가 더 크기 때문에 그러한 부위에서 발생하는 활동에 남성이 더 뛰어나다고 단정하는 글을 아직도 읽는 것이다. 지금은 MRI 촬영을 통해 그러한 측정을 한다는 사실이 그 개념에 타당성을 부여하는 것 같다. 하지만 그 진부한 이론이 사실이라는 증거가 전혀 없다. 어쩌면 우리는 고래한테 어떻게 생각하는지 물어봐야 할 것 같다.

아직도 이어지고 있는, 또 다른 미심쩍은 이론은 천재성은 오로지 유전을 기반으로 한다는 것이다. 만일 이 이론의 장본인을 찾는다면 프랜시스 골턴 경을 뽑을 수 있다. 그는 빅토리아 시대의 통계학자이자 박식가였고 찰스 다윈의 사촌이기도 했다. 골턴은 범죄 문제를 해결하는 지문 감식법 등의 좋은 방법을 고안했다. 반면, 유전자 조작을 통해 사회를 개선한다는 것처럼(이를 우생학이라고도 한다.) 몹시 형편없는 의견들도 내놓았다. 관련된 그의 저서『유전하는 천재Hereditary Genius』는 그 당시 파문을 일으켰다. 그에겐 두개골 크기를 재던 소위 전문가들과 똑같은 문제점이 있었다. 바로, 결론을 내리고 거기서부터 연구를 시작했다는 점이다.

골턴은 천재의 명성이라는 요소를 인정했다. 하지만 명성을 '유전적으로 물려받는 재능'이라는 본인 관점의 증거로 보았다. 순환론적 사유의 마법으로, 골턴은 천재성이 당신을 유명하게 만들어주고, 명성은 당신이 천재라는 점을 증명한다고 주장했다. 그는 유명한 사람들의 수를 세어본 결과 그들이 엘리트 집안 출신의 남성들이라는 점을 발견했다. ― 놀랍도다! ― 이에 맥마흔 교수는 명성만을 천재를 나타내는 표시로 보는 것은 "명성을 부여한 힘의 구조를 완전히 무시한 것"이라고 지적한다.

천성 대 양성이라는 오래된 논쟁은 골턴으로부터 시작되었는데, 그는 이것을 전혀 논쟁거리로 생각하지 않았다. 골턴에게 이것은 온전히 천성의 문제였다. 지금의 합리적인 과학자라면 그 문제에 대해 간단히 답할 것이다. 골턴이 틀렸다고. 유전자와 환경은 ― 천성과 양성이라는 요소들은 ― 함께 작용하며 이 두 가지를 분리해서 생각하는 것은 무분별한 일이다. 재능은 노력, 타고난 능력, 사회적 격려, 환경이 어우러져서 형성된다. 훌륭한 요리사를 만드는 유일한 유전자가 없듯 천재를 만드는 유일한 유전자도 없다. 냄새나 맛에 대해 아주 예리한 감각을 타고날 수는 있지만 요리 기술은 누군가로부터 배우고 격려받아야 키워지는 것이다. 만일 아무도 당신에게 달걀 깨는 방법을 알려주지 않는다면 당신은 절대 완벽한 수플레를 만들지 못할 것이다.

여성의 지능에 대한 골턴의 무시는 특히 위험했다. 이것은 현재 MRI로 촬영된 두뇌처럼 과학에 대한 존중을 빙자했기 때문이다. 골턴은 자신이 본 아름다운 여성들의 수를 세어서 이를 바탕으로 영국의 '미인 지도'를 만든 적도 있다. 웃기지 않은가? 골턴이 못생긴 여성이 가장 많은 곳으로 순위를 매겼던 애버딘에서 젊은 여성으로 살았다면 어땠을지 한 번 상상해보라.•

진화 생물학자 스티븐 제이 굴드는 자신의 영향력 있는 저서 『인간에 대한 오해The Mismeasure of Man』에서 불평등에 유전적 근거가 있다고 내세우기 위해 만들어진 모든 거짓 주장들을 비판했다. 그는 소위 '유전자 결정론'에 대한 주장들은 진정한 과학이

....

• 유니버시티 칼리지 런던에서 열린, 골턴 전시회를 맡은 큐레이터는 골턴의 연구물을 살펴본 후 "그것이 이제 와 보니 얼마나 황당무계한지" 깨달았다고 한다.

라기보다 사회적 무기라는 점을 보여주었다. 또한, 여성을 대상으로 하든 소수 민족을 대상으로 하든 유전적 주장의 근원에는 백인 남성이 자신들의 유전적 우월성을 증명하려는 시도가 있을 뿐이라고 주장했다.

$$\bowtie$$

천재를 정의하는 방법 중 하나인 아이큐 검사는 결점이 상당히 많은 것 같다. 재능의 폭넓은 영역과 다양성을 단 하나의 검사로 파악할 수 없다는 점은 자명하다. 측정될 수 있는 것은 그 검사의 특정한 질문들에 대답을 얼마나 잘하는가 하는 점뿐이다. 아이큐 검사는 사람들이 크게 신뢰하는 것에 비해 예측 지표가 되지 못하는 것 같다. 1900년대 초에 심리학자 루이스 터먼은 그가 '만들어지는 천재'라 이름 붙인 한 연구를 위해 아이큐 점수가 높은 천 명의 어린이들을 추적 조사했다. 나중에 보니 장래의 천재로 기대되던 이들 가운데 그 누구도 뛰어난 명성을 이루지 못했다. 맥마흔 교수는 훗날 노벨 물리학상을 받은 두 명의 남성이 이 연구에 포함되지 못했다는 점을 지적했다.

과거에 — 그리고 오늘날에도 자주 — 아이큐 검사는 아이들에게 시행되었고 나이대별로 결과가 나왔다. 하지만 여덟 살 때 높은 점수를 받았다는 것이 영원히 천재라는 의미일까? 예전에는 『기네스 세계 기록』에 세상에서 가장 높은 아이큐 점수가 실렸지만 결국은 신뢰할 수 없다는 이유로 이 항목은 책에서 빠졌다. 우리가 아이큐 점수를 신성한 숫자처럼 여긴다는 사실은 터무니없다. 이 검사에서 높은 점수를 받고도 평생 그 무엇도 달성하지 못할 수 있으며 이 점수가 두드러지지 않았어도 천재가 될 수 있다. 연구원들은 대부분의 사람이 그 점수가 실제보다 더 결정력이 있는 것으로 믿는다고 말한다. 인내심, 그릿*, 동기 부여 같은 요소들이 아이큐로 측정 가능한 능력보다 궁극적으로는 더 중요할 수 있다. 아이큐 점수가 똑같은 두 사람이 있다고 하자. 만일 한 사람에겐 자신에 대한 믿음을 갖고 좋은 학교에 가도록 고무시켜주고, 다른 한 사람에겐 결혼하고 자신의 지능을 감추어야 인생이 더 수월해진다는 말을 해준다고 해보자. 그렇다면 여기서 아이큐 점수는 가장 결정력이 약한 요소가 된다.

나는 여덟 살 때 학교에서 아이큐 검사를 받았고 몇 주 후 어머니가 교실로 불려오셨다. 선생님은 어머니께 근엄한 목소리로 내 점수가 150이라고 말씀하셨다.

"이건 천재 수준인데요." 선생님은 살짝 경외심을 드러내며 말했다.

어머니는 어깨를 으쓱이셨다. 우리는 삼 남매였고 모두 총명했는데 만일 우리 중에 천재가 있다면 아마 오빠였을 것이다. 그런데 오빠의 아이큐 점수는 나보다 2점 낮았다. 이후 어머니는 그 검사를 무시했고 그 점수가 무의미하다고 생각하셨다. 어머니

---

* 열정이 있는 끈기 – 역주

는 내게 아이큐 검사 결과를 수개월 동안 말씀하시지 않았다. 마침내 나는 150이라는 내 점수에 대해 들었을 때 흡족했다. 하지만 나는 결국 오빠가 더 똑똑하다는 어머니 의견에 동의했다.

나는 여전히 오빠를 존경하고 그가 나보다 더 똑똑하다고 생각한다. 하지만 나에 대한 평가에 반영된 모든 외적인 영향들을 깨닫는 데 오랜 시간이 걸렸다. ― 이는 지금도 이어지고 있는지 모른다 ― 오빠는 남자였고 첫째였다. 그러니 남매 중 가장 똑똑해야만 했다.

두개골 모양, 뇌 질량, 사람들 사이에 유명한 정도, 유전적 특성, 아이큐, 남성. 이러한 요소들은 과거에 천재를 판단하는 모든 기준이었다. 본질적으로는 이 가운데 어떤 것도 의미가 없을지도 모른다. 어떤 총명한 여자가 있다고 할 때 그 여자에게 적절한 환경과 기회를 제공하고 자신감과 재능을 키워준다면 그 여자는 머리 크기와 상관없이 천재가 될 수 있다. 재능만 있으면 다 된다고 생각하면 안 된다. 모차르트의 누나 마리아 안나는 아주 탁월한 천재성을 지녔지만 그 사실은 중요하지 않았다. 그녀가 대중 무대에 선 동료들과 달리 어쩔 수 없이 가정생활로 후퇴하자 그녀의 창의적 천재성이 발휘될 가능성은 사라졌다. 역사의 상당 부분에 걸쳐 여성들이 겪은 비극은 여성들의 천재성이 양성되지 못하고 서서히 사라져버린 비참한 경우가 너무 많았다는 점이다.

3장

아인슈타인의 아내와
상대성이론

어느 화창한 아침, 나는 이제 천재의 아이콘이 된 알베르트 아인슈타인이 오랫동안 살면서 연구했던 곳을 돌아다닐 요량으로 프린스턴 행 기차에 올라탔다. 아인슈타인이 상대성 이론으로 물리학을 바꿔놓았고 질량과 에너지 사이의 관련성을 설명하는 유명한 관계식 'E=mc²'을 만들었다는 사실에 대해선 과학자가 아니어도 안다.

지금은 아인슈타인이 이룩한 성과들에 대한 신화적 후광이 너무 밝게 빛나서, 그가 결혼하고 이혼하고 재혼한 현실적인 사람이었다는 점을 떠올리기가 쉽지 않다.

첫 결혼의 경우 풋사랑의 결과였을까, 아니면 좀 더 복잡한 문제가 있었던 걸까? 아인슈타인의 첫 부인 밀레바 마리치는 수학계와 물리학계에서 유명한 여성이었다. 두 사람은 취리히에 소재한 공과대학에서 만났는데 밀레바는 그곳에 입학한 극소수 여성들 가운데 한 명이었다. 몇몇 사람들은 1905년 아인슈타인이 쓴 획기적인 논문에 그녀가 협력했을지도 모른다고 주장했다. 이를 뒷받침하는 한 가지 증거는 아인슈타인이 논문 발표 2년 전에 '우리의 작업'이나 '우리의' 상대성 이론이라는 말이 들어간 편지를 밀레바에게 자주 썼다는 점이다. 한 기록에는 아인슈타인의 가장 유명한 논문들의 원본에 밀레바라는 이름이 들어가 있다는 내용이 담겨있다.* 아인슈타인은 밀레바와 헤어질 때, 받기로 예정돼있던 노벨상의 상금을 그녀에게 주기로 약속했고 이를 이행했다. 그녀가 그 상을 받는 데 기여하지 않았더라면 그가 위자료나 양육비가 아닌 상금을 주기로 약속했겠는가?

결혼 생활의 속사정을 알아내기란 어려운 일이다. 더욱이 내가 아인슈타인과 밀레바가 물리학과 수학에 대해 얼마나 열띤 대화를 나누었는지 알아낼 방법은 없다. 하지만 좀 더 흥미로운 사실은 이 두 사람이 공동 연구를 했다는 주장에 항상 아인슈타인을 지지하는 남성들이 격분한다는 점이다. 그들은 밀레바가 아인슈타인의 소논문과 학술논문에 조언을 해주었고 그의 연구에 대해 잘 알았다는 점에는 대개 동의할 것이다. 하지만 그가 편지에 "상

• 그는 1905년, 겨우 26세의 나이로 네 편의 논문을 썼고 이 가운데 한 편은 1921년 노벨상 수상으로 이어졌다.

대 운동에 관한 우리의 연구가 승리로 끝난다면 얼마나 자랑스럽고 기쁠까!"라고 썼던 점에 대해, 그들은 이를 문자 그대로 이해하면 안 된다고 말한다. 이것을 사랑에 빠진 젊은 남자가 호기롭게 한 말로 일축해버린다. 어쩌면 그럴지도 모른다. 하지만 '우리의 연구'가 말 그대로 두 사람의 연구를 의미하는지도 모른다.

아인슈타인은 훌륭한 아이디어를 내는 천재였지만 자신의 이론에 필요한 복잡한 요소들을 해결하기 위해 그 당시 위대한 수학자들의 도움을 받았다. 아인슈타인을 지지했던 남성들도 이러한 유형의 협력을 이해한다. 하지만 아인슈타인이 아내와 공동 연구를 했다는 점에 대해서는 어떻게 생각할까? 몇몇 존경받는 과학자들과 사학자들은 아인슈타인이 1905년에 특수 상대성 이론 논문을 쓸 때 수학 부문에 밀레바가 도움을 주었다고 썼다. 이는 대단한 의견이 아니다. 복잡한 이론을 정립하는 데 도움을 받는 경우는 흔하며 밀레바가 수학이라는 한 영역에 도움을 주었다는 점은 사람들이 일반적으로 인정하는 사실이다. 하지만 일부 사람들은 상대성 이론이라는 위대한 이론이 탄생하는 데 한 여성이 관여했다는 점에 격분하는 것 같다. 우리는 두 사람이 만났던 공과대학에서 밀레바가 아인슈타인보다 수학 점수가 낮았다는 무수한 호언장담을 인터넷에서 찾을 수 있다. 하지만 이런 말을 하는 사람들은 그가 처음 치렀던 입학시험에서 낙제했다는 언급은 하지 않는다. 아인슈타인은 천재였지만 그의 아내 역시 탁월한 재능을 지녔다고 말하는 것이 왜 그리 어려운 걸까? 밀레바에겐 자신의 천재성을 온전히 발전시킬 기회가 없었다. 밀레바는 1903년에 아인슈타인과 결혼해 두 아들을 낳은 이후 과학에 대한 포부를 지속시킬 방법을 찾지 못했다. 모차르트의 누나처럼 배경으로 물러나 자식들에게 전념하면서 그녀의 위대한 재능은 사라지고 묻혀버렸다.

밀레바가 살던 시절에 여성의 역할은 남성 뒤로 물러나는 것이었고 많은 사람이 그러한 관습을 유지하려 했다. 몇 세기 동안 여성들은 위협적인 존재감을 드러내지 않고 자신이 하는 일을 누구도 알아차리지 못하게 하는 방식으로 성공을 거두었다. 그녀들은 지배력을 드러내기보다 교묘하게 솜씨를 발휘했다. 현실과 한계를 인식하고 — 아무리 고의로 형성되었다 해도 — 이를 고려하여 노력했다는 점은 천재적인 여성들만 보였던 한 가지 특성일 것이다. 그녀들은 나폴레옹 시대 프랑스의 제르멘 드 스탈처럼 자신만의 살롱과 영향력의 원천을 만들고, 밀레바 마리치처럼 남편에게 자신의 좋은 아이디어를 알려주고 남편이 성공하는 모습을 지켜보았을지도 모른다. 하지만 그녀들은 스스로 세상의 이목을 받으려 하지 않았다.

이러한 현실에 종지부를 찍어야 할 때가 되었다. 진정한 천재는 다른 사람들을 따르게 하는 방식으로 세상을 바꾼다. 그런데 이는 천재가 전면에 나서고 주목을 받아야 가능한 일이다. 천재는 시간, 공간, 예술, 물체의 운동, 소설 쓰는 방법 등에 대한 새로운 사고방식을 제시한다. 만일 천재 여성이 묵살되거나 무시된다면 그녀들의 새로운 발견은 오랜 세월에 걸쳐 반향을 일으키지 못한다. 그럴 가치가 있음에도 말이다. 여성들은 스스로 물결을 일으키는 것을 두려워하지 말아야 한다. 천재가 된다는 것은 다른 사람들과 약간 달라지는 것을 의미하는데, 다른 사람들과 맞추어야 한다는 메시지를 끊임없이 듣는 여성들에게 이는 쉬운 일이 아니다. 철학자 레베카 뉴버거 골드스타인Rebecca Newberger Goldstein은 이렇게 말했다. "만일 천재가 일탈자라면 천재 여성은 훨씬 더 심각한 일탈자로 여겨진다. 이는 여성성 자체에 대한 일탈로 인식되기 때문이다."

하지만 반드시 그런 것은 아니다. 상당수의 탁월한 여성들은 천재성과 여성성을 어우르며 이 두 가지가 상충되지 않는다는 점을 본인의 존재로 입증하고 있다. 나는 프린스턴 대학 캠퍼스에서 현대의 천재 여성을 찾기 위해 천체물리학자 조 던클리Jo Dunkley의 연구실로 향했다. 물리학과 종신교수인 던클리는 천체물리학과 우주론으로 권위 있는 상을 여러 번 수상했다. 나는 던클리의 중요한 연구 결과를 공부하며 인터뷰를 애써 준비했지만 그녀가 연구실 문을 열어주었을 때 내가 전혀 준비되어있지 않았음을 깨달았다.

대부분의 사람은 헝클어진 흰 머리칼, 구부정한 자세, 주름진 얼굴, 아득한 눈빛의 알베르트 아인슈타인 같은 유형의 천재를 상상한다. 하지만 누가 조 던클리 같은 외모의 천재를 상상할 수 있을까? 윤기 있는 금발에 매끈한 피부를 지닌, 날씬하고 우아하게 아름다운 던클리는 내게 매력적인 미소를 지으며 연구실 안으로 들어오라고 했다. 나는 대개 사람들의 외모를 묘사하지 않는다. 외모가 그들의 직업과 관련이 있지 않은 한 말이다. 모델이나 영화배우는 외모와 관련이 있고 과학자는 관련이 없다. 그러므로 나는 내가 외적인 부분을 언급하는 것을 던클리가 용서해주길 바란다. 이 경우엔 외모가 관련이 있기 때문이다. 철학자 골드스타인이 천재 여성은 여성성에 대한 일탈자로 인식된다고 한 말은 우리의 무의식 속에 깊이 내재되어 있다. 나는 그동안 이 주제를 살펴보고 숙고해왔지만 이러한 개념에서 온전히 자유롭지 못했다. 그래서 던클리가 전혀 천재 과학자처럼 보이지 않는다는 생각을 나도 모르게 했던 것이다. 그러다가 수십 년 전에 글로리아 스타이넘이 한 생일 파티에서 어떤 기자가 그녀에게 마흔 살처럼 보이지 않는다고 했을 때 대답했던 말이 떠올랐다.

"이게 마흔 살의 외모예요. 사람들이 너무 오랫동안 거짓말을 해온 건지 모르잖아요?"

나는 던클리를 보며 이런 생각을 했다. '이 모습이 천재의 외모인 거야. 사람들이 너무 오랫동안 천재 여성들을 무시해온 건지 모르잖아?'

"와주셔서 감사드려요. 차 좀 갖다 드릴까요?" 던클리가 물었다. 꽃무늬 원피스 차림에 다정하고 친절한 던클리는 그 지역 최고의 컨트리클럽*에서 열린 가든파티에서 곧장 온 것처럼 보였다. 하지만 사실 그녀는 35살에 정교수로 지낸 옥스퍼드 대학에서 프린스턴 대학으로 옮겨갔으며, 세계적으로 아주 뛰어난 젊은 물리학자 가운데 한 명으로 손꼽힌다. 그녀가 프린스턴 교수로 임명되었을 때 이 대학 물리학과의 한 석좌 교수는 그녀를 "탁월한 과학자이자 멋진 사람"이라고 언급했다. 예전에 몇몇 교수들이 아무리 아주 탁월한 여성 교수들에 대한 추천서일지라도, 일반적으로 거기에는 그 여성들의 성격과 근면성에 관한 내용이 담긴다고 내게 알려주었다. 반면 남성들의 경우에는 단순히 그들이 거둔 성과의 특성들만 담긴다고 했다. 그러므로 '멋진 사람'이라는 말에는 궁극적으로 여성에게 상처가 되는, 무의식적인 성차별의 기미가 담겨있는 것인지도 모른다.

하지만 던클리는 실제로 멋진 사람처럼 보였다. 그녀는 자신의 연구에 대해 아주 열정적으로 말했는데, 자신의 어린 두 딸에 대해 말할 때도 행복해 보였다.

"저는 엄마인 게 너무 좋아요!" 던클리는 얼마 전에 딸들이 했던 사랑스러운 행동을 설명하며 말했다. 나는 그녀가 밀레바 마리치가 마주했던 문제를 해결했다는 생각이 들었다. 그러니까 그녀는 헌신적인 엄마이자 자신의 연구에도 온 힘을 다할 수 있는 여성인 것이다.

---

* 테니스, 골프, 수영 따위의 설비가 있는 교외의 클럽 – 역주

던클리는 '우리는 왜 지금 여기에 있는가, 우리는 어떤 과정을 거쳐 이곳에 존재하는가, 우리는 우주의 더 큰 그림 속에 어떻게 들어맞는가'와 같은 우주와 관련한 광대한 질문들을 연구한다. 그녀는 박사 과정 수료 후 연구자였을 때, 그동안 우주의 나이를 측정한 그 누구보다 더 정확히 측정하기 위해 나사의 위성(윌킨슨 마이크로파 비등방성 탐색기(WMAP))에서 오는 자료를 활용했다.

"맞아요. '우주의 나이는 138억 년입니다'라고 말했던 사람이 바로 저예요." 던클리는 쾌활하게 말했다.

"우주의 공식적인 날짜를 계산한 거예요?" 나는 놀라서 물었다.

"네 그렇죠." 던클리가 말했다.

"그거 정말 멋진데요, 그렇게 생각하지 않으세요?"

"그렇긴 하죠." 던클리가 미소를 지었다. "그 이후로 더 세밀히 수정하긴 했는데, 어쨌든 저는 가장 큰 망원경을 통해 새로운 자료를 얻으면서 그러한 추정치를 계산하는 데 앞장서려고 노력해 왔어요."

우주의 가장 초기 시절의 빛을 연구하는 일은 상당히 놀라운 활동이다. 던클리는 현실을 설명하고 우주 모형을 만들고 중요한 질문에 답하는 데 수학적 도구를 활용하는 것을 좋아한다. 하지만 던클리는 케임브리지 대학의 대학생이었을 때 ― 그녀는 영국에서 자랐다 ― 천체물리학을 연구할 거라는 생각은 전혀 하지 않았다. 던클리는 라크로스팀의 주장으로 예쁘고 인기 많은 여학생이었고 친구들도 모범생 같은 과학 전공생이 전혀 아니었다. 대학 졸업 후에는 남미의 외진 지역에서 배낭여행을 시작했다. 여행 중이던 그녀는 어느 한밤에 믿을 수 없을 만큼 깨끗한 하늘 아래서 물리학을 다룬 대중 서적을 읽다가 은하수를 올려다보았다. 그 순간 여러 가지 아이디어들이 번뜩였다. 그때 그녀는 박사 과정을 밟아 우주에 대한 새로운 통찰력을 얻기 위해 노력하겠다고 결심했다.

던클리는 박사 학위를 받고 자신의 분야에서 두각을 나타내면서부터, 오늘날의 천재는 똑똑해지려 애쓰면서 홀로 연구실에 처박혀있지 않는다는 점을 깨달았다. 그녀는 컴퓨터 코드를 만들고 남다른 방식으로 질문들에 답하려고 노력하면서 흡족했지만, 큰 성공을 거둔 과학자들은 기발한 발상을 할 뿐만 아니라 다른 사람들을 고무시킨다는 점을 곧 알게 되었다. 과학의 개념들은 너무 폭넓고 이론들은 너무 광범위하므로 고립된 상태에서는 통찰력이 생기지 않는다.

"어떤 사람이 자기 생각으로 타인을 흥분하게 만들 수 있다면 과학에서 그리고, 일반적으로 세상에서 진전을 이루어요. 전 다른 사람들과 함께 일할 때 제 특성이 가장 잘 드러난다고 생각했어요. 그래서 팀을 고무시키는 일이 제가 과학 분야에서 하는 일이지요." 던클리가 말했다.

던클리의 천재성은 우주의 이론들을 만들어낼 때 발휘된다.

던클리는 칠레에 있는 고성능 망원경에서 수집된 거대한 양의 자료를 활용하여 우주가 얼마나 오래되었는지, 얼마나 빨리 성장하는지, 우주가 무엇으로 만들어졌는지 생각한다. 우주의 좋은 우연인지, 그녀가 자료를 얻기 위해 의존하는 망원경은 그녀가 대학 졸업 후 배낭여행을 갔던 곳에서 불과 몇 마일 거리에 있다. 그 당시 그녀는 그곳이 지구의 끝이라 생각했다. 지금도 그녀는 그곳에 자주 들른다.

⚛

애초에 나는 던클리에게 과학계에서 여성으로서 겪는 고초에 관해 물어보려고 계획했다. 하지만 대화를 나누다 보니 던클리에겐 경력의 많은 부분에서 여성이라는 점이 문제시되지 않았다는 점을 깨달았다. 던클리는 자신이 소외된다거나 자신이 가는 길에서 여성이기에 참고 견뎌야 한다는 생각을 전혀 해본 적이 없었다. 던클리는 경력 초기부터 여러 번 수상했고 크게 인정받아 연구를 지속할 수 있었다. 그녀는 주변에 도움되는 멘토들이 있었고 자신의 분야에서 여성 롤모델의 부족을 인지하거나 걱정한 적이 없었다. "저는 제가 할 수 있는 일에 대해 확신하고, 그 일을 하며 여기에 있어야 한다는 생각이 들어요." 던클리는 단순하게 말했다. "아주 최근까지 저는 과학계에 있는 여성들의 문제에 대해 전혀 생각하지 못했어요."

만일 어떤 여성이 모든 장애물에도 불구하고 자신의 분야에서 대가가 된다면 우리는 그 여성에게서 무엇을 배울 수 있을까? 던 클리는 밀레바 마리치가 살던 시대에서 1세기가 지난 후에 살고 있다는 이점을 누리고 있으며, 여성 앞에 놓인 장애물들에 대해 생각해본 적이 없었다. 과학자라는 직업이 자신이 원하는 가정을 꾸려나가는 데 방해가 되지 않는다고 확신하고 그저 자신이 하고 싶은 일을 하며 전진했다. 그러한 긍정적인 마음이 끈기, 지능, 창의적 사고와 결합하여 그녀는 자신이 연구하는 빛처럼 밝게 빛나고 있다. 그저 묵묵히 계속해나가는 것. 어쩌면 이는 천재의 한 가지 비결일지 모른다.

'너 자신 외에는 아무도 너를 멈추게 하지 못한다.' 이는 인스타그램에서 인기 있는 인용구다. 그렇다면 우리는 왜 스스로 멈추려고 하는가? 이는 아주 중요한 질문이다. 하지만 요즘에 이런 질문을 했다가 곤란에 처할 수도 있다. 페이스북 최고운영책임자 셰릴 샌드버그는 몇 년 전 테드 토크*에서 어떻게 여성들이 무심코 자신을 가로막아 성공하지 못하는지 설명했다. 샌드버그는 이러한 강연을 바탕으로 『린 인』을 저술했고 이 책은 엄청난 베스트셀러가 되었다. 이 책에는 스스로 중요한 참가자가 되어 ― 문자 그대로든 비유적 의미로든 ― 테이블에 앉는 방법과 관련한 여러 가지 조언, 기술, 고무적인 일화가 담겨있다. 구글과 페이스북에서 일했고 몇 년 동안 기술 업계에서 몇 안 되는 최고 여성

----

*미국의 비영리 재단에서 운영하는 강연회 역주

임원이었던 샌드버그는 여성들에게 가해지는 편견과 차별을 속속들이 알았다. 이를 직접 목격하고 경험한 샌드버그는 자신의 저서에서 많은 면을 할애하여 직장에 존재하는 구조적 문제를 지적했다. 하지만 그녀는 기본적으로 긍정적인 관점을 보였으며 많은 인터뷰에서 설명했듯 그녀의 진정한 목표는 '대화의 방향을 여성들이 할 수 없는 것에서 할 수 있는 것으로 바꾸는 것'이었다. 『린 인』이 400만 부나 팔린 만큼 수많은 사람이 그녀의 조언에 귀를 기울였다.

하지만 샌드버그는 많은 비판을 받기도 했다. 가령 이런 것들이다. '변화되어야 할 것은 시스템 그 자체인데 왜 샌드버그는 여성들에게 스스로 변하여 시스템에 맞추는 방법을 강조하는가?', '여성들을 충분히 고용하지 않으며, 여성들에게 남성들과 똑같이 급여를 주지 않는 기업과 기관이 문제의 원흉이다!', '여성들이 아닌 기업과 기관이 해야 할 일들에 대해 말하라!'

물론 나도 이러한 의견에 동의하지 않는 건 아니다. 손쉬운 방법으로 이 세상을 공평하고 정직한 곳으로 만들고 싶어 하는 것은 모두의 바람이다. 하지만 샌드버그는 희생자들을 탓하거나 기업이나 기관의 문제점을 눈감아준 것이 아니었다. 그저 변화가 발생하는 방법에 대해 현실적으로 접근했을 뿐이다. 여성 지도자들과 고위직 여성들이 더 많아지는 것은 이러한 해결책의 중요한 부분이다. 하지만 일단 여성들이 그러한 위치에 도달해야 한다. 이는 조직의 구조에 대해 뭔가 할 수 있는 위치에 오를 때까지 구조적 문제를 무시해야 한다는 점을 의미하는지도 모른다. 샌드버그는 이렇게 말했다. "좀 더 공평한 세상으로의 변화는 한 사람, 한 사람에 의해 이루어질 것이다." 사장이 여성이라면 더 많은 여성을 고용하고 급여를 공평하게 지급할 수 있다. 만일 어떤 여성이 물리학이나 수학에서 무시되지 못할 획기적인 발전을 이룩했다면 그 여성은 다른 여성들을 양성할 수 있다.

만일 당신이 천재가 되고 싶다면 이러한 진실이 다소 껄끄러울 수 있다. 당신은 여자이기 때문에 자신을 희생자로 여길 수 있다. 아니면, 이 사실을 극복하고 일에 매진할 수도 있다. 나는 셰릴 샌드버그가 처음에 일을 시작할 때 적극적으로 뛰어들 용기를 냈던 이유를, 조 던클리가 큰 강당에서 남성들에 둘러싸여 앉아있을 때 질문하는 것을 전혀 두려워하지 않았던 이유를 정확히 설명하진 못한다. 수적으로 크게 모자랄 때 목소리를 내는 것이 두렵다는 점은 여성들의 일반적인 불평이다. 하지만 던클리는 말하는 것을 전혀 두려워하지 않았고, 샌드버그는 적극적으로 나서는 일을 두려워하지 않았다.

던클리는 단순하게 생각했다. '극복하라', '일에 매진하라', '희생자가 되지 마라'. 하지만 이제 시스템을 바꿀 수 있는 위치에선 던클리는 그저 일에만 매진하기가 만만치 않은 여성들을 격려하기 위해 할 수 있는 모든 일을 하고 있다. 던클리는 모든 사람이 자기처럼 확신에 찬 스타일이 아니라는 점을 알고 있다. 또한, 여성들의 천재성을 양성하려면 '다양한 성격을 인정해야 하고 목소리가 가장 큰 사람만 성공하도록 내버려 두면 안 된다'라는 점을 잘 안다. 훌륭한 과학자이지만 던클리 같은 대담함과 자신감이 없을 수도 있다. 현재 던클리는 다른 여성들을 발전시키기 위해 큰 노력을 기울이고 있다. 예전에는 자신과 무관해 보였던, 과학계 여성들을 위한 행사에 참석하고 이러한 행사를 종종 기획하기도 한다. 과학계 — 혹은 대부분의 분야 — 에서 가장 탁월한 여성들은 자신의 목소리를 낼 방법을 찾겠지만 그 아래 20~40%의 여성들은 불가능할 확률이 높다. 던클리를 롤모델로 삼아 점점 더 많은 여성이 천체물리학에 대해 생각해볼 것 같다. 아주 흥미로운 분야에서 최고의 자리에 있는 천재, 던클리는 눈부신 성공을 거두었으며 행복감과 기쁨으로 충만하다. 만일 아인슈타인이 아직도 프린스턴 대학 캠퍼스를 거닌다면 아마 그녀를 만나고 무척 기뻐했으리라.

$$\rtimes$$

던클리는 두 번의 임신 기간에도 공개 강의를 할 수 있는 한 자주 했다. 던클리는 자신의 그런 모습을 좋아했다. 모든 것을 직접 말로 할 필요는 없었다. 모든 사람이 던클리가 엄마의 역할과 과학자의 역할을 조화롭게 해내고 있다는 점을 알아차렸기 때문이다. 던클리는 자신과 남편 파라메르츠 다보이왈라Faramerz Dabhoiwala가 "완벽한 공동 육아를 하며 진정으로 힘을 합친 것이 큰 차이를 낳는다"라고 말했다.

던클리와 헤어진 후 그 사실이 생각났다. 내가 여성의 천재성에 대한 글을 쓴다고 사람들에게 말한 이후에 여성들로부터 즐거운 윙크를 받았고, 내가 여성에게만 존재하는 천재적 요소를 발견했다고 생각한 남성은 걱정 어린 표정을 보였다는 사실이. 한 남성은 내가 전하려는 메시지가 '남성의 평범함과 여성의 천재성'이냐고 물어왔다. 나는 그에게 만일 워싱턴에서 행진하고 싶다면 그건 좋은 슬로건이지만 내 메시지는 그게 아니라고 했다. 천재성은 여성들만의 특성이거나 남성들만의 특성이 아니다. 나와 대화를 나눴던 어떤 사람들은 여성들이 협력, 의사소통, 배려에 더 뛰어나다고 말했다. 하지만 누구든지 괴로움에 처하면 이러한 면을 보이기 힘들다. 여성의 능력과 남성의 능력은 겹치는 부분이 많다. 모든 여성이 — 혹은 남성이 — 어떤 면에 뛰어나다고 말한다면 이는 모든 여성이 — 혹은 남성이 — 다른 면에는 뛰어나지 못하다고 말하는 셈이다. 포괄적인 관점으로 일반화하는 것은 어리석다.

성별과 천재성 사이의 미약한 관계에 대해 훌륭한 관점을 지녔을 것으로 생각되는 한 사람과 대화를 나누고자 프린스턴 대학 캠퍼스를 가로질러 갔다. 그 사람은 바로 분자생물학자이자 2001년에 여성 최초로 프린스턴 대학 총장이 된 셜리 틸먼. 틸먼은 12년 동안 총장을 지낸 후 이학부의 교수로 돌아갔다. 내가 만난 한 졸업생은 "모두가 틸먼 교수님을 좋아해요"라고 말했는데 틸먼이 총장직을 떠난 이후에 더 그렇게 느끼는 것 같다. 따스함과 똑똑함과 정직함을 모두 겸비한 틸먼에겐 사람들을 강하게 끌어당기는 힘이 있다. 햇빛이 가득 들어오는 틸먼의 전망 좋은 연구실에서 함께 대화를 나누는 동안 틸먼은 편안하고 여유로운 모습을 보였다. 하지만 내가 여성들이 천재성에서 남다른 특성을 보일 수 있느냐는 질문에 틸먼은 한숨을 쉬었다.

"전 뚜렷이 구분되는 능력이라는 문제를 상당히 양면적으로 생각해요. 제가 말이죠. 그 웜홀*을 연구할 때면 신경이 곤두서거든요. 그동안 일하면서 그 문제를 이리저리 다뤘는데 과학적으로 아직 어떤 결론에 이르지 못했어요." 틸먼은 말을 잠시 멈추더니 환한 미소를 지었다. "하지만 리더십은 어렵지 않죠. 전 여성들이 리더십 능력 면에서 더 뛰어나다고 생각해요."

흠. 틸먼이 성별에 따른 일반화가 어리석다는 내 이론을 약화시킬 가능성이 있겠다는 생각이 들었다.

"왜 그런 걸까요?" 내가 물었다.

"좋은 지도자가 되는 것에서 중요한 점은 좋은 아이디어를 떠올렸을 때 사람들에게 이것이 자신의 머리에서 나왔음을 납득시키는 것 아니겠어요? 저는 이렇게 하는 경우가 여성들이 남성들보다 더 많다고 생각해요." 틸먼이 말했다.

상당히 그럴듯한 말이었다. 하지만 그런 경우가 여성들이 남성들보다 더 많다면, 이는 여성들이 남성들에 비해 그래야 할 필

---

* 우주에서 블랙홀과 화이트홀을 연결하는 통로를 의미하는 가상의 개념 – 역주

요성이 더 많기 때문인지 모른다. 틸먼은 포용적이고 집단 중심적이며 공감하는 리더십 유형을 발전시켰다. 팀 구축에 초점을 맞추었고 기꺼이 신뢰를 공유하고 양성했다. 여성들이 이렇게 하는 건 타고난 능력이 아닌 스스로 효과가 있을 거라고 판단한 일종의 스타일이다. 남성 지도자들은 자신이 위협적인 존재가 아니라는 점을 입증할 필요가 없다. 남성들은 누군가 뒤에서 불쾌한 명칭을 갖다 붙이는 일 없이 공적을 인정받을 수 있다. 반면에 사람들은 정치계나 다른 분야에서 여성 지도자들이 호감을 주는 인물이어야 한다고 기대한다. 이것이 무엇을 의미하는지 모호하긴 하지만, 똑똑하고 유능한 것만으로 충분하지 않다는 것은 분명하다. 여성 지도자들은 여전히 남성들의 기분을 좋게 해주어야 하고 최고의 아이디어가 모두 자신에게서 나왔다는 점을 납득시켜야 한다. 공적을 기꺼이 공유하는 것은 고귀한 일임에도 여성들은 남성들이 그것에 맞게 호의적인 태도를 보이기를 바랄 수밖에 없다. 하지만 흔히 남성들은 그러지 않는다. 그 결과 여성들만의 천재적인 아이디어는 다시 한번 인정받지 못한다.

틸먼이 분자생물학자로 첫 발걸음을 내디딜 때 사람들은 최고의 연구실에서 일하는 여성들을 여전히 회의적으로 보았다. 틸먼은 두려움에 사로잡혀, 연구실을 나오거나 고정관념의 영향을 받지 않겠다고 다짐했다. 틸먼은 눈을 감고 정말 위대한 과학자를 머릿속에 그려보며 혼자만의 시간을 보냈다. 여성이 남성만큼 자주 떠오르는 수준이 되면 성공이라고 생각했다. 그러한 시간을 보냈던 틸먼은 훗날 과학 회의를 기획했을 때 많은 여성을 초대하여 참가하게 했다. 틸먼이 특별히 평등을 강조했던 것은 아니다. 겉모습이 어떠하든 천재를 알아보는 법을 배웠을 뿐이다.

틸먼은 총장직에서 인재를 발굴할 때 성 중립적인 태도를 적용했다. 그리하여 탁월한 능력을 지닌 몇몇 여성을 대학의 높은 자리에 임명했다. 이는 재능이 성별과 상관없이 성공 요인이 된다는 점을 보여주는 흥미로운 본보기였다. 하지만 캠퍼스에 있는 대부분의 사람은 틸먼처럼 눈을 감고 상상하는 훈련을 해본 적이 없는 터라, 학계 지도자들을 머릿속에 그려볼 때면 남자만 떠올랐다. 2003년, 주류 학생 신문 사설에 그렇게 많은 여성이 가장 적합한 후보가 되는 것은 '믿을 수 없는' 일이라는 내용이 실리기까지 했다. 정치적 성향이 다양한 학생들은 그러한 임명의 공정성에 대해 논쟁을 벌였다. 틸먼은 어안이 벙벙했다. 여성이 남성만큼 적격이라는 점이 믿을 수 없는 일이라니? 21세기 초에 이런 것이 여전히 논쟁거리가 되는 것일까? 틸먼은 프린스턴 대학의 여학생들이 그렇게 터무니없는 성차별적 발언에 격노하기를 기대했다. 하지만 그런 일은 일어나지 않았다.

여성이 천재가 되는 것을 가로막는 요인이 무엇인지 알고 싶은 사람이라면 그 답을 이 부분에서 찾을 수 있을지 모른다. 바로 항의의 부족이다. 틸먼은 아주 똑똑한 여대생들 가운데 일부는 단단히 주입된 사회적 메시지를 무의식적이지만 온전히 흡수했다고 생각한다. 그 메시지란 바로, 남성들은 고위직을 차지할 자격이 있으며 여성들은 부적절한 책략이 수반될 때에만 그런 자리에 오를 수 있다는 것이다. 캠퍼스에서 '자질 대 다양성'에 대한 논쟁은 많이 있었다. 여기에는 마치 남성은 능력이 있어서 어떤 직업을 얻고 여성은 오직 다양성을 위해 고용된다는 생각이 스며들어 있다. 이 얼마나 모욕적이고 잘못된 논쟁인가. 틸먼이 지명했던 여성들은 탁월하고 독창적인 사상가들로, 미국에서 상당히 존경받는 학계 리더들이었다.* "그분들을 찾거나 고용하기 위해 골치를 앓아야 했다는 건 터무니없는 일이죠." 틸먼이 내게 말했다. 틸먼은 여대생들이 이를 환영하는 것이 아니라 불편함을 느끼는 상황에 대해, 이전에 듀크 대학 총장을 지냈던 프린스턴 대학 교수진 중 한 명인 낸 코헤인에게 현상 파악을 부탁했다. 실제로 코헤인은 자신감 부족과 관련된 조사를 통해, 여학생들이 남학생들에 비해 대학 내 자신의 위치에 대한 확신이 부족하다는 결론을 얻었다. 여학생들은 보이지 않는 곳에서 엄청난 노력을 기울이면서도 공적을 인정받는 것을 불편하게 여겼다. 여학생들은 자신이 얼마나 훌륭한 사람인지와 상관없이 타인에게 위협

• 틸먼이 임명했던 여성들 가운데 네 명은 이후에 칼리지 총장이 되었다. 이뿐만 아니라 앤 마리 슬로터는 힐러리 클린턴이 이끌던 국무부에서 고위직을 지냈고, 남성과 여성 모두 직장과 가정에서 발전하기 위해 성 역할을 재고할 필요성에 대해 설득력 있는 글을 썼다. 이 정도면 탁월한 집단이다.

적인 존재가 되면 안 된다고 배웠기 때문이다. 틸먼은 여성들이 보이지 않는 곳에서 이끄는 것을 원치 않았고 자신처럼 앞으로 나오기를 바랐다.

1960년대 후반과 1970년대 초반에 양성평등 운동이 — 이후에 이는 '여성 해방 운동'으로 조롱하듯 일축되었다 — 진행되던 시기에 성년이 된 강인한 여성들처럼, 틸먼은 개척자 정신을 갖추고 있었다. "우리는 스스로 우리 자신을 증명해야 한다는 걸 알았고 눈부신 성공을 거두기 위해 발을 내딛었어요." 틸먼은 강한 근성과 용기가 있었기에 이렇게 믿었다. "장애물을 만나면 그걸 통과해서 전력을 다해 나아가면 되는 거예요." 틸먼은 젊은 여성들이 성공에 이르는 길에 아무런 장애물도 없기를 바라는 것을 우려한다. 부모와 교수들이 그녀들을 온실 속 화초처럼 대하고 응원한 결과, 그녀들은 현실 세계에 직면했을 때 놀란다.

"우리는 지금 여기 있는 여성들을 푸들처럼 대해요. 그 여성들은 밖으로 나왔을 때 장애물을 만나면 어떻게 해야 할지 모르죠." 틸먼이 말했다.

푸들이라. 그 말에 나는 웃고 말았다. 하지만 여성들이 강인함으로 밀고 나가야 한다는 틸먼의 생각은 전적으로 옳다. 자신을 보호받아야 하는 허약한 존재로 여기는 사람은 결국 천재의 창공으로 날아오르지 못한다. 자신을 희생자로 여기는 사람도 마찬가지다. 천재가 되려면 자신이 그럴만한 존재라는 점을 진정으로 느껴야 한다. 자기 일이 중요하고 아주 훌륭하다고 믿어야 한다.

흔히 여성들은 그러한 감정을 느끼는 것이 허용되지 않았거나 그 감정을 느끼기 위해 어쩔 수 없이 치열하게 싸워야만 했다. 돌파구를 찾는 천재 여성들은 주변의 상반된 의견에도 불구하고 두 눈을 감고 자신을 천재로 상상해보는 이들일지도 모른다.

지난 몇 년 동안 프린스턴 대학에서 옥스퍼드 대학에 이르는 전통 있는 엘리트 학교들에서, 식당과 공공장소의 벽에 걸린 유명한 동문들의 초상화와 관련하여 소동이 있었다. 대부분 남자 동문을 그린 그림들이었기에 일부에선 여학생들이 그것을 보고 달갑지 않게 여길 거라고 우려했다. 하지만 모든 것은 자신의 관점에 달려있다. 예일 대학의 한 여학생은 매섭게 노려보는 초상화가 걸린 대학 식당 — 마치 〈해리포터〉 호그와트에 나오는 대형 홀 같다 — 에서 식사할 때 위압감을 느끼기보다는 기분이 좋다고 내게 말했다. 그 유명한 사람들이 한때 그 대학의 학생이었고 자신도 현재 그곳에 다니기 때문이라고 했다. 그녀는 미래에 훌륭한 사람이 될 수 있을 것이다! 나 역시 예일 대학에 다닐 때 그런 기분을 느꼈다. 조 던클리와 셜리 틸먼도 언젠가 벽에 걸린 유화를 보면서 만족스럽게 이런 생각을 했을 것 같다. '지금 나는 이곳에 속해있어! 내 초상화도 언젠가 저기에 걸릴 거야.'

자신이 어디에 속해있다는 내면의 확신은 천재 여성들이 지닌 공통 요소인 것 같다. 이러한 여성들은 자신이 훌륭한 동기들 속에 포함될 수 있는지 판단하기 위해 여성의 수를 세기보다는, 자신이 반드시 그곳에 있어야 한다고 생각하고 자신이 하는 일에 활력을 느낀다. 또한, 일에 대해 생각할 때 동기들이 공유하는 지성과 강한 호기심을 인식한다. 동기들이 타코를 좋아하는지 빅맥을 좋아하는지, 축구를 하는지 테니스를 치는지, 여성인지 남성인지 같은 다른 요소들은 그녀들이 하는 일과 별로 상관이 없다.

여전히 천재 여성들은 인정을 받는 데 많은 어려움을 겪는다. 사실 우리에겐 더 많은 롤모델이 필요하고 벽에 여성들의 초상화가 더 많이 걸려야 한다. 하지만 세상을 바라보는 새로운 방식을 생각하는 여성은 세상이 자신을 어떻게 볼지 생각하느라 많은 시간을 낭비하지 않는다.

4장

10대 수녀는 어떻게
〈최후의 만찬〉을 그렸을까

화가 클라라 피터스에 대해 들어본 적이 있는가? 미술사 박사 학위를 딴 사람이 아니라면 아마 들어보지 못했을 것이다. 나 역시 최근까지 한 번도 들어본 적이 없다. 피터스는 1600년대 초에 그림을 그렸고, 렘브란트와 루벤스가 활동했던 네덜란드 황금기에 몇 안 되는 여성 화가 중 한 명이었다. 방금 말한 두 화가의 이름은 들어본 적이 있는가? 그렇다, 나도 들어보았다.

피터스의 작품은 정교하다. 다채로운 문화를 환기하며, 놀라울 만큼 세심하게 그린 음식과 물고기와 꽃의 정물화가 주를 이룬다. 하지만 당신은 근래 2009년까지 크리스티스* 경매에서 그녀

---

* 런던의 미술품 경매 회사 - 역주

의 그림을 단 15만 달러 정도에 살 수 있었다. 이 가격이 다소 비싸게 느껴질지 모르지만, 그녀와 같은 시대에 활동했던 남성 화가의 작품은 수천만 달러에 낙찰되었다.

2016년, 마드리드에 있는 프라도 미술관에서 피터스 작품을 주제로 중요한 전시회가 열렸다. 프라도 미술관에서 여성 화가의 단독 전시회가 열린 것은 그때가 처음이다. 이후 클라라 피터스는 갑자기 국제적 명사가 되었다. 지금 그녀의 그림을 사려고 애쓰는 사람들에게 행운을 빈다. 그녀의 작품 가운데 40종만 알려져 있는데 이미 대부분은 미술관에서 소장하고 있다.

프라도 미술관의 큐레이터 알레한드로 베르가라Alejandro Vergara는 피터스 정물화의 탁월성을 칭찬했다. 그녀의 정물화를 보면 우아한 테이블에 호화로운 음식들이 풍부하게 배치되어 있다. 그는 아주 자세히 살펴보면 피터스의 그림마다 아주 작은 자화상이 담겨있다고 지적했다. 가령, 굽 높은 잔에 피터스의 얼굴이 그려져 있는 것처럼 말이다. "피터스는 눈에 띄려고 정말 노력했어요." 그가 말했다.

여성 화가, 작가, 과학자, 수학자는 항상 눈에 띄기 힘들었다. 피터스도 그 당시에 좀처럼 사람들 눈에 띄지 못했다. 피터스가 앤트워프 혹은, 암스테르담에 살았을 것이라는 점 외에는 그녀의 일생에 대해 알려진 내용이 별로 없다. 피터스는 왜 그림을 많이 안 그렸을까? 그녀가 결혼 이후 사회적 압력으로 그림을 포기했을 가능성이 있다. 프라도 미술관의 큐레이터가 그녀를 명사로 만들기 전까지는 그녀의 작품에 대해 말하는 사람이 아무도 없었다.

프라도 미술관 측이 오래전에 잊힌 천재를 마침내 알아보아서 감격스럽다. 하지만 '안 하는 것보다는 늦더라도 하는 게 낫다'라는 말과 일맥상통하는 이러한 흥분은 일종의 불편한 기분이기도 하다. 피터스의 작품들은 400년 넘게 존재해왔다. 만일 피터스가 탁월한 작품을 만든 천재였다면 그녀는 항상 그러한 천재로 여겨졌어야 하는 것이 아닐까?

그것이 문제로다. 미술이나 과학 등의 분야에서 천재에 대한 명확한 정의가 존재하지 않기 때문에 이런 문제가 발생한다. 영향력 있는 사람이 탁월하다고 말해야만 그 대상이 사람들에게 탁월하다고 여겨지기 마련이다. 수백 년 동안 남성들은 결정권자였고 여성 화가를 천재의 범주에 넣을 생각조차 하지 않았다. 마침내 프라도 미술관 측이 이러한 관습에 변화를 주어 흡족하다. 단독 전시는 '피터스 씨, 천재의 반열에 오른 것을 환영합니다. 이러한 시도가 많이 늦어진 걸 사과드립니다'라고 말하는 한 방식이었다.

몇 년 전, 휘트니 미술관이 뉴욕의 새로운 지역에서 문을 열자 나는 대학시절 룸메이트 안나와 함께 개장 전시회에 갔다. 우리는 여백미가 있고 환한 전시실에서 발걸음을 멈추고 화가 리 크래스너가 그린 거대한 그림을 감탄하며 보았다. 그녀의 남편 잭슨 폴록이 그린 훨씬 더 작은 작품이 근처에 있었다. 그리고 조안

미첼과 조지아 오키프의 훌륭한 작품들도 있었다. "이 모든 공간을 계기로 마침내 저 여성들을 지하실에서 데리고 나온 것 같아." 안나가 약간 냉소적으로 말했다.

나는 웃었지만, 안나의 말이 전적으로 옳았다는 것이 드러났다. 현재 많은 미술관 측이 여성 화가들을 말 그대로 지하실에서 빛이 있는 곳으로 데리고 나오는 중이다. 이탈리아 피렌체에 있는 유명한 우피치 미술관의 관장 에이케 슈미트Eike Schmidt는 2015년, 그곳 관장으로 지명되었을 때 오래전 활동했던 여성 화가들의 훌륭한 작품들이 창고에 묻혀있는 것을 발견했다. 그는 그 그림들을 위층으로 가져가 눈에 잘 보이도록 벽에 걸었다.

같은 해에 게릴라 걸스가 예술계를 뒤흔든 활동의 30주년을 기념했다. 이 페미니스트 예술가이자 운동가 그룹은 털로 덮인 고릴라 가면을 쓰고 예술계에서 이루어지는 성차별에 항의한다. 그리고 그녀들은 위대한 여성 예술가들의 이름을 가명으로 쓰면서 익명을 유지한다. 1980년대에 제작된 이 그룹의 유명한 포스터 가운데 하나는 바로 '여성은 메트로폴리탄 미술관에 들어가려면 옷을 벗어야 하는가?'였다. 이 그룹은 현대 미술 화가들 가운데 여성이 단 5%이지만 나체화의 85%가 여성을 그린 것이라는 점을 의미했다. 또 다른 포스터에는 특정 화랑과 미술관에 작품이 전시된, 미미한 수의 여성 화가 이름들이 나열되었다. 절반이 여백인 면에 '여성 화가의 비전이 없는 상태에서, 당신은 절반도 안 되는 그림을 보고 있다'라는 지적이 인쇄된 포스터도 있었다. 이 그룹의 창시자 가운데 한 명인 자칭 프리다 칼로는 여성들의 작품과 목소리를 무시하는 사람은 문화를 전혀 공정하게 보지 못하며, 영향력 있는 사람에 관해서만 이야기할 뿐이라고 지적했다.

게릴라 걸스는 활동을 시작했을 당시, 미술관에 작품이 전시될 만큼의 실력이 없는 관심종자라는 조롱과 멸시를 당했다. 바로 이 부분에서도 우리는 그녀들이 무엇에 항의하고자 했는지 알 수 있다. 게릴라 걸스에 속한 개개인의 정체를 아무도 몰랐기에 그녀들 개인 작품의 질을 추측하기란 불가능했다. 하지만 게릴라 걸스가 여성이라는 점 말고 아무런 정보가 없는 비평가들은 그녀들을 잽싸게 깎아내렸다. 지금은 멋진 반전이 생겨 게릴라 걸스의 포스터들과 작품들이 휘트니 미술관을 포함한 60곳 넘는 미술관과 문화 기관에서 전시되고 있다. 여성들의 영향력이 좀 더 커지면서 한때 멸시되었던 작품이 천재적 작품으로 인정받고 있는 것이다.

게릴라 걸스는 각 개인으로서가 아니라 하나의 아이콘으로 유명하다. 페타 코인Petah Coyne이라는 이름의 한 예술가는 여성을 주제로 특이한 조각품을 만들었으며, 50여 명에 달하는 게릴라 걸스 초기 멤버의 사진을 수년 동안 찍었다. 각각의 사진에는 고릴라 가면을 쓴 채 자신이 상징하는, 오래전 죽은 화가를 그리는 멤버의 모습이 담겨있다. 코인은 가면을 쓰지 않은 각 멤버의 사진도 찍었는데, 해당 화가가 세상을 떠날 때까지 그 사진을 공개하지 않겠다고 약속했다. 상당히 놀랍지 않은가? 이 여성 화가들은 더 중요한 문제에 전념하느라, 탁월한 능력을 지녔음에도 사후에나 유명해지는 것을 기꺼이 받아들였다.

여성들의 경우, 때때로 시간이 한참 지난 후에야 천재로 인정받는다는 점을 생각하면 유감스럽다. 그러니 지금은 무시당할지 몰라도 여성들의 싸움은 후세를 위한 것으로 볼 수 있다.

✺

과거에는 여성 화가로 유명해지고 싶으면 부유한 아내이거나 훌륭한 화가의 딸인 것이 도움되었다. 그때는 화가 협회의 모든 일원이 남성이었고, 여성은 수습생조차 될 수 없었다. 여성은 집 안에 기꺼이 가르쳐주는 사람이 있어야만 그림 기법을 배울 수 있었다. 또 다른 선택권은 수녀가 되는 것이었다. 음악 분야에서도 그랬듯 — 힐데가르트 폰 빙엔처럼 — 수녀원에 있던 여성들은 역설적이게도 동시대 여성들보다 더 많은 자유를 누렸고, 자기 일과 예술적 노력을 병행할 수 있었다. 플라우틸라 넬리라는 한 젊은 수녀는 1570년대에 가로 23피트에, 세로 6피트인 거대한 〈최후의 만찬〉을 그렸다. 이 그림은 이 주제에 대해 여성이 그린 최초의 작품으로 여겨지며, 풍성한 표현과 예술성으로 르네상스 시대의 다른 훌륭한 작품들과 어깨를 나란히 한다. 넬리는 수녀원에서 자신이 가르치는 수녀 화가 여덟 명으로 구성된 수습생 조합을 이끌었다. 그렇게 큰 그림을 이렇다 할 도움 없이 그릴

수는 없었는데 수녀원은 그 당시 한 여성이 주위의 도움을 받을 수 있는 유일한 장소였다.

그 위대한 작품은 수녀원 식당에 걸려 있다가 나중에 남자 수도승의 개인 식당에 걸려 있던 터라 450년 동안 대중의 시선을 받지 못했다. 지금은 복원되어 전세계의 주목을 받고 있다. 그런데 한 미술 평론가는 넬리의 예술적 기교에 감탄하면서도, 사도 각각의 신체를 제대로 파악하고 그렸는지 모르겠다며 의문을 제기했다. 나는 이 의문에 웃음이 나왔다. 어떻게 넬리가 제대로 파악할 수 있었겠는가? 레오나르도 다 빈치는 〈최후의 만찬〉을 그리기 전에 시체를 해부하여 해부학적 구조를 익혔다. 전해진 바에 의하면 다 빈치는 묘지 도굴범과 의사에게 돈을 주고 시체를 가져오게 하여 관찰했다고 한다. 미켈란젤로는 야밤에 종종 산토 스피리토 성당으로 몰래 들어가 그곳에 있는 시체들을 면밀히 관찰하며 피부밑의 뼈와 조직을 이해하려고 애썼다. 천재가 되려면 세밀한 관찰을 할 수 있어야 한다. 태어날 때부터 신체구조를 알게 만드는 유전자는 없기 때문에 배워야 알 수 있다. 넬리는 열네 살에 수녀가 되었다. 그녀는 남성의 신체를 해부한 적이 전혀 없었을 뿐만 아니라 남성의 몸 자체를 한 번도 못 봤을 것이다.

여성들을 보호하려는 남성들의 노력은 흔히 여성들을 통제하고 여성들이 힘을 갖지 못하게 하기 위한 위장일 수 있다. 만일 어떤 여성이 화필을 만지지 못하고 원근법을 배우지 못하거나, 해부학을 이해할 기회가 주어지지 않는다면 중요한 화가가 되기까지 험난한 길이 예상된다. 또한, 사람들이 어떤 여성에게 좋아하는 일을 하는 것이 — 가령 그리기나 소묘나 남성의 통제력에서 벗어나는 것 등 — 위험하다거나 잘못되었다고 계속 말한다면, 시간이 지난 후 이 여성은 이 말을 믿고 시도를 멈출 가능성이 크다.

클라라 피터스와 플라우틸라 넬리를 포함한 창의적인 천재들은 그러한 메시지들을 어느 정도 무시할 수 있었다. 좀 더 살펴보면, 지난 수세기 동안 여성들에게 가해진 한계를 넘어 미술계에서 자신의 천재성을 발휘한 여성 화가들을 더 찾을 수 있다. 불명예스럽게도 대부분의 여성 화가들이 간과되었다. 미켈란젤로, 라파엘, 보티첼리처럼 지금도 모든 사람이 이름을 알고 있는 화가들은 르네상스 시대에 배출되었다. 이 목록에 소포니스바 안귀솔라, 엘리자베타 시라니, 아르테미시아 젠틸레스키 같은 명인들도 추가할 수 있다. 이 이름들을 모르는가? 르네상스 시대에 유명했던 이 여성 화가들은 위대한 남성 화가라는 신화를 만들어낸 평론가들 때문에 역사에서 점차 사라졌다. 지금은 이 여성들의 작품이 비범하고 중요한 작품으로 재발견되고 있지만, 여전히 미술관의 중심 위치에서 발견하기는 어려울 것이다.

만일 당신이 기회가 생겨 이 르네상스 시대 여성 화가들의 작품을 보게 된다면 분명 그 작품이 강렬하고 흥미롭다고 느낄 것이다. 나는 그러한 작품들이 그 시대 천재 남성 화가들의 작품들보다 더 뛰어나진 않더라도 그만큼 훌륭하다고 장담할 수 있다.

여느 미술 평론가가 나를 비난할지 모르지만, 나는 지금이야말로 미술 평론가들 사이에 용인된 미술 대가들 — 여성은 전혀 없다 — 에 대한 서술을 중단시켜야 할 때라고 생각한다. 우리가 어떻게 미술의 천재를 판단한단 말인가? 우리가 어떤 작품을 보면서 그것의 천재성이나 독창성이나 가치를 판단하려고 할 때 실제로 어떤 기준을 활용하는가?

나는 네덜란드 황금기인 1600년대에 그림을 그렸던 주디스 레이스테르의 작품을 좋아한다. 레이스테르는 아주 유명했던 화가 프란스 할스처럼 생동감 있는 인물들을 그렸다. 레이스테르는 그 시대에는 유명했으나 이후에 잊혔다. 한편, 할스가 그린 최고의 작품으로 여겨졌던 〈즐거운 친구들The Jolly Companions〉은 1893년까지 루브르 박물관에 전시되었는데, 놀라운 일이 발생했다. 그 그림을 그린 화가가 레이스테르라는 사실이 밝혀진 것이다. 할스의 거짓 서명이 레이스테르의 서명 위에 덧붙여져 있었다. 이런저런 소송이 제기되었고 많은 사람이 당혹감을 느꼈다. 그리고 2세기 동안 걸작으로 칭송받던 그림이 갑자기 무가치한 그림으로 전락했는데 그 이유가…… 그것을 그린 화가가 여성이었기 때문이다.

우리는 미술 작품을 평가할 때 우리의 두 눈에만 의존하지 않는다. 평론가들이 어떤 말을 했는지, 그 작품이 얼마나 유명한지에 영향을 크게 받는다. 예전에 본 적이 있다면 그 그림을 더 좋아하게 된다. 〈모나리자〉는 전세계에서 가장 유명한 그림 가운데 하나로, 매해 약 700만 명의 사람들이 파리 루브르 박물관에 있는 그 그림 앞으로 몰려든다. 하지만 이 그림은 1911년에 도난당해 국제적 소동과 흥미진진한 추문의 중심에 서기 전까지는 특별히 유명하지 않았다. 그 당시에 심지어 피카소도 용의 선상에 잠깐 올랐다. 실제로는 아무 관련이 없었지만. 나중에 도둑은 불만을 품었던 그 박물관 직원으로 드러났는데, 그 그림을 빗자루 함에 숨겨서 박물관 밖으로 걸어 나왔다고 한다. 하루 정도는 그 그림이 사라진 사실을 아무도 알아차리지 못했다.

최근에 내가 루브르 박물관에 가서 제6전시실을 들렀을 때 수많은 사람들이 〈모나리자〉 앞에서 셀프카메라로 사진을 찍고 있었다. 나는 사람들을 피하려고 같은 전시실에 있던 베로네세, 티션Titian, 틴토레토의 훌륭한 작품들을 감상하며 돌아다녔다. 〈모나리자〉보다 이러한 작품들이 더 마음에 들었다. 하지만 〈모나리자〉만이 특수 LED 조명을 받으며 두꺼운 방탄유리로 덮여있고 보안요원의 보호를 받는다. 우리가 미술 분야에서 위대하다거나 천재적이라고 부르는 작품이 항상 명확하고 객관적인 재능이나 성취와 관련이 있는 것은 아니라는 생각이 문득 들었다. 사람들은 명성에 주의가 쏠리기 마련이다. 엘리자베타 시라니가 그린 초상화의 이미지를 방탄유리로 덮어서 건다면 인기를 끌지 모른다. 우리가 〈모나리자〉에 보이는 것과 같은 숭배와 관심으로 여성 화가의 작품을 대한다면 예술관을 바꿀 수 있을까?

뉴욕 대학교 역사학 교수인 린다 고든Linda Gordon과 함께 있던 어느 날 오후에 나는 이러한 질문을 바탕으로 이야기를 나누었다. 고든은 학문적 주제로 여성, 성, 가족에 관한 연구를 시작한 1970년대의 선구적인 역사학자다. 고든이 쓴 책 중에 대공황 시대 가정들의 잊지 못할 모습을 사진으로 남긴 천재 사진작가 도로시아 랭을 다룬 것이 있다. 고든은 여성 화가들이 주목을 받는 일이 얼마나 어려운지 알고 있다. 고든은 도로시아 랭이 첫 남편인 유명한 서양화가 메이나드 딕슨Maynard Dixon과 결혼했을 때, 랭의 강렬한 사진들이 딕슨의 스타일에 큰 영향을 주었지만 딕슨만 명성을 얻었다고 내게 말했다. 랭은 생활비를 벌면서 가정과 아이들을 돌보아 남편이 자유롭게 예술적 천재가 되도록 뒷받침해주었다. "저는 개인적으로 그를 최악의 남편이라고 생각하지만 많은 사람이 그의 그림을 좋아하죠. 그러니 이 두 가지 측면은 서로 이율배반적인 거죠." 고든이 말했다. 랭은 재혼을 하고서 마침내 천재성을 발휘했다. 그녀의 두 번째 남편은 경제학 교수로, "랭이 몹시 까다로웠음에도 그녀를 흠모하고 지지했다"라고 고든이 말했다. 랭이 죽은 후 그는 랭의 작품을 사람들에게 열심히 알렸다. "그는 정말 흔치 않은 남자였어요." 고든이 말했다.

✣

워싱턴 스퀘어 공원 근처에 있는 고든의 사무실에 앉아 대화를 하다가 나는 클라라 피터스와 〈모나리자〉에 대해 언급하면서 위대한 작품의 기준이 바뀌는 것 같아 놀랍다는 말을 했다.

"무엇이 위대한 건지 정의하는 사람은 누구인가 생각해봐요." 고든이 살짝 미소를 지으며 말했다. "당연히 항상 남성들이었잖아요."

당연히 남성들은 다른 사람의 성과가 아닌 자신의 성과를 두드러지게 하려고 한다. 같은 분야에서 일하는 여성들이 남성들과 같은 기량을 지녔을 때도 그렇게 하려고 한다. 고든은 여성의 스타일이 남성의 스타일과 다를 때 발생하는 현상에도 관심을 보였다. 사람들은 여성이 잘 할 수 있는 일보다 남성이 잘하는 일을 항상 높이 평가하는 것이 아닐까? 고든은 직조 장식품, 도자기, 퀼트 전시회에 가는 것을 좋아한다. 이러한 물건들은 아름다우면서도 복잡한 무늬가 있고 상당히 독창적이다. 또한, 이러한 물건들은 전통적으로 여성이 만들었다.

"공예품은 왜 미술품으로 간주하지 않을까요? 공식적인 교육을 받지 못했어도 훌륭한 도자기를 만드는 여성은 천재일까요? 우리는 그렇다고 말할지도 모르죠." 고든이 말했다.

우리는 그렇다고 말할지도 모른다. 하지만 비평가들과 영향력 있는 자들, 가격을 매기는 남성들은 다른 관점을 보인다. 공예품은 가정과 관련이 있고 일반적으로 여성이 만들기 때문에 미술계의 마카로니 치즈처럼 생각한다. 그러니까, 맛있고 손이 가지만 최고급 요리가 될 만큼은 아니라는 의미다. 여성들은 파리의 에꼴데보자르École des Beaux-Arts 같은 저명한 미술 전문학교에 들어가는 것이 허용되지 않았기 때문에 여성들의 작품은 문외한의 미술로 여겨졌다. 잘 생각해보면 놀랍기 그지없다. 남성들은 인구의 절반을 주류에 들어가지 못하게 해놓고는 그들을 '문외한'이라 부르는 것이다.

심지어 전통적인 공예와 다소 거리가 있는 미술품들도 무시되었다. 루스 아사와Ruth Asawa 라는 조각가가 최근 뉴욕의 한 화랑에서 전시회를 했을 때《더 뉴요커》의 미술 평론가는 '영묘하고 섬세한 경이로움'이 담긴 작품들이라고 언급하면서 아사와가 미술사를 다시 썼다고 평가했다. 하지만 87세의 나이로 2013년에 죽은 아사와는 놀랍도록 아름다운 작품들에 대해 살아있는 동안에는 마땅한 관심을 받지 못했다. 무엇이 문제였을까? 평론가 안드레아 스캇Andrea Scott 은 아사와가 멕시코로 여행을 가서 바구니가 만들어지는 광경을 본 이후, 철사를 코바늘로 뜨는 색다른 기술을 발전시켰다는 점에 주목했다.

"그것이 가내 수공업을 연상시켰기 때문에 그녀의 작품은 비주류로 무시되었어요." 스캇은 말했다.

한번 생각해보자. 미술사를 다시 썼다고 평가되는, 독창적이고 정교한 조각품이 '가내 수공업을 연상시킨다'는 이유로 의당 받아야 할 주목을 받지 못한다. 이처럼 사람들은 전통적으로 여성들이 하던 일을 언급하며 가치가 의심스럽다고 말한다. 아사와가 남성들이 잘하는 일을 주제로 조각품을 만들었다면 좋았을 텐데.

여성과 여성의 작품이 은연중에 얼마나 폄하되는지 깨닫기 시작하면 분노가 터질 수밖에 없다. 물론 그러는 것이 소용없는 일이기는 하다. 하지만 유감스럽게도 그러한 무시, 폄하, 역사에서 지우려는 시도에 실제로 이떤 이유가 있는 건지 의아해질 수밖에 없다.

비단 미술계뿐만 아니라 많은 분야에서 이러한 의아함이 존재한다. 여배우 클레어 포이는 넷플릭스 시리즈 〈더 크라운〉에 엘리자베스 여왕으로 출연하여 국제적인 찬사와 많은 상을 받았다. 극찬을 받은 이 드라마의 시즌2가 끝난 후, 아주 훌륭한 주연 연기를 펼친 포이가 그녀의 남편 필립공 역을 맡은 맷 스미스보다 적은 출연료를 받았다는 소식이 전해졌다. 이는 명백하게 잘못되었으며 불공평하고 충격적이기까지 하다. 어떻게 여왕으로 — 그것도 영국의 여왕 아닌가! — 출연한 여배우가 출연진 중 가치가 가장 높은 배우로 여겨지지 못할 수 있을까? 공공연한 논란이 일자 제작진은 사과하고 그녀에게 부족분을 지불했다. 온갖 소셜 미디어에서 사람들은 왜 포이가 — 혹은 그녀의 소속사가 — 애초에 좀 더 강력하게 협상하지 못했는지 의아해했다. 포이는 한 인터뷰에서 자신이 그렇게 협상할 수는 없었을 거라고 인정했다. 포이는 여배우다. 젊은 여성은 항상 자신이 남성보다 가치가 없다는 메시지를 이런저런 형태로 듣기 마련이다. "그러니 그냥 '당신 말이 맞다, 나는 — 가치가 — 이 정도다'라고 해버리는 거예요. 누군가 그런 식으로 말하면 나 자신도 이를 받아들이기 때문이죠." 포이는 해명의 일환으로 이렇게 말했다.

여성 화가든 조각가든, 엘리자베스 여왕을 연기하는 여배우든지 간에 당신은 당신의 가치를 폄하하는 메시지를 무의식중에 흡수한다. 포이는 자신의 연기로 에미상과 빛나는 골든글로브상을 거머쥐어 행복했지만, 자신이 조연 역할을 한 남자만큼 가치를 인정받았는지에 대해서는 의문을 품지 않았다. 너는 천재가 아니다, 네 작품은 훌륭하지 못하다, 너는 더 많은 돈을 받을 자격이 없다 등의 말을 들을 때 날을 세워 '당신이 틀렸어!'라고 소리칠 여성들은 그렇게 많지 않은 것 같다.

하지만 더 많은 여성이 스스로의 가치가 낮다고 믿어버리는, 맥 빠지는 상태가 되기 전에 내가 상황을 바꿀 객관적인 증거를 제시해보려 한다. 미술과 연기와 마찬가지로 오래전부터 음악은 남성이 연주해야 더 가치 있다고 여겨졌다. 1970년대, 미국 최고의 교향악단 연주회에 가본 사람이라면 검정 나비넥타이를 맨 수많은 남성이 악기를 연주하는 모습을 보았을 것이다. 그러한 음악가들 가운데 단 5%만 여성이었는데, 일부 영향력 있는 지휘자들은 이러한 수치도 너무 높다고 생각했다.

로스앤젤레스 필하모닉의 존경 받는 지휘자였고 이후에는 뉴욕 필하모닉을 이끌었던 주빈 메타는 직설적으로 말했다.

"저는 관현악단에 여성들이 있으면 안 된다고 생각해요. 남성 단원들이 여성 단원들을 동등하게 대하다 보니 심지어 그 앞에서 팬티도 갈아입어요. 그건 끔찍하다고 생각해요!"

잠깐 이 말을 생각해보자. 세계적인 명연주자들에게 기회를 줄 책임이 있는 사람이 남성 연주자가 여성 연주자를 동등하게 대한다고 불평했다.

✥

불공평함은 타당한 이유 없이도 수 세기 동안 이어질 수 있다. 하지만 불공평한 이유가 밝혀지면 다른 진실이 드러나기 마련이다. 1970년대 초에 많은 관현악단 측에서 블라인드 오디션을 실시하기로 했다. 이는 심사위원들이 음악적 기량 외의 어떤 것에도 영향을 받지 않도록 참가자들이 화면 뒤에서 연주하는 오디션이다.* 물론 어떤 심사위원도 자신이 해당 바이올리니스트가 여성인지 남성인지에 영향을 받는다고 생각하지 않았을 것이다. '당연히 음악의 질만 따져야지! 설령 더 실력 있는 연주자들이 대부분 남자이더라도 그건 내 잘못이 아니야!' 하지만 심사위원이 연주자의 모습을 보지 못하게 되자 재미있는 현상이 발생했다. 여성 음악인들의 연주가 훨씬 더 훌륭하게 들렸던 것이다. 2000년도에 경제학자 클라우디아 골딘과 세실리아 라우스는 유명한 관현악단들로부터 자료를 수집하여 「관현악단의 공정성 Orchestrating Impartiality」이라는 학술 논문을 발표했다. 그들은 블라인드 심사를 할 때 여성이 예선에서 통과할 가능성이 50% 증가

---

* 블라인드 오디션의 맨 처음 취지는 지휘자들이 자신의 친구나 제자를 선발하는 관행이 사라지도록 선발 과정을 공개하는 것이었다. 이 과정에서 여성으로만 선발되는 것은 좋은 부작용이었다.

한다는 놀라운 결론을 내렸다. 이뿐만 아니라 여성이 관현악단에서 한 자리를 차지할 가능성은 '몇 배' 더 증가한다는 결론까지 내렸다.

온갖 도표와 복잡한 숫자로 가득 차 있지만 골딘과 라우스의 논문은 문화적으로 민감한 부분을 건드리며 대중의 엄청난 주목을 받았다. 이 논문은 모든 분야의 사람들에게 자신이 생각하는, 재능을 판단하는 방식이 실제로 정확한 평가 방식이 아니라는 점을 깨닫도록 촉진하는 역할을 했다. 이러한 조사가 시행되기 전에는 남성들이 연주를 더 잘하기 때문에 관현악단의 자리를 거의 다 차지한다는 것이 합리적인 생각이었다. 하지만 이제 우리는 더 이상 우리 자신을 속일 수 없다. 후보자가 심사를 받으려고 무대에 오를 때 들리는 하이힐의 또각거리는 소리만으로도 심사위원의 판단에 영향을 줄 수 있다는 점이 이 조사에서 드러났다. 현재 블라인드 오디션을 하는 대부분의 관현악단 측은 발소리를 죽이기 위해 깔개를 깔거나 후보자들에게 신발을 벗으라고 한다. 해결책은 아주 간단했다.

이러한 조치의 영향은 상당히 극적이어서, 지금 유명한 교향악단의 연주회에 간다면 남성과 여성 단원이 비교적 고르게 분포된 모습을 보게 될 것이다. 뉴욕 필하모닉 연주회에서는 남성 50명과 여성 44명이 무대를 채운다. 1960년대, 전부 남성으로 구성되었던 관현악단에 비하면 그야말로 극적인 변화이다. 관현악단 대부분의 경우 단원의 교체가 천천히 이루어진다. 관현악단을 떠나거나 은퇴하는 사람의 자리만 교체하기 때문이다. 골딘과 라우스는 여성 단원이 증가한 요인 가운데 일부는 단순히 여성 오디션 참여자의 증가로 설명되지만, 상당 부분은 — 그들은 이를 30%로 추산했다 — 블라인드 오디션에서 비롯되었다고 말했다.

뉴욕 필하모닉에는 예전보다 더 많은 여성 단원들이 있다. 하지만 여성 단원들은 여전히 바닥까지 내려오는 검은 가운이나 긴 치마를 입어야 한다. 연주를 좀 더 수월하게 해줄 바지는? 입을 수 없다. 음악의 천재성을 발휘해야 하는 순간, 악기의 주요 부분이 치맛자락에 걸릴까 봐 걱정한다고 생각해보자. 1980년대, 영국의 호른 연주자 줄리 앤 지아코바시Julie Ann Giacobassi가 샌프란시스코 오케스트라 단원이었을 때 실제로 이런 일이 발생했다. 줄리는 이런 일을 다시 겪고 싶지 않아서 남성들이 입는 연미복을 구입했다. 일부 해외 연주회에서는 야유를 받기도 했지만, 관현악단 측은 마침내 이를 받아들이고 모든 단원에게 연미복을 허용했다. 당신도 천재를 원하는가? 바로 이런 것이 결단력 있는 천재의 모습이다.

관현악단의 여성 단원들과 관련된 문제는 대부분 해결되었고, 이제 그다음 문제는 지휘자의 강력한 위치와 관련이 있다. 지휘자는 블라인드 오디션으로 선발될 수 없다. 모든 움직임과 표정이 지휘에 포함되기 때문이다. 미국 메이저 오케스트라를 이끈 최초의 여성 지휘자는 2007년 볼티모어 교향악단 지휘자로 초

빙된 마린 올솝이었다. 마린은 "그 당시에 내가 최초가 되어 영광이었지만, 지금 이 시대에 여전히 여성으로서 '최초'인 것이 존재한다는 데 충격을 받았다."라는 말을 했다.

지금 이 시대에도 충격적인 일은 더 있다. 최근에 러시아 지휘자 바실리 페트렌코Vasily Petrenko가 "지휘대에 있는 예쁜 여자는 음악인들의 주의를 산만하게 한다"며 불만을 드러낸 것이다. 터무니없고 구시대적인 발언이라며 웃거나 코웃음을 칠 사람이 있을지 모르지만, 이 말은 사람들에게 실제로 영향을 끼치고 있다. 지휘자는 오케스트라의 눈에 띄는 리더다. 자신들의 위치를 보호하고 싶은 남성들은 여성들이 회의실, 소대 혹은 교향악단의 리더가 되면 안 되는 이상한 이유를 끊임없이 만들어낸다. 더군다나 이 러시아인의 터무니없는 말은 일반적 통념이 되고 있다. 여전히 여성 지휘자는 겨울에 지저귀는 새처럼 드물다.

여성들은 고전 음악 작곡에서도 제외되어 왔다. 나는 지휘자 문제보다 이 부분에 더 당혹감을 느낀다. 악보의 음들에 성별 특징이 존재하는 걸까? 나는 이 질문에 대한 답을 줄리아드 음대에서 오랫동안 주임 교수를 맡은 로버트 비저Robert Beaser에게 확인해보았다. 비저는 그의 세대에서 가장 뛰어난 음악가 중 한 명으로 불려왔지만 나는 고등학교를 같이 다녔던 그를 여전히 바비라고 부른다. 점심을 먹기 위해 링컨센터 맞은편의 한 음식점에서 그를 만났을 때 내가 그를 바비라고 부른다는 사실이 떠올랐다.

비저의 재능은 고등학교 시절에도 명확히 드러났다. 비저는 16세에 주요 관현악곡을 작곡했고 보스턴 교향악단과 첫 공연을 했다. 비저는 권위 있는 로마상의 최연소 수상자이기도 하다. 비저의 아내 케이티 어고치Kati Agócs 역시 작곡가다. 비저는 다섯 살 난 딸 올리비아가 탁월한 재능을 보인다며 자랑스럽게 말했다. 하지만 재능을 어떻게 활용하고 재능으로 무엇을 만드는지가 중요한 것이라고 재빨리 덧붙였다. 사람들은 자신이 타고난 재능 자체가 아니라 그것을 어떻게 최대한 활용하는가로 칭찬받아야 한다면서.

비저는 "기본적으로 6백 년 동안 여성 작곡가들이 활동하기 힘들었다"는 점을 이해한다. 그리고 비저는 이 문제가 문화적 기대와 전적으로 관련이 있고 타고난 능력과는 상관이 없다고 확신한다. 비저는 사람들이 작곡에서 남성 스타일과 여성 스타일을 일반화하려고 할 때 화가 치민다고 했다. 그는 그날 아침에 '몹시 강렬한 음악을 만드는' 한 학생과 작업을 했는데 그 학생이 싱가포르 출신의 자그마한 젊은 여성이라고 했다. "재능은 단일한 어떤 것이 아니야. 재능에는 다양한 면이 있고 개인의 독특함은 재능에서 강조되지." 그가 말했다.

나는 옥스퍼드 대학에서 만났던 수잔 윌렌버그 교수를 언급했다. 그러면서 그녀가 내게 알려준, 지금껏 여성 베토벤이 나오지 않은 이유를 탐구한 수년 전 논문에 대해 말했다. 비저는 불만스럽다는 듯 고개를 가로저었다. 그 논문에는 터무니없는 전제가 깔려있었다. "어쩌면 우리는 약간의 균형이 필요한지 몰라. 지금 껏 더 이상의 남성 베토벤도 나오지 않았어. 그리고 우리도 더 이상 원치 않을 거고." 그가 말했다. 베토벤은 그 자체로 훌륭했을 뿐이다. 지금 우리가 남성이든 여성이든 작곡가들에게 진정으로 바라는 것은 새롭고 독창적인 작품이다. "그 사실을 그냥 인정해야지." 비저는 모든 천재가 각자만의 과정이 있다는 점을 지적하며 모차르트와 베토벤이 좋은 예라고 했다. 모차르트는 손쉽게 즉흥적으로 곡을 썼고 음악적 영감은 그에게 물처럼 흘러들었다. 전해진 이야기에 의하면 모차르트는 오페라 〈돈 조반니〉 개막 전날, 밤을 새우며 단 몇 시간 만에 찬란한 서곡을 썼다고 한다. ─〈피가로의 결혼〉에 대해서도 이러한 이야기가 전해지고 있다 ─ 반면, 베토벤은 자신의 음악을 제대로 만들기 위해 힘들게 노력했다. 고투하며 곡을 다듬고 또 다듬었어도 결코 만족하지 못했다. 베토벤의 노트는 그가 만들어간 끝없는 변화를 보여준다. 하지만 베토벤은 천재에 대한 낭만적이고 현대적인 믿음을 고취시킨 최초의 예술가들 가운데 한 명이었다. 이는 타고난 재능에 대한 신화적 견해에 가깝다. 비저는 이 견해가 자신이 이름 붙인 '남성 우위의 자기 계발 증후군'에 작용한다고 보았다.

모든 분야의 훌륭한 예술가들은 자신에게 무슨 재능이 있고 무슨 재능이 없는지 잘 안다. 가장 좋은 측면들을 받아들이며 난관을 극복하려 애쓰고 자신의 기술과 예술적 개성을 발전시킨다.

비저는 자신의 학생들에게 예술을 창조하는 일은 장애물들을 헤치고 나아가는 일이라고 말한다. 그는 지난 세월 동안 음악의 천재들, 천재에 가까운 사람들, 좌절한 사람들을 다수 목격하면서 어떤 타고난 재능과 기술이 있더라도 계속 육성하고 발전시켜야 한다는 점을 알게 되었다. 현재 작곡을 하거나 중요한 오케스트라에서 지휘하는 몇 안 되는 여성들은 음악적 천재성과 무너뜨릴 수 없는 끈기를 모두 갖추고 있다. 그녀들에겐 더 많은 장애물이 존재할지 모른다. 하지만 이에 대한 극복은 그녀들이 창조한 예술의 아름다움을 이루는 한 요소가 된다.

비저와 점심식사를 한 이후에, 한 오케스트라의 젊은 지휘자 알론드라 데 라 파라Alondra de la Parra의 유튜브 영상을 보았다. 데 라 파라는 즐거움과 열정으로 가득 차 있었고 그녀가 지휘하는 음악은 활기가 넘쳤다. 나는 그녀를 기꺼이 지휘의 천재로 칭하고 싶었다. 데 라 파라는 지금까지 전세계의 일류 오케스트라를 지휘해왔으며 최근에는 퀸즐랜드 심포니 오케스트라의 음악 감독으로 임명되었다. 그녀는 호주에서 여성 최초로 메이저 오케스트라의 지휘자가 된 인물이다.

지금 시대에 이런 식의 여성 '최초'를 보도하는 것은 참으로 유감스럽다는 마린 올숍의 말은 맞다. 하지만 데 라 파라는 그녀 나름대로 천재의 길을 갔다. 데 라 파라는 뉴욕에서 태어나 멕시코시티에서 자랐다. 그녀는 불과 23세의 나이에 지휘봉을 든 여성이 된다는 것이 누구든 자신에게 기회를 준다는 것을 의미하지 않는다는 점을 깨달았다. 라틴 아메리카 음악의 전문가였던 그녀는 '아메리카 필하모닉 오케스트라'라고 이름 붙인 그룹을 결성했다. 이 자체로 그녀의 천재성이 드러난다. 이 이름을 들으면 마치 오래전부터 존재해온 그룹 같다. 이 그룹의 첫 앨범은 평론가들의 호평과 대중의 관심을 동시에 받았고 두 달 만에 백만 장 정도 팔렸다. 데 라 파라는 카리스마와 상상력으로, 그리고 새로운 스타일과 열정으로 클래식 음악에 변화를 준 인물이라 호평받고 있다.

데 라 파라는 새로움, 차별성, 대담함을 보였고 음악적 혁신과 재창조의 천재다. 내가 본 한 기사에서 데 라 파라의 창의성, 음악적 스타일, 탁월한 독창성이 언급되며 그녀는 오랜만에 등장한 가장 흥미로운 신인 지휘자로 묘사되었다. 기사의 마지막에는 이런 말이 실렸다. '우리가 그녀를 여성이라고 언급했는가? 아니라고? 다행이다.'

정말 다행이다. 만일 우리가 호른 연주자나 지휘자나 화가의 성별을 모른다면 혹은, 적어도 신경 쓰지 않는다면 이들의 작품과 성취를 좀 더 균형 잡힌 시각으로 볼 것이다. 하지만 신경 쓰지 않는 것은 자연스럽게 이루어지지 않는 한, 사실 몹시 힘든 일이다. 그래서 사례를 하나 더 소개하려 한다. 바로, 우리 시대의 천재 작곡가 가운데 한 명인 카이야 사리아호다. 저명한 음악 평론가 알렉스 로스Alex Ross는 그녀가 "대양처럼 넓게 펼쳐진 소리를, 귓전에 흘러들어와 생명과 함께 떨리는 소리를 만들어낸다"

고 묘사했다. 그녀의 오페라 〈이룰 수 없는 사랑L'Amour de Loin〉은 너무 훌륭하고 독창적이어서 로스는 이렇게 말했다. "그 오페라가 공간에서뿐만 아니라 마음에서도 울려 퍼지는 것 같다." 참고로 이 오페라가 2016년, 메트로폴리탄 오페라에서 공연되었을 때 여성 작곡가의 작품으로는 100여 년 만에 최초였다.

카이야는 예술계의 너무 느린 변화에 충격을 표했다. 그녀는 자신이 그 일을 처음 시작했을 때, 헬싱키 아카데미에 있던 그녀의 스승이 하루에 열 번씩 거울 앞에 서서 '난 할 수 있어'라고 되뇌라고 시켰다는 말을 했다.

카이야는 그렇게 할 수 있었고 그렇게 했다. 마침내 사람들은 그녀의 음악적 천재성을 알아봤고 인정해주었다. 이렇듯 탁월하고 집요한 여성들은 고무적이다. 하지만 나는 이들을 발견하면서 왜 이들의 천재성은 빛을 발하기가 그렇게 어려웠던 것인지 나도 모르게 의문이 들었다. 왜 우리는 블라인드 오디션과 하이힐 소리를 감추기 위한 덮개가 필요한 걸까? 왜 남성들은 여성들이 지휘자가 되는 것을 원치 않는 걸까? 그리고, 왜 메트로폴리탄 오페라에서 여성이 만든 오페라가 공연되는 데 백 년이나 걸린 걸까?

한때 남성들은 일반적으로 더 뛰어난 체력 덕분에 세상을 지배했다. 하지만 지금은 신체 크기가 가장 중요하던 시절에서 몇 세기나 지났다. 음악, 코미디, 미술 분야의 천재에겐 매우 다른 유형의 힘이 필요한데, 남성뿐만 아니라 여성도 이러한 힘을 지

닐 수 있다. 하지만 이러한 힘이 양성되고 인정받을 수 있는 장
이 필요하다. 단단히 자리한 이해관계를 뒤집어놓기는 어렵지만
일단 장애물들을 파악하면 이를 무너뜨리는 첫발을 내디딜 수
있다.

5장

이탈리아 여성들이
수학을 잘하는 이유

이 세상에서 가장 인기 있는 천재의 롤모델은 셜록 홈즈다. 소설에 등장하는 이 탐정은 빈약한 증거를 바탕으로 놀라운 추론을 한다. 나는 아버지께서 급매 처분으로 1달러에 사 오신 두꺼운 책에 담긴 셜록 홈즈의 모든 이야기를 읽으면서 자랐다. 지역의 한 서점에서 화재가 난 이후 급매 처분으로 팔던 거라 지면이 까맣게 그을렸고 판지로 된 표지에선 연기 냄새가 났다. 나는 그 책이 각 페이지에 등장하는 천재만큼 독특해서 너무 좋았다.

　기발하고 신랄한 천재로서 당신의 목숨을 ─ 혹은 적어도 당신의 다이아몬드를 ─ 구해주었을지도 모를 홈즈는 수많은 사람의 마음을 강하게 끌어당겼다. 그렇다, 홈즈는 허구의 인물이다. 비록 그렇지 않다고 주장하는 이들이 많긴 하지. 홈즈가 소설

속에서 1893년에 죽었을 때 ─ 저자 아서 코난 도일은 10년 후 그를 살려내었다 ─ 팬들은 애도의 뜻으로 검은색 완장을 차고 길거리에서 시위했다. 1934년에 뛰어난 문인들과 지식인들은 베이커가 특공대*라는 이름의 엘리트 토론회를 만들었다. 그들은 예술과 문학과 셜록 홈즈를 주제로 토론했는데 1991년까지 여성의 참여를 허용하지 않았다. 이 중년 남성들은 그들의 영웅에 비해 심한 성차별주의자였다. 어쩌면 그들은 셜록 홈즈 시리즈에 나오는, 홈즈보다 더 똑똑하고 교활하기까지 한 아이린 애들러가 홈즈를 한수 앞섰다는 사실에 분개했을지도 모른다. 홈즈 또한, 그 이후로 아이린을 계속 '그 여자'라고 불렀다. 베이커가 특공대의 일원들은 수세기 동안 남성들이 그랬듯, 애초에 모든 여성을 제외시킨다면 아이린 애들러 같은 여성을 다시는 대면할 일이 없을 거라고 생각했다.

셜록 홈즈는 대중문화의 영웅으로 남아있다. 최근에는 로버트 다우니 주니어가 영화에서, 베네딕트 컴버배치가 BBC 드라마에서 셜록 홈즈의 천재성을 연기했다. ─ 그 덕에 온종일 컴버배치를 볼 수 있었다 ─ 대부분의 사람이 놓치는 것을 보는, 이 연역적 추리의 천재는 우리의 집단 무의식에 남아있다.

만일 대중문화에서 뛰어난 천재 여성을 찾고자 한다면 이는 만

---

* 소설 속 부랑자 아이들로 구성된 특공대로 셜록 홈즈가 원하는 정보를 전달한다
 ─ 역주

만치 않은 일이다. 천재를 다룬 영화나 프로그램은 대부분 남성에 초점이 맞추어져 있다. 조디 포스터는 천재 아들을 혼자 키우는 엄마의 이야기를 다룬 〈꼬마 천재 테이트〉를 감독하고 그 영화에 직접 출연했다. 그 당시 일부 평론가들은 포스터가 그 남자아이를 통해, 신동이었던 자신의 경험을 담아낸 것은 아닌지 의문을 제기했다. 설령 그렇더라도 나는 그 아이를 여자아이로 설정하지 않은 이유를 이해할 수 있다. 첫째, 일반적으로 여자아이는 천재로 묘사되지 않으며 둘째, 천재 여자아이의 사회적 문제는 그 영화에서 다룰 수 있는 것보다 훨씬 더 복잡하기 때문이다.

⚛

최근에 대중문화에서 가장 많은 사랑을 받은 천재 여성이라면 시트콤 〈빅뱅 이론The Big Bang Theory〉에 나온, 세상 물정 모르는 천재 에이미 파라 파울러일 것이다. 〈빅뱅 이론〉은 시즌12까지 방영되었고 수년 동안 가장 인기 있던 시트콤이었다. 이야기 초반에 초점이 맞추어진 것은 탁월하지만 사회성이 떨어지는 과학자 쉘든과 레너드(멋진 배우 짐 파슨스와 자니 갈레키), 이들의 세상 물정 모르는 천재 친구들 몇 명, 이들의 집 복도 맞은편 호실에 사는 예쁜 페니(재능 있는 칼리 쿠오코)였다. 에이미는 몇 시즌 이후 쉘든의 애정 상대로 등장했다. 아마도 이 시트콤은 여성이 된다는 것의 의미를 상반된 두 가능성으로 설정해놓았을 것이다. 이 시트콤을 본 젊은 여성이라면 자신을 페니 같은 여성으로 상상해볼 수 있다. 치즈케이크팩토리*에서 웨이트리스로 일하는, 금발에 섹시한 페니는 모든 남자의 욕정을 자극한다. 혹은 자신을 친절하고 옷을 잘 못 입는 신경과학자 에이미에 대입해볼 수도 있다. 드라마에서 에이미는 당당한 천재이기 때문에 똑똑한 남자들과 티격태격한다.

당신은 어느 쪽이 더 나은가?

나는 에이미 역을 한 마임 비아릭의 견해를 듣고 싶어 그녀에게 전화를 걸었다. 비아릭은 단순히 텔레비전에서 천재 역할을 했을 뿐만 아니라 실제로 캘리포니아 대학교 로스앤젤레스 캠퍼스(UCLA)에서 신경 과학으로 박사 학위를 취득했다. 또한, 비아릭은 두 남자아이의 엄마이자 몇 권의 책을 저술했으며 소셜 미디어에서 막강한 영향력을 발휘하고 있다. 재미있고 재능 있으며 사려 깊은 그녀는 누구나 되고 싶어 하는 현실 속의 똑똑한 여성이다.

비아릭은 10대 때 텔레비전 드라마 〈블라썸Blossom〉에 출연했다. 5년 후 그 드라마가 끝나자 비아릭은 돌연 대학에 들어가 7년 동안 박사 학위를 받기 위해 공부와 연구를 했다. 비아릭은 건강 보험이 필요해서 다시 연기 일을 했을 뿐이라고 농담을 했다. 그녀는 소속사에서 제안한 〈빅뱅 이론〉의 오디션에 에이미 역으로 참여했다. 제작자에게 프로필 사진과 이력서를 제출했는데, 그 이력서에 배우 경력을 써넣었고 '기타란'에 '신경 과학 박

---

* 미국의 프랜차이즈 식당 – 역주

사'를 기입했다.

"이건 농담인가요?" 제작자가 물었다.

"아니요, 진짜입니다. 박사 학위가 있습니다. 이력서 어느 부분에 기재해야 할지 몰라서 거기에 썼습니다."

비아릭은 그때 이야기를 하며 한껏 웃었다. 비아릭은 과학을 좋아하고 자신의 연구를 중요하게 생각했지만, 할리우드 이력서에서 학업적 성취는 '요가를 좋아한다'나 '스케이트보드 타는 방법을 안다' 정도로만 인식된다는 점도 잘 알았다. 그런데 그녀는 지난 노력에 대해 생각지 못한 보상을 받았다. 그녀가 배역을 따냈을 때 제작자들은 그녀를 신경 과학자로 설정하기로 한 것이다.

"그들은 작가들이 저지르는 어떤 과학적 실수라도 제가 수정할 수 있다고 판단한 거죠." 비아릭이 웃었다.

하지만 비아릭은 자신의 역할을 ― 그리고 자신이 보이는 본보기를 ― 진지하게 받아들였다. "여성들이 저를 보면서 '나도 과학자가 될 수 있어'라고 말하는 것이 제겐 엄청 중요했어요." 비아릭은 어느 순간 에미 시상식에 가거나 속눈썹을 붙이는 일보다 과학 분야에서 여성 롤모델에 대한 대화를 촉진하는 일을 더 중요하게 여기게 되었다고 말했다. ― 물론 이 두 가지 모두 보란 듯이 잘 해냈지만 ―

비아릭은 신경과학자로서 남성과 여성 사이에 약간의 차이가 있다는 것을 알지만 "공통의 정서와 공통의 심리 과정을 발견해 우리가 근본적으로 같은 요소로 이루어져 있다는 점을 이해하는 것이 더 흥미롭다"라고 말했다. 남성에게 자신의 감정을 표현하도록 장려하거나 여성에게 똑똑해져서 남성에게 맞서도록 장려하는 일은 '호모사피엔스의 패턴을 와해시키지 않을 것'이라는 말도 했다.

나는 비아릭에게 에이미 대 페니의 분류에 대해 물었다. 특이하고 때로는 어설픈 천재 에이미보다 약간 멍청하지만 친절한 페니가 되는 것이 더 수월할까?

비아릭은 웃으며 말했다. "우린 여성의 이 두 유형과 남성의 두 가지 유형 역시 허용해야 하죠." 비아릭은 ― 그녀의 표현에 의하면 ― 오로지 외모로만 인정받으려고 하는 사람들이 있다는 점을 이해한다. 하지만 여배우 멜리사 로치가 맡은 또 다른 인물 버나뎃을 언급했다. "버나뎃은 과학자이면서 예쁜 머리띠와 예쁜 옷을 입지만 에이미는 유행에 한참 뒤쳐져있어요. 하지만 둘 다 흥미롭고 만족스러운 직업이 있죠. 그리고 둘 다 자신이 선택한 만족스러운 관계를 이어가고요. 우리는 이러한 모든 가능성을 여성들에게 보여줄 필요가 있어요."

이 시트콤의 시즌11에서 에이미와 쉘든이 결혼을 한다. 이 두 사람은 중요한 과학 문제를 푸는 데 정신이 팔려 결혼식에 늦는다. 앞서 에이미는 페니와 버나뎃과 함께 흥분한 채로 웨딩드레스를 보러 가서 예쁜 드레스들을 입어보지만, 결국 목선이 높고 주름 장식과 레이스가 많은 촌스러운 드레스를 선택한다. 친구들은 몸서리를 친다. 하지만 마침내 에이미가 결혼식을 올렸을 때 정말로 중요했던 것은 에이미 스스로 얼마나 예쁘다고 느낄지 우리 모두 알았다는 점이다.

텔레비전 방송에 나온 결혼식 가운데 개인적으로 그 결혼식이 가장 마음에 들었다. 나는 결혼식만큼이나 과학을 중요하게 여기는 설정이 정말 좋았다. 게다가 작가들은 천재 여성이 결혼식의 전형적인 즐거움도 느끼게 설정했다. 에이미와 쉘든이 서로에게 쓴 서약은 눈물을 자아낼 만큼 감동적이었다. 결국, 자신에게 완벽한 두 사람이 영원히 마음과 마음을 합치기로 할 때 우리는 인간적이고 감정적인 모습을 보았다. 두 사람의 결합은 다음 시즌에서 더 큰 결실을 거두어 쉘든과 에이미가 노벨상을 받으며 시트콤이 끝났다.• 에이미는 상을 받고 짤막한 인사말을 하면서 — 긴 드레스에 작은 왕관 차림으로 — 젊은 여성들에게 과학의 즐거움을 추구해보라고 권했다. "할 수 없다고 말하는 사람이 있더라도 그 말에 귀 기울이지 마세요." 그녀가 말했다. 1800만 명이 넘는 시청자들이 그 방송을 보았다. 아마 허구의 드라마이지만 그 메시지가 마음에서 우러나온 진심이라는 사실을 느낀 사람들도 있을 것이다.

비아릭은 내게 말했다. "마침내 두 눈으로 확인하기 전까지는 자신이 무엇이 될 수 있는지 몰라요."

• 노벨상을 그렇게 빨리 받는 것은 텔레비전 세상에서나 가능한 일이다. 12년은 시트콤 방영 기간 치고 굉장히 긴 세월이지만 일반적으로는 노벨상으로 인정받는 데 수십 년이 걸린다.

우리가 책과 영화와 텔레비전 방송에서 더 많은 천재 여성들을 볼수록 인간의 다양성을 경험할 때 덜 충격적으로 다가올 것이다.

⚛

남성이 할 수 있는 일과 여성이 할 수 있는 일에 대한 우리의 인식은 대개 신화, 전통, 상황을 바탕으로 형성된다. 여기에 생물학적 영향도 있을까? 물론이다. 하지만 이는 상황에 의해 무력해지거나 약화할 수 있다. 여기서 상황은 우리가 자라는 환경, 우리 주위에 있는 사람들, 우리에게 기대되는 것들을 말한다. 누구나 스스로 자신의 선택을 통제한다고 생각하고 싶어 한다. 따라서 자신이 하는 일 가운데 얼마나 많은 부분이 문화적 기대의 영향을 받는지 깨달을 때 심란해진다. 나는 이를 이론적으로 이해하고 있었지만 킹스 칼리지의 물리학 교수 칼라 몰테니Carla Molteni를 만났을 때 이러한 사실이 내게 진정으로 와 닿았다. 우리가 만났던 날은 아직 방학 중이라 대부분의 교수가 고향에 갔거나 바닷가로 휴가를 떠난 상태였다. 캠퍼스는 조용했고, 내가 물리학과 건물의 7층으로 갔을 때 몰테니 교수가 승강기 옆에서 나를 기다리고 있었다. 몰테니 교수는 나를 자신의 연구실로 안내했다. 일렬로 나열된 빈 책상들 옆을 지나며 내가 물었다. "오늘 혼자만 나오신 거예요?"

"아, 그런 것 같진 않은데." 몰테니 교수는 이렇게 말하더니

"음, 그런 것 같네요." 하고 웃음을 지었다.

명문대 물리학 교수의 약 7%만 여성이다. 따라서 몰테니 교수가 본능적으로 다른 교수들보다 더 열심히 일하는 것이 놀라운 일은 아니다.

자리에 앉았을 때 몰테니 교수는 자신이 이탈리아의 작은 마을에서 자랐고 자신의 가문에서 대학에 진학한 첫 세대에 속한다고 말했다. 몰테니 교수는 밀라노에서 박사 학위를 받았고 케임브리지 대학과 독일의 막스플랑크 연구소에서 대학원 공부를 했다. 그녀는 연구를 통해 원자들이 빛과 압력 같은 자극에 어떻게 상호작용하고 반응하는지 살펴본다. 나는 이러한 그녀의 연구를 항상 탁월하다고 생각해왔다.

나는 몰테니 교수에게 젊은 여성으로서 어떻게 물리학과 같은 분야에 발을 담글 용기를 냈는지 물었다. 그러자 그녀는 어깨를 살짝 으쓱이며 말했다.

"제가 자랐던 이탈리아 지역 사람들은 여자도 수학과 물리학을 할 수 있다고 생각했어요. 제겐 언니와 여섯 명의 여자 사촌들이 있는데 대부분 과학 분야 학위를 땄어요. 저희 집안엔 엔지니어도 있고 물리학자도 있고 화학자와 건축가도 있는걸요. 우리한테 할 수 없다고 말한 사람은 아무도 없었어요."

나는 이탈리아의 작은 마을 사람들이 그렇게 열린 마음을 보일 수 있다는 데 놀랐다. 하지만 생각해보면 그 마을 사람들이 획기적인 페미니스트인 것도 아니었다. 그들은 그저 남성과 여성이 잘하는 일에 대해 남다른 관점을 지녔을 뿐이었다. 흔히 문화적 기대는 한정된 현실에 기초하지만, 사람들 내면에 깊이 뿌리내려 있어서 성과에 엄청난 영향을 끼친다.

"지중해 남부에선 남성들이 수학을 공부하는 것이 여성들에 비해 흔치 않은 일이에요. 전 이곳에 오기 전까진 여성들이 수에 약하다는 말을 들어본 적이 없어요." 그녀가 말했다.

킹스 칼리지는 런던 한복판에 있지만 몰테니 교수의 여성 동료들 가운데 영국이나 미국 출신은 한 명도 없다. 물리학 교수진 35명 중 여성은 세 명뿐이고 이 가운데 두 명은 이탈리아, 한 명은 그리스 출신이다. "여성 물리학자가 필요하다면 그러한 지역에서 찾아봐야 해요." 몰테니 교수가 말했다.

나는 의자에 기대어 어떻게 어디에서 태어났는지에 따라 수학과 과학을 잘하는 정도가 달라지는지 이해하려 애를 썼다. 하지만 이는 일리가 있다. 만일 내가 몰테니 교수의 고향에서 자랐다면 나는 손 제스처를 취해가며 이탈리아 말을 할 테고, 프리마베라 파스타를 만드는 훌륭한 요리법을 알고 있으리라. 내가 미적분학에 겁먹지 않았을 테고, 광자와 파동-입자 이중성을 깊이 있게 이해했을지 모른다고 말해도 큰 비약이 아닐 것이다. 배움의 모든 단계에서 우리는 보는 것과 경험하는 것에 영향을 받기 때문이다.

이탈리아를 예로 든 이러한 역설에 관해 쓰는 이 순간에도 나는 알고 있다. 자신이 단순한 자기 자신이 아니라, 만연한 사회적 영향으로 만들어진 사람이라는 점을 진정으로 인정하기 어렵다는 사실을 말이다. 선천적으로 남성적인 것과 여성적인 것 ─ 이는 우리가 생각하는 것보다 적다 ─ 그리고, 문화적인 것 ─ 이 부분은 비교적 많다 ─ 에 대한 우리의 인식을 바꾸기란 쉽지 않은 일이다. 엄연한 자료와 사실이 존재하는데도, 이런 것들을 자기 자신과 자신의 능력에 대해 어떻게 느끼는지와 연결짓기 어렵다. 지중해 국가에서 자란 여성들이 수학과 과학을 잘한다는 점을 이해하면서도 이러한 사실을 자신에게 적용하기란 쉽지 않은 것이다. 그러니까 이렇게 생각하기 쉽다는 말이다. '난 그런 과목을 잘못하는데 그건 내가 어디서 사는가와는 관련이 없어! 그냥 난…… 그런 과목을 원래 못하는 거야!'

　나는 이러한 사고방식과 기대를 일종의 사회적 플라시보 효과* 같은 것으로 생각함으로써 이해할 수 있었다. 이제 우리는 두통을 낫게 해줄 거라고 들은 가짜 약을 먹으면 두통이 사라질 가능성이 크다는 점을 알고 있다. 우리의 신념 체계는 신체적 기능에 변화를 줄 만큼 강력하다. 이뿐만 아니라 우리가 이룰 수 있는 것을 바꿀 만큼 강력하다.

　플라시보 효과는 의료 부분에서 작용하는데, 변형된 플라시보 효과는 성취도 시험에서도 똑같이 작용한다. 만일 어떤 학생이 자신은 여자이기 때문에 덜 똑똑하다거나 약점이 있다고 생

---

* 가짜 약이지만 심리 효과로 실제로 호전되는 현상 ─ 역주

각한다면 그렇게 생각하지 않을 때보다 점수가 낮을 것이다. 나는 한 가지 조사 결과에 항상 놀란다. 바로 아시아 여학생들에게 수학 시험을 보기 바로 직전, 자신들이 아시아인이라는 점을 누군가 상기시켜주면 수학 시험을 잘 본다는 조사 결과다. 만일 여학생들에게 여성이라는 점을 상기시켜주면 시험을 이보다 잘 보지 못한다. 당신은 수학 시험은 수학 시험일뿐이라고, 미적분이나 2 더하기 2를 아느냐 모르냐의 문제라고 생각할지 모른다. 하지만 어떤 문제를 풀 때 당신의 태도와 자신감이 성공을 거두는 데 중요하다는 의미이기도 하다. 내가 스스로 천재라고 믿는다면 나는 골치 아픈 수학 방정식에 끝까지 매달려 풀어낼 가능성이 크다.

지난 몇십 년 동안 많은 것이 변해서 현재 많은 여성이 분자생물학, 유전학, 신경 과학 등의 특정한 과학 분야에 진출하고 있다. 현재 그러한 분야의 대학원 과정에서 석박사 학위를 받는 사람 가운데 절반 이상이 여성이다. 정말로 놀라운 진전이 아닌가! 하지만 평등한 흐름의 이면을 들여다보면 인문학의 특정 분야는 압도적으로 남성들의 영역으로 남아있다는 점을 알 수 있다. 철학 분야에 있는 여성들의 수는 놀랄 만큼 적다. 작곡 분야도 남성들이 거의 독차지하고 있어서 이 분야의 석박사 학위 소지자 가운데 여성은 15%밖에 되지 않는다.

왜 그런 걸까? 나는 그 이유를 찾기 위해 프린스턴 대학 대학원의 철학과 교수이자 학과장인 사라-제인 레슬리Sarah-Jane Leslie와 마주 앉았다. 몇 년 전, 한 학회에서 레슬리와 뉴욕 대학 심리학자 안드레이 심피언Andrei Cimpian은 재능을 개념화하는 다양한 방법에 대해 논의했다. 어떤 사람들은 자신의 성공 요인을 노력으로 보고 어떤 사람들은 타고난 재능으로 보았다. 레슬리와 심피언은 분야마다 노력과 타고난 재능 사이의 균형이 각각 다르게 적용된다고 생각했다. 철학자들은 누군가 얼마나 똑똑하고 재능 있는지에 대해 말할 때 그 사람이 타고난 철학자인 것처럼 강조해서 말한다. "'동료가 이 분야에서 정말 열심히 노력해'라고 말하는 철학자는 경멸의 뜻으로 그렇게 말했을 가능성이 커요." 레슬리가 내게 말했다. 반면, 심리학자들은 노력을 중시하고 타고난 재능에는 회의적이다. 영리함이 아니라 노력에 대해 아이를 칭찬하는 것이 더 낫다는 점을 보여주는 심리학자들의 연구 결과가 많다. 심리학자들에 의하면, 그릿과 인내가 어릴 때는 수학 시험에서 A를 받는 데, 커서는 1억 달러 가치의 스타트업을 창업하는 데 도움이 된다고 생각하는 사람은 미래를 어느 정도 통제할 수 있다. 이런 사람은 성과를 계속 낼 수 있다. 반면, 성공 요인을 타고난 똑똑함으로 돌리는 것은 그것이 다시 재현될 수 없는 일시적 성공일지 모른다는 것을 의미한다.

학회가 열린 날 저녁 식사 자리에서, 누군가 왜 여성들이 철학 분야에는 그렇게 적고 심리학 분야에는 그렇게 많은지 의문을 제기했다. 레슬리와 심피언은 곧바로 서로를 바라보며 이전에 나눈 대화를 생각했다. 이는 노력과 타고난 재능을 인식하는 것과 관련이 있는 걸까? 그들은 협력하여 조사를 시행했고 마침내 전국 상위권 학교 1800명의 교수와 대학원생에게 보냈던 설문 조사를 종합했다. 그들은 과학이든 인문학이든 특정한 분야에선 그야말로 총명함과 뛰어난 지능이 필요한 것으로 여겨진다는 가설을 세웠다. 그리고 다른 분야는 투지와 치열한 노력으로 정복될 수 있다고 여겨진다는 가설을 세웠다. 또한, 그들은 타고난 재능이 필요하다고 여겨지는 분야일수록 여성이 그 분야에 진출하고 석박사 학위를 딸 가능성이 작아진다고 가정했다.

그 조사에서 그들의 가설이 옳다는 점이 입증되었다. 분자생물학과 심리학처럼 치열한 노력이 필요하다고 간주하는 분야에 종사하는 사람들 가운데 현재 절반 정도가 여성들이다. 철학, 물리학, 작곡 등 타고난 재능과 말로 설명할 수 없는, 번득이는 통찰력이 필요하다고 여겨지는 분야에 종사하는 여성들의 비율은 여전히 미미하다.

"우리는 사람들이 다른 요소가 아닌, 명석함에 대한 이런 믿음으로 여성들의 위상을 예측했다는 사실을 발견했어요." 레슬리는 나와 자신의 연구실에서 대화를 나눌 때 이런 말을 했다.

레슬리는 여성들이 스스로 치열한 노력을 할 수 있다는 점을 알면서도 자신을 타고난 천재로 생각하지 않는다고 결론지었다. 어떻게 그럴 수 있을까? 셜록 홈즈처럼 대중문화에 나오는 천재들의 이미지는 대부분 남성이다. 그래서 여성들은 그러한 역할에 자신을 투영해보지 못한다. 여성들은 순전히 명석함이 필요하고 천재와 관련된 분야에 접근하지 않고 다른 분야를 선택한다.

이는 흥미로운 생각이다. 학자들은 학자에 대한 조사를 좋아하기 때문에 그 조사 결과가 학계에 퍼졌고 심지어 그들만의 약어인 FAB이 생겨난 것인지 모른다. 여기서 FAB은 특정 분야의 능력에 대한 믿음(field-specific ability beliefs)을 말한다. 이러한 일반화는 사실로 여겨지며 반복된다. 내가 인터뷰를 했던, 엄청난 성공을 거둔 한 미생물학자는 반은 농담으로 이런 말을 했다. "제가 성공할 수 있었던 건 치열하게 노력을 했거니와 명석하지 않아도 되는 분야에 있었기 때문이에요."

"얼마나 명석하신데 그런 말씀을 하세요." 내가 말했다.

그녀는 미소를 지으며 말했다. "하지만 새로 나온 조사 결과를 보면 제가 굳이 명석하지 않아도 되겠던데요?"

이렇게 자기비하적인 말을 들으니 레슬리와 심피언이 발견한 차이가 정말 타당한지, 아니면 이 역시 성공한 여성들을 폄하하는 한 방식일 뿐인지 의구심이 들었다. 분자생물학과 심리학은 치열한 노력으로 정복할 수 있지만, 철학과 물리학을 통달하려면 타고난 재능과 통찰력이 필요하다는 것은 정말 사실일까? 레슬리는 어떤 조사든 이러한 구분을 정당화한다고 확신할 수 없지만, 일단 사람들이 이를 믿게 되면 "이는 자생적인 사회문화적 현상이 된다"라고 말했다. 실제로 레슬리의 조사 결과는 이러한 현상에 더 많은 자양분 역할을 했다.

이후에 이 조사에 대해 숙고하다가 뒤집어서 생각하면 매우 다른 결론을 내릴 수 있겠다는 생각이 들었다. 과연 여성이 더 많은 분야는 가치가 낮게 평가되고 진정한 천재가 필요하지 않은 분야로 간주될까? 신경과학과 분자생물학은 일부 대담한 여성들이 초기에 성공을 거두어 롤모델이 되면서 다른 여성들이 그 분야에 진입하도록 고무하고 격려했기 때문에 위상이 더 높아졌는지도 모른다. 내가 알기로 이러한 분야도 철학과 컴퓨터 공학같이 여전히 남성들이 우세한 분야처럼 타고난 명석함이 필요하다. 그런데 지금도 여성들이 어떤 분야에서 성공하면 그 일은 덜 도전적이고 타고난 천재성이 필요하지 않은 일이 분명하다는 메시지가 사람들에게 전달된다. 그것이 아무리 고약하고 잘못된 메시지라 해도 말이다.

천재에 대한 사람들의 인식은 직종별 임금 수준과도 연결된다. 상당한 조사를 통해 여성들이 많이 진출하는 직종일수록 임금이 낮아진다는 사실이 드러났다. 그러니까 그 분야 전체가 덜 중요한 영역으로 인식되어 해당 종사자들이 임금을 덜 받는다는 것이다. 지난 20년 동안 여성 생물학자들이 배출되면서 생물과학 분야에서 임금 수준이 약 18% 감소했다. 그렇다면 생물학이 조금이라도 더 쉬워졌거나 덜 중요해졌는가? 나는 그렇게 생각하지 않는다. 이러한 현상은 그 반대 방향으로도 발생한다. 컴퓨터가 나온 초기에는 주로 여성들이 프로그래밍했다. 그 시절 그 일은 저임금이면서 보잘것없는 것으로 간주하였다. 하지만 남성들이 그 분야에 진출하자 임금과 일의 위상이 급상승했고, 컴퓨터 프로그래머가 되려면 천재성이 있어야 한다는 믿음도 생겨났다.

몇 주 전, 스탠퍼드 대학 사회학 교수인 세실리아 리지웨이는 나와 함께 '지위에 대한 믿음'을 주제로 대화를 나누었다. 이는 일부 사람이 더 존중받을 가치가 있고 가장 중요한 일을 더 잘한다고 믿는 우리의 생각을 말한다. 이것이 고정관념으로 굳어지면 우리는 특정한 그룹을 다른 그룹에 비해 더 가치 있다고 보기 시작한다. 권력 집단이 이러한 지위를 부여하는 경향이 있다. 이 말의 요지를 이해했는가? 사람들은 남성들이 하는 일에 보상을 해주고 이러한 일을 더 가치 있게 여긴다. 만일 남성들이 철학자이고 컴퓨터 프로그래머라면 철학적 추론과 컴퓨터 프로그래밍은 명석함이 필요한 일로 간주하는 것이다. 사회적 기대에 의하면 남성들이 천재이기 때문이다.

편견은 어릴 때부터 형성된다. 정확히 말하면 여섯 살부터다. 레슬리와 심피언이 최근에 실시한 조사에서 이러한 점이 발견되었다. 그들은 이 조사에서 어린이들에게 '아주, 아주 똑똑한' 사람에 관한 이야기를 들려주었다. 이어서 남성 두 명과 여성 두 명의 사진을 보여주고 그 이야기의 주인공이 누구인지 물었다. 다섯 살까지의 남아들과 여아들은 자신과 닮은 성인 사진을 골랐다. 남아들은 두 남성 사진 중 하나를, 여아들은 두 여성 사진 중 하나를 고른 것이다. 하지만 여섯 살 어린이들의 경우 이와 달랐다. '아주, 아주 똑똑한' 사람을 고르라는 요청을 받자 남아들도 여아들도 한 남성의 사진을 골랐다.

"이렇듯 어린이들은 놀랍게도 통계적 패턴을 처리합니다. 환경에서 나타나는 통계적 규칙성을 무의식적으로 파악하는 거죠. 어떤 종류의 것들이 다른 어떤 종류와 어울리는지 파악하는 거예요." 레슬리가 내게 말했다. 여섯 살 정도가 되면 사회적 학습에 충분히 노출된 상태여서 '고정관념이 존재하는 이 세상을, 다양한 사람과 직업을 묘사하는 언어와 똑똑하다고 묘사되는 사람을' 내면화한다.

다시 말해, 여학생들은 학교에서 남학생들보다 공부를 잘한다 해도 — 이런 경우가 많긴 하지만 — 원래 남학생이 더 똑똑하다는 메시지를 그동안 접해온 상태다. "비단 여학생들만 그런 고정관념을 내면화해서 자신이 똑똑하지 않다고 생각하는 건 아니에요. 모두가 그런 고정관념을 내면화하죠. 그래서 선생님, 부모님, 나중에는 대학교수도 여학생을 특별히 재능 있다고 인지할 가능성이 작아요." 레슬리가 말했다. 그럼에도 철학자나 물리학자를 꿈꾸는 여학생이라면, 자신과 다른 여성들이 그렇게 될 수 있다는 상당한 확신을 품고 있는 것이다.

사회과학 연구의 큰 어려움 가운데 하나는 흔히 결과를 재현할 수 없다는 점이다. 하지만 레슬리의 연구 결과는 아주 단순 명확해서 거실에서 아이들에게 바로 적용해볼 수 있다. 나는 레슬리의 연구를 바탕으로 제작된 텔레비전 뉴스 특집을 보았다. 그 뉴스 속 실험에서 여섯 살짜리 아이들은 '아주, 아주 똑똑한' 사람에 관한 이야기를 들은 후 사람들의 사진을 보았다. 아니나 다를까, 여자아이들은 천재로 보이는 사람으로 계속 남성의 사진을 가리켰다. 이후에 이 광경이 담긴 영상을 본, 여아들의 어머니들은 실망한 동시에 놀라서 말도 못 했다. 그 어머니들은 스스로 무엇이든 할 수 있다고 믿는 딸로 키웠다고 생각했다! 딸에게 '걸 파워GIRL POWER'가 새겨진 티셔츠도 사주었고 〈원더우먼〉 영화도 보여주었다. 하지만 깊이 뿌리 내린 사회적 메시지가 이 딸들에게도 스며든 것이다.

역설적이지만 레슬리는 명석함이 필요한 분야에 관한 연구를 했음에도 타고난 천재성을 그다지 믿지 않는다.

"우리가 계속 목격하는 것은 어떤 가치있는 성취든지 간에 엄청난 양의 노력과 헌신이 뒷받침되어야 한다는 점이에요. 전 단순히 사람들 눈에 띄고 명석하다는 사실만으로 가치 있는 일을 성취할 수 있다는 생각에 전적으로 반대에요." 그녀가 말했다.

레슬리는 사람들이 "남자 중에 아무개는 어쩜 그리 전지전능한가"에 대해 이야기하는 것을 재미있어하는데, 그 아무개에게는 실로 모든 것이 너무나 쉽다고 지적한다. 그가 매일 아침 여섯 시에 일어나 연구실에 가서 아주 열심히 일한다는 이야기를 듣는 것은 별로 흥미롭지 못하다. 그가 사회적 지지와 인정을 받고 일상의 일들 — 요리, 청소, 쇼핑 — 을 처리해주는 사람이 있어서 특정한 일에 온전히 집중할 수 있다는 이야기도 흥미롭지 못하다. 여성들에게도 이러한 뒷받침을 해준다면 천재처럼 보이는 여성들이 더 많아질 테니 말이다.

1992년에 출시된 '수학은 어려워'라고 말하는 바비 인형은 장난감 세계에 큰 반향을 일으켰다. 그 인형이 눈을 깜빡이며 이 유감스러운 말을 어찌나 자주 내뱉었는지, 이 말은 뿌리 깊은 성차별을 나타내는 약칭이 되었다. 그 당시에 많은 사람은 바비 인형의 경솔한 말이 학교에서 여학생들이 얼마나 폄하되는지 보여주는 또 다른 예에 지나지 않는다고 지적했다. 역사도 어렵고 바느질도, 뜨개질도 어렵다. 하지만 여학생들은 이러한 것을 잘할 수 있다는 말을 듣기 때문에 결국 잘하게 된다.

나는 어렸을 때 바비 인형을 가지고 논 적이 없다. 다섯 살이었지만 큰 가슴과 가느다란 허리가 별로 현실성이 없다고 생각했던 것 같다. 기묘한 형태의 이 패션 인형과 관련하여 문제시된 사회적 메시지가 여럿 있었음에도, 그 가운데 수학에 대한 혐오만 문제점으로 남아있다는 사실이 놀랍다. 마텔Mattel의 인형 제작자들은 그 문장에 일반적인 인식이 담겨있다는 이유로 그 표현을 재고하지 않았을 것이다. 바비는 어떤 의견을 제시한 것이 아니라 사회적 기대에 따라 이미 사실로 받아들여지던 것을 강조했을 뿐이라는 것이다. 녹음된 그 터무니없는 말이 결국 긍정적인 역할을 했다고 말해야 할 것 같다. 바비가 비웃음을 자아내는 말을 반복한 결과, 사회적 기대가 중요하다는 점과 우리가 하는 말에 영향력이 있다는 점이 명백히 드러났기 때문이다. 여학생들이 수학을 어려워하는 큰 이유는 수학이 어렵다고 생각하기 때문이다. 바비에게 '컴퓨터 프로그래밍은 재밌어!'처럼 다른 말이 저장된다면 사회적 기대와 여학생들의 실제 능력 모두 바뀔 것이다. — 이 인형의 기묘한 허리 사이즈는 바뀌지 않을 테지만 —

한편 마텔이 엄청난 논란에 대응하여 이 인형의 판매를 중단한 이후, 이 회사 CEO 질 바라드Jill Barad는 이렇게 해명했다. "수학은 어렵다고 말하는 인형이 장기적으로 끼치는 영향에 대해 신중하게 고려하지 못했습니다." 분통이 터지지 않는가? 바라드는 장난감 대기업을 운영한 최초의 여성이었다. 심지어 그 일이 터지고 얼마 후, 고급 사무실에서 13년 동안 일하고 회사를 떠날 때 5천만 달러의 퇴직금을 받은 것으로 알려졌다. 그 순간에도 누군가는 수학을 배우고 있었다.

사회적 가능성, 기대, 기회는 그 어떤 유전적 잠재력보다 여성의 천재성을 훨씬 더 많이 형성하거나 제한한다. 그럼에도 우리는 지금과 다른 환경을 줬더라면 어떤 사람이 되었을지 알지 못하며, 흔히 상상하기도 힘들다. 이탈리아의 한 작은 마을에 사는 어린 여아로 삶을 다시 시작하여 마침내 수학을 잘하는 어른으로 성장하는지 확인해볼 수는 없는 노릇이다. 당신은 401(k)*의

---

* 미국 근로자들의 퇴직연금 제도 - 역주

수익률을 더 높이려면 어떤 투자를 해야 하는지 판단하느라 골치 아플 때 수에 약한 자신을 탓할 것이다. 좀 더 고무적인 환경에서 자랐다면 얼마나 더 나은 사람이 되었을까 하는 상상조차 절대 하지 못한다. 당신은 사회적 기대를 극복하고 자신의 잠재력을 충분히 발휘하려고 노력할 때 '너 여자야! 넌 그걸 할 수 없어!'라는 메시지를 마구잡이로 내던지는 남성들을 여전히 상대해야만 한다.

최근에《더 뉴요커》기자 닉 파움가르텐Nick Paumgarten은 세계 최고의 여성 슬라럼 스키 선수 미카엘라 쉬프린에 대한 글에서 이렇게 지적했다. "흔히 사람들은 비범함을 인습에 찌들지 않고, 복제하거나 개량할 수 없는 독특한 천재성이 구현된 것으로 생각한다. 하지만 이 경우는 그렇지 않다." 그는 이렇게 덧붙였다. "쉬프린은 천성보다 훈련이, 타고난 재능보다 노력이 더 중요함을 보여주는 자명한 사례다." 쉬프린은 훌륭한 선수가 되기를 바랐고 그럴 수 있다고 믿었기에 뛰어난 선수가 되었다. 쉬프린의 부모님은 그녀가 차례차례 단계를 밟아 탁월한 능력을 갖추도록 이끌어주었다. 그녀의 아버지는 딸의 출발점이 아닌 종착점에 관심을 기울였다.

스포츠계에서 스스로 목표를 달성할 수 있다고 믿는 여성들은 실제로 그렇게 해낸다. 이는 물리학, 작곡, 신경생물학 분야에서도 마찬가지라는 점이 사실로 드러났다. 나는 사회적 기대를 무시하고 자신의 잠재력을 입증한, 명석하고 끈기 있는 여성들을 보며 자극받는다. 그 여성들은 다른 여성들과 능력에서 반드시 아주 큰 차이가 나는 것은 아니지만 자신의 재능을 남다르게 받아들였다. 천체물리학자나 슬라럼 스키 선수가 되는 것이 꿈일 때 타고난 재능이 있으면 더할 나위 없이 좋다. 하지만 더 중요한 점은 여섯 살 여아가 누가 천재처럼, 가장 최고인 것처럼 보이냐는 질문을 받았을 때 자신과 가장 많이 닮은 어른을 가리킬 수 있는 현실이다.

THE GENIUS OF WOMEN

OF

모든 여성이 모든 남성처럼
자신의 재능을 따라가야 하지 않을까?

— 제르멘 드 스탈

WOMEN

6장

페이-페이 리가 《베너티 페어》의
표지를 장식해야 하는 이유

학술회의차 파리에 들렀다가 내가 좋아하는 제과점 피에르 에르메에 갔다. 거기서 환상적인 마카롱을 사려고 긴 줄에 섰다. 프랑스 마카롱의 경우 그것을 산 당일 가장 맛있게 먹게 된다. 그래서 내가 좋아하는 맛 가운데 로즈와 초콜릿 두 가지를 별도의 봉투에 담아 내가 인터뷰한 교수 한 명에게 갖다 주었다. 그녀는 예쁜 봉투를 보더니 상냥하게 고맙다고 했다. ─ 그녀는 프랑스 사람이다 ─ 하지만 나는 그녀가 내는 작은 한숨 소리를 들었다.

"무슨 문제 있나요?" 내가 물었다.

"세상 사람들은 피에르 에르메 마카롱을 좋아하는 사람들과 라뒤레 마카롱을 좋아하는 사람들로 나뉘어요." 그녀는 파리의 다른 제과점을 언급했다.

"라뒤레를 좋아하시는군요?" 내가 물었다.

"네." 그녀는 완벽한 로즈 마카롱을 들어 올리며 이어서 말했다. "하지만 이것도 맛있게 먹을게요."

나는 자신이 먹는 디저트의 종류에 따라 세상 사람들이 두 부류로 나뉜다는 발상에 웃음이 났다. ― 조사 명목으로 그 날 오후 라뒤레에 가봤는데, 정말이지 피에르 에르메 마카롱이 더 낫다 ― 하지만 사람들은 명쾌한 분류를 좋아하는 경향이 있기 때문에 나는 이해했다. 고양이를 좋아하는 사람과 개를 좋아하는 사람. 양키스 팬과 레드삭스 팬. 산을 좋아하는 사람과 바다를 좋아하는 사람.

그리고 '세상 속 두 가지 유형의 사람들' 원리에서 가장 지속적인 구분 요인은 남성과 여성이다.

현재 미국에 약 1억 6천 3백만 명의 여성이 ― 인구의 절반이다 ― 산다는 점을 감안할 때 그 모두가 똑같지 않다는 점은 분명하다. 하지만 여성에게 가해지는 사회적 기대는 엄격하고 제한적이다. 나는 일하러 나갈 때 원피스를 자주 입는다. 내 친한 친구이자 색채와 패션 컨설팅 사업을 운영하는 캔디는 이런 나를 '전형적인 순수한 아가씨' 스타일로 규정한다. 하지만 나는 내 주위의 여성들이 으레 하는 치장을 따라하지 않는다. 매니큐어도 칠하지 않고 발 관리도 받은 적이 없으며, 귀를 뚫지 않았고 비싼 핸드백에 관심이 없다.

'여성은 어떠해야 한다'라는 메시지는 어릴 때부터 듣게 된다.

내가 아는 한 여성은 세 살 난 딸이 여아용 핸드백을 들고 뽐내며 돌아다니는 것을 좋아하는 반면, 오빠들은 그런 것에 관심을 보인 적이 전혀 없다고 내게 말했다. 그러면서 그건 성별에 따라 어떤 행동들은 타고난다는 증거 아니냐고 물었다. 나는 비록 과학자들이 인간 게놈 전체를 해독했지만 여자아이를 샤넬이나 에르메스 같은 사람으로 만드는 유전자를 발견한 이는 아직 없다고 대답했다.

"《보그》에서 일하셨잖아요!" 나는 그녀에게 상기시켜주었다. "딸애가 무엇을 좋아해야 하고 어떻게 행동해야 하는지와 관련해서 엄마가 보낸 미묘한 신호를 포착했다고 생각하지 않아요?"

나는 여전히 발 관리나 핸드백 등이 여성은 상냥하고 고분고분해야 한다고 기대하는 문화의 외형적 발현이라는 생각이 들어서 그런 것을 피하는 것 같다. 젊었을 때는 미모에 관심이 많은 동기 여학생들과 머리 모양이나 화장에 관해 이야기하는 것을 좋아했다. 하지만 학교 신문의 편집자이자 토론 팀의 주장이었기에 야심 차고 근면한 동기 남학생들과도 공통점이 많았다. 왜 이분법으로 분류되어야 하는가? 내가 전세계 사람들은 피에르 에르메를 좋아하는 사람과 라뒤레를 좋아하는 사람, 두 유형으로 나뉜다고 말한다면 당신은 웃을 것이다. 자신이 좋아하는 프랑스 마카롱 유형 외에, 어떤 사람인지 드러내는 특성들은 아주 많기 때문이다.

마찬가지로 남성인지, 여성인지 외에도 어떤 사람을 드러내는 특성들은 아주 많다. 내가 대화를 나누었던 많은 천재 여성들은 자신이 틀에 박힌 고정관념에 맞지 않는다는 — 맞고 싶지 않다는 — 점을 일찍이 깨달았다. 왜 그래야 하는가? 18세기 초 페미니스트 철학자 메리 울스턴크래프트는 사회적 압력이 여성들을 억눌러서 '힘과 유용성'을 잃게 한다고 주장했다. 그렇게 독립하지 못하고 궁지로 몰린 여성들은 "자신의 능력과 미덕으로 존경받겠다는 고귀한 목표를 세워야 할 때 사랑을 찾기만을 갈망하게 된다"라고 주장했다. 울스턴크래프트는 여성이 강인하고, 단순히 배우자의 보호를 받기보다 존중을 받아야 결혼 생활이 더 바람직해진다고 생각했다. "남성이나 여성을 보고 '순수하다'고 할 때 이는 '나약하다'를 정중히 표현한 것에 지나지 않는다"라고 그녀는 말했다.

우리는 울스턴크래프트 시대의 여성들보다 교육을 더 잘 받고 있다.* 하지만 강인해지고 성공하는 것과 똑똑해지는 것에 관심을 두는 여성들은 여전히 이따금 우세한 힘과 갈등을 느낀다. 이 여성들이 천재성을 발휘하려면 관습적인 길을 피할 필요가 있다. 천재적인 여성들과 다양한 분야에서 진정한 성공을 거둔 여성들은 사회가 남녀에 대해 만들어내는 편협한 틀에 당혹스러워한다.

....

* 메리 울스턴크래프트는 그 시대의 많은 여성이 그랬듯 출산 합병증으로 죽었다. 불과 38세의 나이로 말이다. 남겨진 딸은 여성도 뭔가를 성취하고 성공할 수 있다는 어머니의 조언을 따랐다. 이 딸이 위대한 고전『프랑켄슈타인』을 쓴 메리 셸리다.

하지만 그녀들은 사회가 만든 좁은 한계에 갇힌 자신의 모습을 보려 하지 않는다. 고정관념을 무시할 뿐 반드시 고정관념과 싸우지는 않는다. 한계선과 사회적 기대를 건너뛰며 자신을 독창적인 사람으로 생각한다. 이는 마치 라뒤레의 조리법과 피에르 에르메의 포장을 결합하여 새로운 무언가를 만들어내는 것과 같다. 그녀들은 두 가지 범주가 아닌 적어도 세 가지 범주를 생각한다. 바로 남성, 여성 그리고 자기 자신이다.

최근에 베이 에어리어로 여행을 갔다가 세계 최고의 인공지능 과학자 중 한 명인 페이-페이 리를 만났다. 모두가 페이-페이를 미래에 우리 삶의 방식을 바꿔줄 분야에서 탁월한 리더라고 묘사한다. 많은 사람이 내게 천재에 대한 글을 쓰려면 반드시 페이-페이와 대화를 해봐야 한다고 말했다. 그동안 나는 그녀에게 여러 번 연락을 시도했었다. 페이-페이는 구글 클라우드 인공지능 분야의 수석 과학자, 스탠퍼드 대학의 인기 있는 종신교수, 어린 두 자녀의 헌신적인 엄마, 기계가 인간의 행동 방식을 파악하도록 가르치는 국제적 운동의 리더로 무척 바빴기 때문이다. 스탠퍼드 대학에 있는, 우리가 서로 아는 한 친구가 마침내 우리를 연결해주었다. ─ 스티븐, 고마워요 ─

내가 만나 본 페이-페이는 사려 깊고, 열정적이고, 굉장히 집중적인 사람이었다. 나는 페이-페이에 대한 이야기를 아주 많이 들었던 터라 유명인사 앞에 있는 기분을 느꼈다. 하지만 그녀는 자신이 평범한 아이였고 "여전히 평범한 사람이에요"라며 겸손하게 말했다. 그녀는 새침하지 않고 솔직담백한 사람이었다. 40대 초반의 여성이 자신의 분야에서 최고의 리더라는 점을 평범하다고 여기다니 굉장히 고무적이라는 생각이 들었다.

하지만 모두가 그렇게 남성이 지배하는 세상에서 여성이 리더라는 점을 평범하게 생각하는 것은 아니다. 페이-페이는 5년 동안 스탠퍼드 인공지능 연구소를 운영했다. 기계가 사물을 인식하도록 만들기 위해 그녀가 한 획기적인 작업은 자율주행차처럼 세상을 바꾸는 기술에 영향을 주었다. 하지만 내가 그 분야에서 페이-페이의 명성을 언급하자, 그녀는 2년 전 《베너티 페어》에 실렸던 한 기사에 대해 말했다. 기사는 20명의 사상가가 인공지능의 미래에 대해 논의한 내용이었다. 거기에 페이-페이는 물론이고 다른 어떤 여성도 포함되지 않았다. 페이-페이는 컴퓨터에 그 기사를 띄웠다.

"보세요, 그야말로 모두 남자예요." 페이-페이는 그 페이지에 나온 20개의 작은 얼굴 사진들을 가리켰다. "다들 제 동료거나 동년배이기 때문에 제가 다 아는 사람들이에요. 전 왜 여성들에겐 연락조차 하지 않았는지 궁금할 뿐이네요."

나는 그 편집자들이 페이-페이와 그녀의 여성 동료들을 고려했다 해도, 번쩍거리는 '여성'이라는 글자만 머릿속에 떠올랐을 거라고 짐작한다. 이러한 글자가 더 세세한 면들을 보지 못하게 가로막았으리라.

페이-페이의 친구들은 그녀에게 홍보를 더 많이 할 필요가 있다고 말했다지만, 이는 그녀의 스타일이 아니다. 페이-페이는 평판보다 일에 더 초점을 맞추고 싶어 한다. 중요한 것은 상을 받는 것보다 실행 그 자체라는 것이 페이-페이의 가치관이다. 그녀는 실행을 훌륭하게 잘 해낸다. 그렇다면 인정받는 일은 정말 중요할까? 나는 정말 중요하다고 그녀에게 말해주었다. 그녀는 롤모델이다. 젊은 여성들은 그녀가 마땅히 명성을 얻는 모습을 볼 필요가 있다. 머리를 숙이고 묵묵히 일만 하면 사람들이 알아줄 거라고 생각하는 것은 똑똑한 여성들의 일반적인 문제이기도 하다. 실상은 그렇지 않다. 페이-페이는 최근에 실리콘밸리의 한 유명한 남성이 트위터 메시지를 통해 그녀가 지금 세대의 로잘린드 프랭클린이라고 말해서 놀랐다고 했다.

"'아 안 돼, 난 더 오래 살고 싶은데' 이런 생각이 들더라고요. 프랭클린은 암으로 요절하지 않았나요?" 페이-페이가 내게 물었다.

나는 프랭클린이 38세에 난소암으로 죽은 건 맞지만, 그 메시지는 DNA를 발견한 프랭클린이 노벨상을 받지 못한 것에 대해 언급한 것 같다고 말해주었다.

"페이-페이 씨가 이미지넷* 구축에 노력을 쏟았는데 다른 사람이 그 공로를 인정받은 일이 있지 않았나요?" 나는 기계 학습

---

* 세계적인 이미지 데이터베이스 - 역주

부문에서 페이-페이가 거둔 위대한 성과 한 가지를 언급하며 물었다.

"솔직히 전 그렇게 생각하지 않아요." 그녀가 말했다.

중국 청두에서 자란 페이-페이는 "저에게 순응하라고 강요하지 않는 집안 환경을 만들어준 부모님께 항상 감사해요"라고 말했다. 그녀의 부모님은 페이-페이에게 독립적 사고를 장려했다. 그녀는 자신이 '전형적 의미의 저항자는 아니지만' 선생님들과 이웃들이 갖는 여성으로서의 기대를 무시했다고 말했다. 그녀는 16세에 뉴저지의 작은 마을로 이사했다. 그 당시엔 영어를 거의 못 했는데 단기간 안에 영어를 배워 습득했으며, 프린스턴 대학에 장학생으로 입학해 우수한 성적으로 졸업했다.

"제가 유년 시절에 성별 의식 없이 제 본연의 모습으로 자유로웠던 게 도움이 많이 되었어요." 그녀가 말했다.

내가 만난 수많은 천재 여성들과 마찬가지로 페이-페이 역시 세상을 무의식적으로 남성, 여성 그리고 자기 자신으로 구분했다는 생각이 들었다. 페이-페이가 꼭 그런 식으로 표현하진 않겠지만, 그렇게 구분하지 않고서야 한계와 분류를 선호하는 세상에서 여러 면모를 갖춘 사람이 된 이유를 어떻게 설명할 수 있을까? 천체물리학자 조 던클리 — 두 아이 엄마다 — 와 분자생물학자 셜리 틸먼 — 두 아이 엄마이자 손주들도 있다 — 처럼 페이-페이는 남성적인 사람이 되려고 애쓰지 않았다. 하지만 여성을 폄하하고 제한하는 성별 관습에 자신이 맞지 않는다는 사실을 젊을 때부터 알았다. 그렇다면 유일하게 남은 범주는 고유한 자기 자신이다. 남성 대 여성이라는 이분법을 초월하여 자기 방식으로 성공하는 자기 자신 말이다. 관습에 순응하시 않고 성취에서 성별을 인식하지 않는 자기 자신.

나는 페이-페이에게 이에 대한 질문을 던졌다. 그러자 그녀는 열정을 쏟을 대상을 찾던 초창기에 자신을 그저 과학자로만 생각했다고 인정했다. 그녀는 시간이 지난 이후에 '여성 과학자'라는 신분이 생겼고, 그때부터 이전에 무시했던 제약들을 돌아보게 되었다. "이 일을 하면서 이제 그 문제들을 좀 더 인식하게 되었어요. 저와 함께 다른 여성들을 끌어 올려주어야 할 책임감도 느끼죠."

이는 내가 예전에 들어본 적이 있는 궤도였다. 천재 여성은 주위에 시선을 주지 않고 일에 집중한다. 그러다 자신이 여성이라는 이유로 세상이 자신을 제한한다는 사실을 인지하기 시작하면, 자신이 누구이고 무엇이 될 수 있는가에 대한 가능성을 곧바로 한정지어 버린다. 암묵적인 한계를 무시하고 높이 올라서야만 자신의 고유한 위치를 바람직한 일에 이용할 수 있다. 내가 인터뷰했던 모든 여성이 그렇게 했다. 그 여성들은 닫힌 문들을 통과하여 일단 저편에 서게 되면, 그 문들을 활짝 열어둘 방법을 찾았다. 나는 조 던클리가 옥스퍼드 대학에 있을 때 남성밖에 없는 첨단 과학 수업에서 손을 들어 질문하는 데 망설이지 않았고, 자신과 관련이 없어 보여서 물리학계 여성들 세미나에 참석하지 않았다고 한 말을 떠올렸다. 조 던클리는 '과학계에 있는 여성이라고? 아니, 난 그저 과학자일 뿐이야'라고 생각했다고 한다. 그녀는 아주 특별한 수준의 성공을 거둔 후에야 지난날을 돌아보며 자신이 예전에 무시했던 편견의 의미를 이해할 수 있었다. 반면에 페이-페이는 젊었을 때부터 그러한 성별 기대를 알아차리긴 했지만 이를 무시했다. 저명한 위치에 오른 후 자신이 예전에 무시했던 것에 변화를 주어야겠다고 다짐했다. 그녀는 자신이 지도한 학생이었던 올가 러사코브스키Olga Russakovsky ― 현재 프린스턴 대학의 조교수 ― 와 그 분야의 다양성과 포괄성을 촉진하기 위해 'AI4ALL'이라는 조직을 공동 설립했다.

⚛

페이-페이는 기계의 가치가 인간의 가치라는 점을 자주 강조해왔다. 만일 인공지능을 선善을 위해 쓰고 싶다면 ― 이는 그녀의 총체적 목표다 ― 응용 프로그램을 만들기 위한 다양한 관점을 지닌 사람들이 필요하다.

"왼손잡이용 가위를 만들려면 왼손잡이인 사람들이 필요하죠. 오른손잡이인 사람들은 오른손잡이용 가위를 사용해왔기 때문에 기술이 미비하다는 생각을 전혀 하지 못해요." 페이-페이가 내게 말했다.

어떤 범주와 한계 밖에서 자신을 바라보고 '자기 자신'이라는 직함에 편안함을 느낄 때 창의적으로 생각할 수 있다는 이점이 있다. 한계가 없고 틀에서 벗어난 사고는 천재에게 필요한 요소다. 페이-페이가 인공지능 분야에 발을 들여놓았을 때, 과학자들은 컴퓨터에 사물을 인식하는 법을 가르치기 위해 점점 더 복잡한 알고리즘을 고안하고 있었다. 페이-페이가 설명한 대로, 만일 컴퓨터가 고양이를 인식하게 하려면 고양이는 동그란 눈에 끝이 뾰족한 두 귀, 긴 몸과 구불거리는 꼬리를 지녔다는 수학적 언어를 컴퓨터에 입력해야 한다. 하지만 몸을 웅크려서 털로 덮인 몸만 보인다면? 혹은 의자에서 뛰어 내리는 고양이라면? 컴퓨터가 배워야 하는 매개변수가 수없이 많아진다.

페이-페이는 완전히 다른 방향으로 생각하기 시작했다. 경험을 통해 아기가 학습하는 것과 같은 방식으로 컴퓨터를 가르치는 것은 어떨까? 페이-페이는 아이의 눈을 생물학적 카메라로 생각한다면 세 살 즈음엔 아이가 수억 개에 달하는 현실 세상의 광경을 보게 된다는 점을 깨달았다. 페이-페이는 이 사실에서 영감을 얻었다. 그래서 대부분의 과학자처럼 더 많은 매개변수와 자료를 만드는 대신, 컴퓨터에 가능한 한 많은 이미지를 보여주고 스스로 학습하게 했다. 모든 사람이 페이-페이에게 그 방법은 잘못되었으며 절대 효과가 없을 거라고 말했다. 하지만 그녀는 '이미지넷'이라 불린 프로젝트에 착수하여 인터넷에 있는 약 10억 개의 이미지들을 수집하고 분류했다. 이어서 이를 신경 회로망에 기반한 기계 학습과 연결 지었다. 그 결과는 획기적이었다. 그녀의 컴퓨터가 어떤 이미지를 보고 그것에 관한 간단한 이야기를 할 수 있게 된 것이다.

현재 페이-페이의 기술은 인공지능의 모든 부분에서 사용되지만, 그 당시에는 급진적인 개념이었다. 나는 온통 의심하는 사람들 속에서 어떻게 그토록 추진할 용기를 냈는지 페이-페이에게 물었다. 그러자 그녀는 자신이 과학자라는 점을 정중하게 상기시켜주었다. 그녀는 감정적이지도 않거니와, 폭풍우 치는 한밤중에 그 프로젝트에서 손 떼라는 협박 전화를 받은 적도 없다. 그저 사람들의 반대를 자세히 분석한 후 자신을 포기하게 할 만큼 설득력이 없다는 점을 파악했을 뿐이었다.

"제겐 이것이 생산적인 방향이기에 우리가 반드시 시도해야 한다고 믿을만한 충분한 근거가 있었어요. 그 당시에 제가 전적으로 옳고 그들이 전적으로 틀렸다고 말할 수는 없었어요. 하지만 그들이 제게 안 된다고 하는 말에 신경을 쓰지 않았죠. 그보다 더 중요한 건, 이 프로젝트를 잘 수행하는 일이었어요. '어떻게 진행하여 제대로 완성할까?'를 고민했죠." 페이-페이가 말했다.

와우. 나는 내 삶에서 페이-페이 같은 용기를 낸 시점이 있었는지 생각해보려 애썼다. 도무지 생각나지 않았다. 나는 내가 독립적이고 강인하다고 믿는 것을 좋아한다. 하지만 평범한 가치관을 지닌 전형적인 부모 밑에서 자랐고 '호감을 주는 여성' 병에 걸렸다. 나는 사람들이 나를 좋아해 주길 바랐다. 그리고 나는 항상 나보다 더 많은 것을 아는 사람이 있다고 생각한다. 누군가 내게 '안 돼'라고 말한다면 아마 나는 논쟁한다거나 내가 옳다고 생각하지 않을 것이다. 그 자리를 피한 후에 더 잘 받아들여질 무언가를 시도할 것 같다. 거리에서 여자아이들이 'THE FUTURE IS FEMALE(미래는 여성의 것)'이나 'GIRLS CAN DO ANYTHING (소녀는 뭐든 할 수 있어)'이라고 쓰인 티셔츠를 입고 다니는 모습을 본다. 그럴 때면 그 아이들이 작은 왕관을 쓴 상태에서 전한 메시지가 얼마나 의미있을지 의구심이 들곤 한다. 남에게 좌우되지 않고 현재 상황에 도전해야 한다고 뼛속 깊이 믿기란 누구에게나 쉽지 않은 일이다. 특히 여성에게는 거의 불가능하다. 하지만 천재로서 파장을 일으키고 싶다면 이는 꼭 거쳐야 할 중요한 단계다.

페이-페이는 절대로 한계선 안에 머물지 않았다. 한계를 뛰어넘어 사고하는 능력은 그녀가 지닌 천재성 일부다. 그리고 이런 능력은 내가 만난 많은 여성이 공통적으로 지닌 천재성이기도 하다. 그런데 18세기 철학자 임마누엘 칸트는 천재란 기존에 있는 것을 모방하기보다 독창적인 것을 만들어낸다고 말하면서도 여성들을 열렬히 지지하지 않았다. 그가 내린 정의에 의하면 천재는 폭넓게 사고하는 특출한 사람이다. 여러 한계선 밖에 존재하는 여성은 독창적인 것을 만들어낼 능력을 이미 갖췄기에 천재가 되기 위한 첫 단계를 통과한 셈이다. 그러니 그가 했던 말을 상기시켜주며, 성별 기대를 무시할 수 있는 여성은 모든 한계를 무시할 만큼 스스로 강인해진다고 지적해주고 싶다.

대부분의 교수가 한정된 분야에서 연구하지만 페이-페이는 분야를 대담하게 넘나드는 박사 논문을 썼다. 마침내 현실 세상을 직시했을 때 인공지능에 대한 그녀의 관점은 일반적인 컴퓨터 과학자들보다 훨씬 앞서 있었다. 지식의 요술사인 페이-페이에겐 함께 연구할 두 명의 조언자가 필요했다. 그녀는 스스로의 조언자 역할까지 해내는 인문주의자이자 인지신경과학자, 그리고 물리학자로 살았다. 그녀는 인공지능을 단순히 자율주행차를 위한 도구로 생각하지 않았다. 그녀는 가장 최근의 연구에서 건강관리와 병원에 변화를 주고 평등을 촉진하는 데 인공지능을 어떻게 활용할 것인지 심사숙고하고 있다. 소심한 태도로는 4차 산업 혁명(인공지능이 이렇게 불리고 있다)의 선구자가 될 수 없다.

페이-페이는 페이팔, 테슬라, 스페이스X의 창립자로 자수성가한 갑부인 일론 머스크와 나눈 대화에 대해 말해주었다. 인공지능과 함께 맞이할 잠재적 운명에 대해 논의하던 중 그는 페이-페이가 미래를 낙관하자 놀라움을 표했다고 한다. 그녀는 인공지능을 긍정적인 기술로 만들기 위해 모든 일을 다 할 거라고 설명했기 때문이다.

"그가 저한테 그 분야에 많은 관심을 쏟는 이유가 뭐냐고 묻기에 '전 엄마니까요'라고 답했죠. 그 말을 이해한 그가 웃더군요. 이건 미래에 관한 것이죠. 단순히 괴짜 같은 열정이 아니라."

나는 이런 것이 우리에게 여성 과학자가 필요한 또 다른 이유가 아닐까 잠시 생각해보았다. 흔히 여성 과학자들은 발견의 인본주의적 측면을 생각하기 때문이다. 하지만 나는 여성들이 더 잘하는 일에 대해 칭찬하는 것을 좋아하지 않는다. 이러한 사실의 이면을 생각해보면 여성들이 좀 더 못하는 무언가도 있다는 의미이기 때문이다. 또한, 남녀에 대한 여느 일반론이 그렇듯 이것이 모든 개인에게 들어맞는 것이 아니기도 하다. 인본주의자와 과학자 사이의 경계는 흔히 모호하다. 남성들과 아버지들도 미래에 투자하며, 여성들이 건강관리, 교육, 평등에 대해 남성들보다 더 진지하게 생각해야 한다는 명확한 이유도 없다. 게다가 페이-페이는 알베르트 아인슈타인과 에르빈 슈뢰딩거 같은 20세기의 위대한 물리학자들에게 영감을 받았다고 내게 말했다. 그녀는 그들이 인생 후반부에 방정식에서 벗어나기 시작해 좀 더 깊이 있는 질문을 던졌다고 했다. "전 그 불빛의 신호를 따라가다가 제가 원자보다 삶에 더 관심이 많다는 걸 깨달았어요." 그녀가 말했다.

페이-페이는 자신이 꿈꾸는 긍정적인 미래를 실현할 가능성이 크다. 독창적이고, 남다른 사고를 하며, 자신이 아는 모든 것을 새로운 방향으로 활용하기 때문이다. 그녀는 고정관념과 사회적 기대를 벗어난 지점에서 살고 있다. 남성이나 여성으로 규정되지 않는다. 그녀는 자기 자신이고 페이-페이 리다. 그 누구도 그녀와 똑같지 않다.

분명히 말하지만 남성, 여성, 자기 자신이라는 구분은 성적 취향이나 누구와 함께 잠을 자는가와는 아무 관련이 없다. 이는 당신의 능력과 가능성에 대한 한계를 의식하지 않는 것과 관련이 있을 뿐이다. 페이-페이는 대학원 시절에 만난 동료 인공지능 과학자와 결혼했다. 두 사람은 서로 다른 학교에서 수년을 보낸 후 현재는 모두 스탠퍼드 대학에서 인공지능과 연관된 분야에서 연구하며 두 어린 자녀를 키우고 있다.

�҂

나는 제2세대 페미니스트로서 활발한 활동을 해온 한 멋진 노장 여성에게 남성, 여성, 자기 자신이라는 개념에 대해 말해주었다. 제2세대 페미니스트는 1960년대 말에 의식을 고취하는 모임을 결성하여 여성의 평등을 위해 행진하고 시위했던 대담한 여성들을 말한다. 그녀가 볼 때 여성들이 사회적으로 규정된 고정관념을 벗어나 자신을 볼 수 있게 되는 것은 유익한 점밖에 없었다.

"1960년대에 여성은 자아에 대한 정의, 그러니까 제니스 씨가 말하는 '자기 자신'을 만들어내고 싶어도 수많은 제약과 싸워야 했어요." 그녀가 내게 말했다.

사회의 모든 것이 당신을 제한된 구석으로 몰아넣을 때 독창적이고 자유로워지기 어렵다. 그 당시 여성들에게 여러 권리가 허락되지 않았다는 사실이 지금으로썬 상상도 할 수 없는 일이다. 그 시기에 여성은 자신의 은행 계좌에 남편이 공동 서명을 해주어야만 했고, 자기 이름으로 된 신용 카드도 발급받지 못했다. 부부 사이의 강간이라는 개념도 존재하지 않았다. 뉴욕처럼 생식

권에 대해 진보적인 성향을 보인 주에서도 여성이 낙태 수술을 받으려면 결혼을 해야 했다.*

어쩌면 이러한 제약들이 상상도 되지 않을 것이다. 여성들을 계속 제한하고 순종하게 만드는 사회들이 여전히 존재한다. 너무 끔찍한 사회적 체계들도 많이 있다. 미국인들은 미국 헌법을 위대한 문서로 존중하지만, 거기에 '여성'이라는 단어는 전혀 등장하지 않는다. 남녀평등 헌법 수정안은 그동안 가결되지 못했다. 미국에 수많은 법이 있지만 어떤 것도 남성과 여성이 가정생활과 직장생활의 균형을 이루는 데 도움이 되지 못하고 있다. 미국은 선진국들 가운데 법적인 유급 출산휴가 제도가 없는 유일한 나라다.** 모든 부모 또는, 한 부모는 이 문제를 각자 알아서 해결해야 한다.

미국은 이 문제에서 후진적으로 보이는 열외 국가가 되기로 선택한 것이다. 미국은 1964년이 되어서야 고용차별을 없앴는데 이는 순전히 우연하게 일어난 일이었다. 일부 의원들이 인종, 종교, 국적에 따른 차별을 금지하는 '민권법 제72장'의 법안 통

• 뉴욕에서 결혼하지 않은 여성이 낙태 수술을 허가받기 위해 금반지를 끼고 남자 친구와 함께 병원에 가는 경우도 있었다. 낙태금지법이 실제로는 얼마나 많은 여성을 처벌하고 여성의 몸을 남성의 통제하에 두기 위한 것이었나 하는 의문이 들 수밖에 없다.

•• 유엔에 속한 193개국에 대한 조사에 의하면 국가 차원의 유급 출산휴가 제도가 없는 나라는 미국, 파푸아뉴기니, 수리남뿐이다. 태평양 지역의 일부 섬나라도 이러한 제도가 없다. 하지만 이런 나라들에는 적어도 근사한 경치가 있지 않은가.

과를 저지하기 위해 막판에 '성性'과 관련된 문언을 추가 제안했다. 그들은 직장에서 여성들을 동등하게 대해야 한다는 내용을 추가하면 결국 그 법안 통과가 무산될 거라고 생각했기 때문이다. 하지만 실제로 그렇게 되지 않았다. 그래서 임신했거나 출산했다는 이유로 여성을 해고하지 못하게 되자, 적어도 여성이 겪는 그 과정을 힘들게 만들기로 한 것이다. 아주 힘들게 말이다. 이게 바로 미국의 정치인들이 ─ 혹은, 유급 육아휴직 제도의 부재가 ─ 일으키고 있는 현상이다.

이제 나의 제2세대 페미니스트 친구에 관한 이야기로 돌아가 보자. 그녀는 자신의 말이 많은 논란을 일으킬 수 있으므로 자신의 이름을 밝히지 말아 달라고 요청했다. 80세 전후에, 누가 소셜 미디어에서 논란의 대상이 되고 싶겠는가?

그녀가 던진 질문은 이러했다. 만일 정말로 우리 사회가 성별 제한이 완화되고 고정관념이 사라진 상태가 되었다면 자신을 논바이너리*라고 밝히는 학생들이 그렇게 많을 수 있을까? 만일 타고난 성별에 상관없이 어떤 일이든 허용되었다면 자신은 어떤 성별도 아니라고 표현할 필요가 있을까? 논바이너리라는 명칭의 필요성은 관대하지 못하고 성차별적인 사회가 반영된 것이 아니었을까?

....

* 성별 이분법에 저항하며 만들어진 용어로 남성과 여성이 아닌 제3의 성이라는 뜻 ─ 역주

나는 이에 대한 대답을 듣지 못했다. 그녀는 이와 같은 질문들이 대서양을 사이에 둔 양쪽 대륙에서 페미니스트의 폭발 지점이 되었다고 언급했다. 그녀는 정치적 논쟁에 말려들지 않으려고 했다. 하지만 자신이 평등을 위해 오랫동안 싸웠음에도 논바이너리가 모든 이의 다양성을 이해하는 방식이 아닌, 그 자체로 한 부류가 되어버린 사실이 황당하면서도 애석하다고 했다.

"만일 '너'와 '나'가 될 수 있는 진정한 자유가 주어진다면 우리 모두가 자신을 있는 그대로 받아들였으면 좋겠어요."

나는 그녀의 말에 미소를 지었다. 마를로 토머스Marlo Thomas의 1972년 앨범 〈너와 나…… 자유롭게〉는 여전히 역대 최고 앨범 100위 안에 들어간다. 지금까지 몇 세대나 이 노래를 듣고 따라 부르면서 자랐다. 하지만 이것이 얼마나 많은 영향을 끼쳤는지는 나도 모르겠다. 이 앨범에 실린 한 곡에서 전직 축구 선수 로지 그리어Rosey Grier는 울어도 좋다고 노래했다.("울면 슬픔이 떠나가네") 스포츠를 좋아하지 않는, 윌리엄이라는 한 남자아이가 할머니에게 인형을 받는 내용의 곡도 있다. 이 할머니는 윌리엄이 아버지가 되는 방법을 배울 수 있기 때문에 인형은 좋은 거라고 말해준다. 자신이 남아인지 여아인지 모르는 두 아이가 등장하는 곡도 있다. 이 여아는 소방관을, 남아는 칵테일바 웨이트리스를 되고 싶어 하며, 이 남아는 쥐를 무서워하는 반면 여아는 무서워하지 않는다. 이건 무슨 의미가 있을까? "표지만 보고 책 내용을 판단할 순 없잖아요." 이 여아가 말한다. 다음 곡에서 이 여아는 자신이 더 크면 예뻐질지, 그 남아가 나중에 키가 더 커질지 묻는다. 그러나 마침내 그것이 중요하지 않다고 결론 내린다. "난 내가 예쁜지 신경 쓰지 않아, 네 키가 클지도 신경 쓰지 않아…… 우린 전혀 바뀔 필요가 없어."

우리는 계속 표지만 보고 책을 판단할 뿐만 아니라, 여성이 쓴 책은 완전히 다른 범주에 넣는다. 이제 쾌활하고 긍정적인 그 노래를 들으면 즐거우면서도 씁쓸하다. 마를로 토머스와 그녀의 유명한 친구들에게 평등의 필요성은 명백했고 중요했다. 그들은 변화의 획기적인 순간에야말로 진정한 자신의 모습을 느꼈다. 그들은 그 희망적인 시대에 자신들이 해야 할 일은 그러한 메시지를 유머러스하고 기억 속에 잘 남는 노래로 전하는 것뿐이라고, 그러면 모두 받아들일 거라고 느꼈을 것이다.

내가 인터뷰했던 모든 천재 여성들은 이를 받아들였다. 구식 고정관념에 순응하는 것은 성공에 이르는 길이 아니었기에, 그녀들은 이를 떨쳐내고 자신을 자유롭게 만들어…… 천체물리학자, 공학자, 노벨상 수상자가 되었다. 설령 사회 전체가 마를로 토머스의 노래에 귀 기울이지 않고 남녀 사이의 엄격한 선을 포기하지 않으려 했다 해도, 그녀들은 자신을 위해 그러한 선 밖으로 나왔다. 그리하여 자유롭게 자기 자신이 되었다.

내가 아는 아주 똑똑한 변호사는 한 유명 회사의 파트너이고 매해 뉴욕 대학 법학부에서 한 강의를 맡는다. 그녀는 학생들을 좋아하고 자신의 지식과 경험을 공유하는 일을 즐긴다. 최근에 그 대학 측에서 새로운 지침을 발표했다. 학기가 시작될 때 학생들에게 어떤 인칭 대명사를 선호하는지 조사한 후, 만일 전형적인 'he'와 'she'가 쓰이지 않기를 바라는 학생이 있다면 교수들이 모든 학생에게 'ze*'를 사용하는 것을 고려해야 한다는 지침이었다. "강의실에서 "지$_{ze}$ 말이 맞아요"라고 그 지칭어를 처음 썼을 때 옛날 러시아어 악센트를 흉내 내는 기분이었어요." 그녀가 웃으며 내게 말했다. 이를 순전히 어리석은 행동이자 과도한 정치적 정당성으로 일축하기 쉽다. 각지 대학에서 외래 교수로 있는 나의 다른 친구들도 이와 비슷한 경험을 했다. 하지만 나중에 생각해보니 만일 'ze'나 그와 비슷한 인칭 대명사가 채택된다면 지금 세대의 마를로 토머스의 앨범 같은 것이 아닐까라는 생각이 들었다. 학생들은 성별 기대와 고정관념에 얽매이지 않고 자유롭게 활약하고 싶어 한다. 성별 구분을 없애는 것이 삶의 선택이라기보다, 캠퍼스 내 화장실 선택에 대한 것으로 다소 왜곡되긴 했지만 정말 중요한 것은 전자다. 1960년대에 여성들은 여성의 신원이 결혼 여부에 따라 결정되지 않는다는 것을 나타내려고 '미즈$_{Ms}$'라는 호칭을 만들었다. 그 당시에 리처드 닉슨과 일부 고루한 남성들이 공개적으로 조롱했지만 이 호칭은 일리가 있었고 유행했다. 내가 미혼녀든 행복한 유부녀든지 간에 그게 나를 나타내는 주된 명칭은 아니다. 솔직히 그건 그 누구도 상관

---

* 성별 중립 인칭 대명사 – 역주

할 일이 아니다.

성공하려고 노력하는 똑똑한 여성들이 직면하는 제약에 대해 말할 때 우리는 니체의 명언에서 따온 '나를 죽이지 못하는 시련은 나를 더 강하게 만들 뿐이다'라는 말을 꺼내게 된다. 그러나 실제로 편견은 유능한 여성들의 용기를 죽이는 기능을 한다는 점이 문제다. 이 여성들은 세상의 기대에 더 잘 맞는 것을 시도하기 위해 방향을 틀어버린다. 당신이 누구든지 간에 남성과 여성으로 구분되는 세상에서 '자기 자신'으로 빛나는 일은 생각보다 어렵다.

⚛

얼마 전에 나는 남편과 함께 매디슨 가街에 있는 고급 상점에서 남편의 비싼 정장을 샀다. 판매원은 담청색 넥타이를 매주고 파란색과 베이지색이 섞인 아주 세련된 포켓스퀘어를 꽂아주었다. 남편은 아주 잘생겨 보였다. 몇 주 후, 친구 결혼식이 있어서 같이 외출 준비를 할 때 남편은 새로 산 그 정장을 입었다. 남편은 포켓스퀘어를 대 여섯 번 꽂았다 뺏다 반복했다. 원래 우유부단한 사람이 아니라, 마침내 내가 왜 그러느냐고 물었다.

"나한테 포켓스퀘어가 어울리는지 잘 모르겠어." 남편이 말했다.

"남자답지 않은 것 같아?" 내가 물었다.

남편은 무뚝뚝하게 고개를 끄덕였다.

우리는 결혼 생활을 오랫동안 해왔다. 내가 남편을 대신해 자랑할 생각은 없지만 남편의 남자다움에는 의심의 여지가 전혀 없다. 남편은 그 점을 알고 나 역시 그렇다. 그리고 남편은 내가 아는, 성차별과 가장 거리가 먼 사람들 가운데 한 명이기노 하다. 남편은 항상 육아의 50% 이상을 기꺼이 떠맡아서 완벽한 공동 육아를 했다. 남편은 인형을 갖고 싶어 하는 윌리엄을[*] 이해했고 자기 일만큼 나의 일도 중요하게 여겼으며, 일요일 아침에는 팬케이크를 나보다 훨씬 더 잘 만든다. 그런 남편이 남성이나 여성에게 적합한 것이라고 만들어진 인위적 분류 때문에 괴로워하고 있었다.

그 일을 계기로 나는 남성들에게도 측은함을 느꼈다. 물론 그렇게 많이 측은한 건 아니다. 포켓스퀘어에 대한 잠재적 편견은 천재적인 천체물리학자, 화가, 철학자의 꿈을 실현하지 못하게 가로막는 편견보다는 해결하기가 수월하다. 하지만 일반적인 요지는 비슷하다. 성별에 따른 구분은 확장보다는 축소를 야기한다는 점이다.

150년 전, 영국의 시인이자 철학자인 새뮤얼 테일러 콜리지는 이렇게 말했다. "위대한 정신은 반드시 양성의 특징이 있어야 한다는 것이 진실이다." 컬럼비아 대학교의 저명한 교수이자 영문학과에서 여자 교수 최초로 종신 재직권을 얻은 캐롤린 골드

---

[*] 비전통적인 성 고정관념을 다룬 동화 『윌리엄의 인형 William's Doll』에서 어린 소년 윌리엄은 인형을 보살피고 싶어 한다 – 역주

하일브런Carolyn Gold Heilbrun은 1970년대 초에 이렇게 주장했다. "우리는 성별의 감옥에서 우리를 해방해야 한다." 천재성과 창의력은 엄격한 성별 기대와 한계에 얽매이지 않을 때, 혹은 '남성다움'과 '여성다움'이라는 유해한 정의에 연연하지 않을 때 생겨난다.

　내가 아는 것은 이렇다. 내 남편은 담청색 옷이 아주 잘 받지만 모든 남자가 그런 것은 아니다. 페이-페이 리는 자신의 분야에서 훌륭한 명사지만 모든 여성이 그녀와 필적할 수 있는 것은 아니다. 사회적 기대를 무시하고 자신의 재능을 파악하여 이를 강화하기 위해 할 수 있는 모든 일을 할 때 우리는 최선을 다하는 것이다. 남성과 여성을 규정하고, 탐험과 창조를 가로막는 진부한 아이디어에 얽매이면 천재나 독창적인 사람이 되지 못한다. 내가 만난 모든 천재적인 여성들은 비이성적인 경계에서 빠져나와 즐겁고 자유롭게 자기 자신이 되었다.

7장

스스로 완벽해질 수 있는
천체물리학자

나는 로맨틱 코미디 영화라면 사족을 못 쓴다. 변명은 하지 않겠다. 아무리 강인하고 영향력 있고 자신의 분야에서 진정 천재인 여성이라도 사랑과 낭만을 원할 수 있으니까 말이다. 최근 어느 날 러닝머신을 뛰면서 지금은 고전이 된 로맨틱 코미디 〈제리 맥과이어〉를 보았다. 영화의 매력에 빠져 운동을 계속할 수 있을 거라 생각했다. 하지만 이 영화가 나를 완전히 멈춰 서게 했다. 톰 크루즈가 스포츠 에이전트로 출연한 이 영화는 5개 부문에서 아카데미상 후보에 올랐으며, 미식축구 선수가 반복적으로 외치는 '돈 벌어보자!'라는 대사로 유명하다. 이 영화는 크루즈가 르네 젤위거와의 관계가 악화된 후 그녀가 돌아오길 바랄 때 하는 대사로도 유명하다.

"이번엔 당신을 안 놓칠 거야. 내 말 들어줄 수 있어?……" 그는 그녀의 거실로 불쑥 들어가 강렬한 눈빛으로 말한다. "사랑해. 당신은 날 완벽하게 해."

'당신은 날 완벽하게 해.' 1996년에 우리는 모두 이 대사에 행복한 한숨을 내쉬었다. 하지만 나는 그 영화를 다시 봤을 때 다른 반응을 보였다. 러닝머신 위에서 달리던 것을 잠시 멈추고 되감기 버튼을 눌렀다. '당신은 날 완벽하게 해?' 젤위거가 초롱초롱한 눈으로 그를 보며 이렇게 말했다면 좋았겠다는 생각이 갑자기 들었다. '흠, 그건 당신한텐 좋은 일이네. 하지만 그래서 내가 얻는 건 뭐지?'

그 대사를 할 때의 크루즈는 매력적일 만큼 열정적이고 아주 사랑스럽다. 그가 어떤 말을 하든 거절하기는 힘들 것이다. 하지만 나는 '당신은 날 완벽하게 해'라는 개념이 자꾸 거슬렸다. 그러자 낭만적 세레나데 연보에 자주 반복되는 또 다른 대사가 생각났다. 바로, 영화 〈이보다 더 좋을 순 없다〉에서 잭 니콜슨이 헬렌 헌트에게 한 말이다. "당신은 나를 더 좋은 남자로 만들어 줘요." 이 낭만적인 속삭임은 크루즈의 말 만큼이나 자애적이다. 여기에는 여성이 하는 일이란 남성을 더 나은 사람으로, 더 성공하고 더 행복한 사람으로 만들어주는 것이란 메시지가 내재해 있다. '당신은 날 완벽하게 해', '당신은 나를 더 좋은 남자로 만들어줘요.' 사랑이란 단순히 자신만이 아닌 상대방을 위한 것이 되어야 하지 않을까? 이 두 영화의 각본을 쓴 사람이 모두 남자라는 사실이 조금이라도 놀라운가?

역사를 통틀어 남성은 자신을 완벽하게 해줄 여성을 찾으며 행복해했는데 남성이 생각하는 것은 비단 로맨스만이 아니다. 위대한 작곡가 펠릭스 멘델스존은 스스로 완벽해지기 위해 혹은, 적어도 자신의 작품을 완벽하게 만들기 위해 누나 파니에게 의지했다. 파니는 탁월한 재능으로 자신의 곡을 만들었고, 펠릭스는 누나의 많은 곡을 자신의 이름으로 발표했다. 펠릭스는 자신이 누나에게 호의를 베풀었다고 주장했다. 19세기에 상류층 아가씨들은 자신의 재능을 공개적으로 과시할 수 없었다. '그런 아가씨와 누가 결혼해줄 것인가?'라는 생각 때문이었다. 남성들이 여성들을 '보호'하는 시절에 흔히 그랬듯, 이러한 현실은 펠릭스에게도 유리하게 작용했다. 그는 파니의 곡으로 자신이 모든 공을 차지했다. 파니의 곡 가운데 일부는 그의 곡보다 훨씬 뛰어났다. 파니는 특히, 독일 가곡인 '리트$_{Lieder}$'에 재능을 보였다. 펠릭스는 누나의 가곡 가운데 6곡 이상을 자신의 이름으로 발표했다. 한번은 빅토리아 여왕이 펠릭스를 버킹엄 궁전으로 초대해 자신이 가장 좋아하는 곡을 만들어준 것에 고마움을 표했다. 그는 어떤 말을 할 수 있었을까? 원작곡자는 파니였는데 말이다.

독일의 부유한 가정에서 자란 파니는 놀랄만한 재능을 지녔고 멘델스존과 동일한 가정교사와 음악 선생님에게 배웠다. 파니는 피아노를 탁월하게 잘 쳤고 12세에 처음 선보인 공연은 굉장히 훌륭했던 것으로 전해졌다.* 하지만 성공적인 공연에도 불구하고 파니는 대중 앞에 다시 설 기회가 한 번밖에 없었다. ― 그것도 한참 이후에 ― 파니의 부모님이 딸의 뛰어난 재능을 자랑스러워하지 않고 우려했기 때문이다. 〈평균율 클라비어곡집〉을 잘 치는 이 아가씨는 사회 기준에 맞춰 결혼을 잘하기 위해 자신의 천재성을 숨겨야 했다. 파니가 14세가 되었을 때 아버지 아브라함 멘델스존은 파니에게 편지를 보내 이렇게 설명했다. '펠릭스는 음악을 계속하여 경력을 쌓아도 되지만, 너에게 음악은 장신구에 지나지 않기 때문에 너의 존재와 행동의 근원이 될 수 없다.'

아브라함도 펠릭스도 파니라는 존재의 근원이 음악이라는 생각을 전혀 하지 못했다. 설령 이를 이해했다 하더라도 신경을 쓰지 않았다. 나는 그 편지 외에 파니의 아버지가 쓴 다른 편지들도 찾았는데 그것들을 읽으며 고통스러울 만큼의 슬픔을 느꼈다. 이는 모차르트의 누나가 직면했던 비통함을 생각나게 했기 때문이다. 작곡에 대한 천재성을 지닌 한 여성은 아버지가 편지에 쓴 대로 '젊은 여자의 유일한 소명은 가정주부가 되는 것'이라며 작곡을 포기해야 한다는 말을 들었다. 나는 이 부분을 읽으며 소름이 돋았다. 한 천재적인 남성에게 신동 소리를 들었던 그의 재능은 훌륭하지만 이제 그 재능을 억누르고 아버지가 되어야 할 때라

• 그녀는 바흐의 〈평균율 클라비어곡집〉의 24개 전주곡을 기억에만 의지하여 연주했다.

고 말하는 장면을 상상해보자. 아마 그는 이 말을 한 사람을 똑바로 보며 말할 것이다. '지금 농담해요? 왜 내가 두 가지를 다 할 수 없다는 거죠?'

파니는 작곡에 대한 열정이 대단했기 때문에, 자신의 재능과 자신을 행복하게 만드는 일을 포기하라는 압력을 받았음에도 불구하고 가곡과 합창곡을 포함하여 약 5백 곡을 작곡했다. 파니는 그 전 세대와 이후 세대의 천재적인 여성들이 그러했듯, 자신의 발상과 음악을 사람들에게 들려줄 방법을 찾아야 했다. 세상이 여성에게 귀를 기울이지 않으려 한다면 여성으로서 어떻게 해야 할까? 파니는 자신의 집에서 일요일 오후에 음악 사교 모임을 열겠다는 굉장히 기발한 생각을 했다. 이 모임은 사적인 파티로 여겨졌지만 티파티보다는 연주회에 더 가까웠다. 파니는 2백여 명을 초대해서 계획한 프로그램대로 진행했다. 이는 공식적인 공개 무대가 아니라 그녀의 집에서만 곡을 연주했기 때문에 사회에서 받아들여졌다. 정말 천재적인 여성이다.

물론 여성들은 더 이상 그럴 필요가 없다. 그렇지 않은가? 하지만 여전히 그렇게 하고 있다. 천재 여성들은 여전히 자신을 드러내는 데 어려움을 겪는다. 이 여성들은 특별히 가정으로 돌아가 아기를 낳아야 한다는 말을 듣진 않는다. 하지만 가정생활과 천재성의 발휘를, 사적인 생활과 공적인 생활을 결합하는 방법을 혼자 고민해야 한다. 이러한 중압감은 파니가 살던 시대만큼 명백하지 않더라도 그만큼 현실적이다. 모든 정치 체계와 사회 체계가 겉보기에 그럴듯하지만 여성에게는 불리하게 설정되어 있다.

파니의 사교 모임은 폭넓은 관심을 받았고 그녀의 음악은 베를린 상류 사회에서 감탄과 화제의 중심이 되었다. 하지만 시간이 좀 흐르자 이것만으로 만족이 되지 않았다. 어린 천재 여성이었지만 대중의 갈채를 받고 싶어 했던 파니는 마침내 용기를 냈다. 그리하여 관습을 무시하고 자신의 이름으로 몇 곡을 발표했는데 놀라운 결과가 발생했다. 여성이 위대한 일을 했다는 이유로 경악하는 사람은 아무도 없었다. 오히려 굉장한 평가를 받았다. 파니는 그 이후 누렸던 짧은 찬사의 시기가 삶에서 가장 행복한 시간이었노라고 말했다. 그리고 애석하게도 톨스토이가 썼을지도 모를 엔딩 장면처럼, 파니는 얼마 후 사망했다.

지금 파니의 작품은 새롭게 관심을 받고 있다. 나는 이제 파니의 남동생 펠릭스 멘델스존에 대해 다시 생각해봐야 할 때라고 생각한다. 파니의 작품을 자신의 이름으로 발표한 펠릭스의 동기는 파니 혼자 힘으로 주목을 받지 못하는 시대에 그녀가 영광과 주목을 받게 하는 것이었다고 말한 평론가들의 글을 읽었다. 그 평론가들은 또 이렇게 말했다. '파니의 작품이 펠릭스의 이름에 걸맞다고 말하는 것보다 더 큰 영광은 무엇인가?'

그래, 그렇다 치자. 하지만 나는 이 말에 동의하지 않는다. 나는 파니가 뛰어난 작곡가이며 어쩌면 펠릭스 본인보다 더 탁월하다는 사실을 그가 알았다고 생각한다. 펠릭스는 11세 이후로 누나에게 음악적 조언을 구했다. 한 선생님이 그에게 단편 오페라를 써달라고 부탁했을 때는 파니가 그를 위해 대신 써주기도 했다. 펠릭스는 누나의 이름으로 된 곡이 많은 사람에게 알려지지 않아서 가책을 느꼈을지 모르지만, 누나가 혼자서 너무 많은 관심을 차지하는 것을 원하지 않은 것은 확실하다. 재능 있는 누나와의 경쟁을 피하려고 누나의 모든 곡을 도용하며 자신의 능력이 뛰어난 척하는 것보다 더 나은 방법이 뭐가 있었겠는가?

만일 파니와 펠릭스의 일화에서 배워야 할 교훈이 있다면 이것이라고 생각한다. 자신을 완벽하게 해달라고 요청하는 남자를 조심하라.

�

이따금 나는 여러 세대에 걸친 여성들을 불러 모아 함께 와인을 마시며 이야기를 나누는 디너파티를 꿈꾼다. 밤에는 침대에 누워 좌석 배치도를 상상해 본다. 파니 헨젤 옆에 엘리제베스 프리드먼Elizebeth Friedman을 앉히고 싶다. 두 사람이 서로의 공통점을 발견하는 데 얼마간의 시간이 걸릴 것이다. 상류층이었던 파니와 달리, 프리드먼은 1900년대 초 인디애나의 한 농장에서 자랐다. 그리고 프리드먼은 작곡을 한 것이 아니라 암호를 해독했다.

프리드먼은 복잡한 퍼즐을 풀고 다른 사람들이 인지하지 못하는 패턴을 보는 데 천재였다. 프리드먼은 1930년대에 미국 해안경비대의 암호 해독자로 일했다. 그때 메시지들을 해독하여 폭력배와 밀수업자의 활동을 막으면서 어느 정도 유명해졌다. 제2차

세계대전 당시에는 나치 스파이를 추적하여 그들이 스파이 활동에 사용하는 암호를 해독하기도 했다. 역시 암호 해독가인 그녀의 남편 윌리엄은 아내가 거둔 성과로 말미암아 많은 명성을 얻었다. 하지만 펠릭스와 달리 그러한 찬사를 피하려고 했다. 윌리엄은 아내가 자신보다 더 똑똑하다고 자주 말했다. 두 사람은 서로만 이해할 수 있는 암호화된 사랑의 편지를 주고받으며 친밀하고 행복한 결혼 생활을 한 것 같다.

프리드먼은 20세기의 정보 수집을 근본적으로 바꾸어놓았다. 프리드먼의 탁월한 암호 해독 덕분에 전쟁에 변화를 줄 정보까지 손에 얻었다. 그녀는 세 가지 다른 에니그마 기계를 분석했다. 이것은 복잡한 회전자로 작동하는 암호 기계로 독일 사람들은 군사 정보를 보낼 때 이 기계를 이용했다. 교묘하게 만들어진 이 기계를 이해하기 위해, 단어의 모든 글자를 알파벳의 다음 글자로 대체하는 단순한 암호를 상상해보자. 이때 GENIUS는 HFOJVT가 된다. 프리드먼 같은 여성은 HFOJVT라는 암호로 쓰인 페이지를 보고 아주 빨리 본뜻을 파악할 것이다. 에니그마는 한 가지 대체 글자를 입력할 때마다 회전자가 돌아가며 다음 글자로 완전히 다른 암호화가 나타나는 전기 기계다. G는 H가 될 수 있다…… 하지만 회전자가 돌아가면 E는 Y가 되고 N은 T가 되는 것이다. 네 개 이상의 회전자가 돌아가면서 글자들의 위치가 달라졌고, 이러한 순열에 다른 복잡성이 더해졌다. 만일 암호를 해독하는 기계가 있었다면 복잡한 패턴을 풀도록 기계를 설정할 수 있었을 것이다. 하지만 그런 기계가 없는 한, 암호화된 글자들은 알아볼 수 없는 패턴이어서 횡설수설하는 말처럼 보였다. 해독 방법이 말 그대로 백경(0이 18개) 가지였다. 놀랍게도 프리드먼은 이 문제를 정복했다. 이는 믿을 수 없는 정도의 놀라운 성공이었다. 그녀의 팀은 4천 개에 달하는 나치의 메시지를 해독했고, 이는 스파이 정보망을 없애고 사람들의 목숨을 구하는 데 일조했다.

프리드먼의 남편은 프리드먼을 지지하고 기꺼이 그녀에게 공을 돌리려 했지만, 그녀의 상사이자 FBI 국장이었던 존 에드거 후버는 그러지 않았다. 직업적으로 자신을 완벽하게 만들기 위해 혹은, 적어도 자신의 이미지를 좋게 만들기 위해 똑똑한 여성을 이용하는 남자는 흔히 존재한다. 전쟁 당시 프리드먼의 성공 이후 후버는 자신이 포상을 받기 위해 이야기를 바꾸었다. 그는 뻔뻔하게도 전쟁 연보에서 프리드먼을 빼고 자신이 영예를 차지했다. 프리드먼이 국가 안보를 위해 암호 해독에 헌신을 다했는데 후버가 자신을 영웅으로 만든 것이다. 프리드먼은 세상에 도움이 되고 싶어 했던 천재 여성이었다. 후버는 도의심 없는 권력자였다. 이 싸움에서 누가 이길까? 연보에서 한 여성을 지우는 것은 그가 하루 동안 하는 허무맹랑한 일 가운데 하나일지도 모른다.

후버에겐 프리드먼처럼 암호 해독이라는 천재적 위업을 달성할 지적 능력이나 인내가 없었을 것이다. 그런 그가 여성과 남성이 어떻게 인식되는지 알려주는 암호는 쉽게 이해했다는 사실에 진저리난다. 암호를 해독하는 천재 여성이 탁월한 기술로 나치의 정보망을 파괴하여, 그 전쟁의 최고 영웅 가운데 한 명이 되었다는 사실에 사람들은 놀랐으리라. 낡은 규범을 지키기 위해 엉뚱한 남성이 영웅이 되어왔다는 사실에도. 여성들이 이룬 성취를 아무도 믿지 않는 한, 남성들이 자축하며 모든 공을 차지하기란 손쉽다.

　나는 파니와 프리드먼이 나의 상상의 디너파티에서 서로 이야기를 나누며 좋은 시간을 보내길 바란다. 아마 할 이야기가 아주 많을 것이다.

⚛

　나의 환상적인 디너파티를 위해 멕 어리Meg Urry에게도 역사적인 손님과 함께해달라는 정중한 초대장을 보내고 싶다. 물론 어리는 현실 디너파티에도 초대할 수 있다. 어리는 초거대 블랙홀을 중심으로 먼 은하계를 연구하는 천재 물리학자로서, 지속적으로 과학을 발전시키는 동시에 여성들도 발전시키려고 노력하고 있다. 어리는 파니 헨젤과 엘리제베스 프리드먼과 나란히 앉아, 21세기 여성들이 자신의 천재성을 스스로 인정하고 세상에 알릴 때 여전히 직면하는 어려움에 대해 전할 수 있을 것이다.

　나는 약 15년 전에 어리를 처음 만났다. 그때 어리는 몇몇 예일대 동창생과 점심식사를 하며 자신의 연구에 대해 이야기했다. 나는 단순히 어리에게 감탄만 한 것이 아니라 그녀가 되고 싶었다. 어리처럼 우주를 이해하는 내 모습을 상상하며! 나이가 서로 비슷했기에 내가 만일 예일대 학생 시절로 돌아가게 된다면 그저 어리와 함께 물리학을 공부하고 싶다는 생각이 들었다. 어리는 우리가 이전에 전혀 상상하지 못했던 가능성을 열어주는 일종의 롤모델이다.

어리의 경력은 실로 대단하다. 어리는 나사의 허블우주망원경을 운영하는 연구소의 소장으로 일하다가, 예일대의 요청으로 물리학과의 첫 여성 종신교수가 되었다. 훌륭한 연구와 그에 걸맞은 처신으로 단시간에 학과장이 되었고 ─ 역시 물리학과에서 첫 여성 학과장이다 ─ 그녀의 전문 분야에서 가장 많이 인용되는 전문가 중 한 명이다.

나는 어리를 다시 만나기를 간절히 원했기에 그녀의 바쁜 일정에 시간을 맞추었다. 그리하여 뉴헤이븐의 예쁜 거리에 소재한, 흰색 기둥이 있는 저택 내의 큰 사무실에서 마침내 어리를 만났다. 우리는 포옹을 한 후 자녀들과 일에 관한 이야기를 나누었다. 어리는 내가 그녀에 대해 이상화된 이미지를 품고 있음을 알고 웃음을 지었다. 그러더니 자신이 근사한 이력과 자신감을 지녔지만, 사실 그동안 모든 것이 수월했던 것은 아니라고 분명하게 말했다. 어리는 여성이라는 이유만으로 그녀를 폄하하려고 했던 남성들을 수년 동안 상대했다. "그건 단순히 누군가가 '우린 여성을 원하지 않는다'라고 말하는 것과 달라요. 사람들은 여성이 과학계에서든 어떤 분야에서든 리더가 될 수 있다는 생각 자체를 하지 않기 때문에 더 미묘한 차별이 존재하죠."

그러한 개념이 비단 남자들의 머릿속에만 있는 것은 아니다. 예일 대학의 일부 저명한 여자 교수들이 참석한 한 회의에서 회의 준비자가 모두에게 자기소개와 함께 각자의 전문 분야를 설명해달라고 부탁했다. 어리는 대부분의 여성이 난색을 보여서 어리둥절했다. 그녀들은 자신의 강점을 말하는 대신 "전 전문가라고 말할 순 없지만 ……에 대해선 잘 알아요"라든가, "저는 ……는 굉장히 잘해요"라는 식으로 말했다. 그 말을 한 사람들은 모두 예일 대학의 종신교수였다. "종신 재직의 기준은 해당 분야에서 세계적인 권위자여야 하고, 대학에서 자신의 권위를 말할 수 있는 능력이 있어야 하는 거죠." 어리가 말했다. 그런데 왜 그런 현상이 일어났을까? 어쩌면 이러한 현상은 몇 세대에 걸쳐 여성들이 겸손이라는 이름 아래 자신의 재능을 억지로 감춘 결과로 나타난, 일종의 외상 후 스트레스 장애일지 모른다. 여성들은 어떤 분야에서 완벽한 전문가로 성공을 거두더라도, 너무 겸손해서 그렇게 말하지 않거나 — 여아들은 '자랑하지 마라!'는 말을 듣고 자란다 — 자신의 재능을 온전히 믿지 못한다. "투지가 넘치는 여성이라도 자신이 성취하지 못한 것만 신경 써요. 반면, 일반적으로 남성들은 자신이 주의의 기대를 넘어선다고 생각하죠." 어리가 말했다.

누구나 이런 현상을 목격하기 때문에 나는 고개를 끄덕였다. 몇 년 전, 나는 내가 편집장을 맡았던 대형 잡지에 실을 어리의 훌륭한 업적에 관한 표지 기사를 그녀에게 써달라고 부탁했다. 어리는 그 표지 기사가 실린 이후 두 가지 유형의 이메일을 받았다고 말했다. 그중 한 가지는 전세계 여성들이 자신에게 영감을 주어서 감사하다는 말을 전하는 유형이었다. 다른 한 가지는 남성들이 대개 '암흑에너지를 이해하지 못하시나 본데 제가 설명해드리죠'라는 식의 견해를 드러낸 유형이었다. 어리는 열 살짜리 남자아이가 보낸 이메일을 받았을 때 친절하게 답장을 보냈다. 그 답장에서, 언젠가 이러한 중요 개념에 대한 사람들의 이해를 돕도록 수학과 물리학을 계속 공부하라고 권했다고 한다. 그러자 그 남자아이는 성가신 답장을 보냈다. '그런데 제가 앞서 물어봤던 이론 얘기는 왜 안 하신 거예요?'

어리는 고개를 절레절레 저으며 그 일에 대해 말했다. "남자들이 보이는 전형적인 반응이라는 생각이 들더군요."

나는 어리가 한 말의 의미를 정확히 알았다. 그 글이 실리고 얼마 후, 새로 부임된 CEO가 우리 잡지부에 와서 이전 호 잡지들을 살펴보다가 어리의 커버스토리에서 멈칫했다.

"그거 알아요? 실제로 블랙홀 같은 건 없어요." 그는 잘난 체하는 미소를 지었다. "그건 그냥 천문학자들이 자신이 이해하지 못하는 모든 걸 부르는 말이에요."

"왜 그런 말씀을 하시나요?" 내가 조심스럽게 물었다.

"내가 과학을 많이 알거든요." 그가 오만하게 말했다.

그는 완전히 틀렸다. 그는 우연히 CEO가 된 운 좋은 사람이긴 했지만, 블랙홀이나 암흑에너지 혹은 천체물리학에 대한 최근의 식견은 전혀 없었다. 사실 그가 알아야 할 이유도 없었다. 하지만 그는 천재 여성이 연구, 발견, 현상을 통해 입증한 그 어떤 사실보다 자신의 근거 없는 의견이 더 타당하다고 믿는 권력자 특유의 자신감을 보였다. 그는 남자였다! 그는 자신의 직관이 맞는다고 생각했다! 하지만 어쩌나, 전혀 맞지 않았던 것을.

어리는 일을 시작한 초기부터 여성들의 강력한 옹호자가 되었다. 내가 인터뷰했던 많은 천재 여성은 자신의 위상이 올라가는 동안에는 편견에 눈을 가리고 있었다가, 자신만의 성공을 거둔 후부터 여성들을 위해 싸우기 시작했다. 하지만 어리는 그 참호에 일찍이 들어갔다. 어리는 허블우주망원경 연구소에서 일하며 그 팀에 있는 극소수의 여성들이 얼마나 형편없는 대우를 받는지 깨달았다. 그곳 여성들은 남성들에 비해 논문을 더 많이 쓰고, 보조금을 더 많이 따내고, 일반적으로 성공을 더 많이 거두는 데도 적은 봉급을 받았다. 어리가 이러한 문제점을 제기해도 남성들은 문제가 있다는 생각을 전혀 하지 않았다. "그때 정신이 확 들더군요. 이렇게 말하고 싶었어요. '미쳤어요? 지난 5년 동안 고용된 60명의 박사 학위자 가운데 여성은 단둘이라고요. 그게 문제가 아니란 거예요?'"

어리는 1992년, 천문학 분야에 종사하는 여성들을 위한 전국 총회를 조직했다. 이 총회에서 이틀 동안 발표와 논의를 한 끝에 권리 보장을 위한 기본 규범을 만들었다. 이후에 여성을 위한 이 권리 헌장을 각 칼리지와 대학 측에 전달했다. 이 총회가 큰 성공을 거둬서 다른 총회들이 여러 번 열렸지만, 변화에 대한 권고는 어리가 바랐던 만큼의 반향을 불러일으키지 못했다. 헌장의 내용은 얼마나 획기적이었을까? 그 안에는 교수를 새로 구할 때 심사 대상자에 여성을 포함하려고 노력해야 한다는 항목이 있었다. 이는 획기적이라기보다 평범하고 뻔하다. 하지만 사실상 모든 대학 측에서 이런 답장을 보냈다.

"우리는 그렇게 못합니다! 그건 몹시 부적절합니다!"

여성들을 역사에서 지워버렸다는 사실을 잊어버린 수많은 남성은 여성들을 역사에 다시 기록하는 것을 원치 않았다. 이렇게 반대한 사람 중에는 많은 대학의 여성들도 있었는데, 그녀들은 더는 특별한 대우를 받고 싶지 않다고 강조했다.

"이미 특별한 대우를 받고 있다는 점을 여성들에게 분명히 알려주어야 한다고 생각해요. 특별한 부정적 대우 말이죠. 그리고 남성들은 특별한 긍정적 대우를 받고 있고요. 이러한 관습을 바로 잡아야 해요. 안 그러면 고용주는 인재 자원의 밑단으로 내려가 자격이 부족한 백인 남성을 선택하기 마련이거든요." 어리가 말했다.

흥미로운 개념 아닌가? 남성들은 여성을 고용하는 것이 수준을 낮추는, 위험한 차별 철폐 조치라고 말하기를 좋아한다. 어리는 사실 이와 정반대라고 말한다. 당신이 직원 두 명을 뽑는데 후보자가 열 명이고 한 남성이 전체 평가에서 1위를 했다고 해보자. 당신은 그 남성을 고용한다. 잘했다. 이제 두 번째 선택이 남았다. 여성 후보자들이 객관적 평가에서 2위와 3위를 차지했지만 무의식적인 선입견 때문에 이를 무시하고 실제로 4위인 남성을 고용한다. 어리의 말대로 당신은 남성들에게 강점이 있다는 편견에 갇혀 인재 자원의 밑단으로 내려간 것이다.

어리는 천문학자들이 하늘을 관측할 때 자신이 보는 것에 편견이 없는지 확인하기 위해 생각을 정리한다고 말했다. 저 밝은 별은 저 희미한 별보다 더 강렬한 것일까 아니면 더 가까이 있어서 더 선명하게 보이는 것일까? 하지만 현실에서 과학자들은 남성 별과 여성 별의 상대적 밝기를 볼 때 객관적 자료를 무시하고 무의식적인 편견에 치우친다. 남성 대학원생들 그러니까, 밝게 빛나는 이 별들은 늘 상과 인정을 받으며 주기적으로 독창적인 성과에 대한 칭송을 받는다. 반면 여성 대학원생들은 지시받은 일만 하고 조언자의 수레바퀴에 있는, 열심히 일하는 톱니바퀴에 지나지 않는다고 인식된다. ― 사실, 여성이 남성을 완벽하게 해준다 ―

지금의 어리는 지위가 높아져서 괜찮다고 생각하는 사람이 있을 것이다. 어리가 중요한 인물이고 주요 필자이며 리더라는 점을 의심하는 사람은 없다. 석좌 교수인 어리는 예일대 천문학과 천체물리학 센터의 소장이고 아이디어를 창출하는 지식인이며,

매해 12명 정도의 연구자들을 이끌고 은하계 사이를 탐험하는 사람이다. 그러나 어리가 대학원생이었을 때도 사람들은 그녀가 거둔 성과를 그녀의 남성 조수 덕분이라고 여겼다. 이는 조슬린 벨 버넬이 노벨상을 받지 못했을 때도 마찬가지였다. 하지만 지금은 달라졌을까? 지금도 그렇다. 여성이 연구소를 이끈다는 사실 자체는 중요하지 않다. 여성은 그저 여성으로 여겨진다. 어리는 그녀의 연구를 대신 해줬기 때문에 공로를 인정받아 마땅한 똑똑한 남학생이 있는 것이 분명하다며 자신에 대해 수군거리는 소리도 들었다고 한다. 그들은 어리가 그런 남학생을 두어 운이 좋다는 말까지 했다고 한다.

나는 이 말을 들었을 때 웃음을 터뜨리고 말았지만 어리는 재미있다고 느끼지 않는 듯했다. 그건 터무니없는 말이지만 상처를 주고 낙담시키는 말이기도 하다. 널리 존경받는 천재 여성이 연구실을 운영하고 계속 좋은 성과를 낼 때 이 여성을 제거하기란 어려울 수밖에 없다. 그렇다고 이 여성을 도와 연구하는 남자 학부생이 진짜 천재라며 돌려 말하는 것은…… 미친 짓이다. 위험하고 무시무시한 짓이다. 만일 그러한 남학생이 이후 저명한 물리학자가 된다면 ─ 천재 여성이 이끄는 명문대 최우수 연구소에서 흔히 있는 일이다 ─ 과거를 돌아보며 남성의 뇌가 줄곧 성공의 비밀이었다고 말하기는 훨씬 쉬워진다. 그러면 여성을 이야기에서 지우려는 시도가 이상한 방향으로 흘러간다. 일부 남성들은 이야기의 주인공으로 남기 위해서라면 무슨 짓이든 할 것이다.

내가 그 일을 과도하게 해석하려는 것은 아니다. 어리는 본인의 획기적인 성과로 큰 존경을 받고 있고, 본인이 과학계의 신뢰를 받고 있어서 여성들의 문제를 거리낌 없이 말할 수 있다는 점을 알고 있다. 어리의 제자들은 그녀를 존중하며 젊은 여성 과학자들은 그녀를 숭배한다. 어리는 혼자 힘으로 여성들의 태도를 바꾸었다. 어리가 전국 각지에서 강연하면 으레 젊은 여성이 서둘러 다가와 어리를 롤모델로 삼았기에 과학 분야 일을 지속할 수 있었다는 말을 한다고 한다. 어리가 처음으로 예일대에 교수로 왔을 때 다른 과의 여학생들도 직업적 조언과 영감을 얻으려고 그녀를 찾아갔다. "제가 오기 전에는 그 학생들이 누구와 상담을 했는지 모르겠어요." 어리가 솔직하게 말했다. 어리는 매력 있는 인품을 지녔고 너그러우면서도 확신에 가득 차 있다. 그래서 젊은 여성들은 단순히 어리와 대화를 나누는 것이 아닌 나처럼 어리 같은 사람이 되기를 바란다.

세상을 바꾸는 것은 훌륭한 일이지만 지치는 일이기도 하다. 어리는 오랫동안 난폭한 남성들의 돌팔매와 화살에 맞서 싸워왔다. 공격을 이겨내기 위해 공상과학 소설에 나오는 것 같은, 자신을 에워싼 힘의 장場을 만드는 데 많은 에너지를 쏟아왔다. 과거에도 어리는 내가 만난 그 누구보다 열정이 넘쳐 보였다. 어리는 모든 것이 가능하다고 여겼고 삶에 단호한 접근법을 취했다. 하지만 이번에 대화를 나누다 보니, 나는 그러한 힘의 장을 유지하려면 체력과 용기가 모두 필요하다는 점을 깨달았다. 시간이 지나면 지치기 마련이다. 천재 여성들이 역사에서 지워지는 이유 가운데 한 가지는, 이 여성들이 끊임없이 자신을 설명하고 방어하면서 남성의 끝없는 자존심에 대응하다가 결국 지쳐서 포기하게 되기 때문이다.

현재 어리는 지치진 않았지만 젊었을 때 자신의 길에 놓인 모든 장애물을 단순히 무시할 때보다 더 현실적이다. 내가 만난 많은 천재 여성처럼 어리도 처음에 완전한 낙관론으로 시작했다. 경력 초기에 이는 도움이 되었다. "항상 길은 열려있고 난 무엇이든 할 수 있다고 생각했어요." 어리가 말했다. 자신이 무엇이든 할 수 있다고 생각하면 일단 밀고 나가게 된다. 내가 이미 만나봤던 조 던클리, 셜리 틸먼, 페이-페이 리, 그밖에 많은 여성이 그랬던 것처럼 말이다. 자신이 한 일이 무시되거나 묻혀버리거나 폄하될 거라는 걱정을 한다면 밀고 나가기가 어렵다.

때로 여성들은 자발적으로 이야기에서 자신들을 빼버림으로써, 남성들이 역사에서 여성들을 지우는 일에 일조하기도 한다. 이 여성들은 자신의 여성 자아를 숨기고 좀 더 칭송받거나 인정받는 이미지로 대체한다. 이것이 터무니없는 일은 아니다. 우리는 구조적인 변화를 원하더라도 지금 이대로의 세상 속에서 존재하고 성공해야 한다. 때로는 내밀한 저항이 가장 좋은 접근법이며, 지금 이 순간에도 이러한 방식은 활용되고 있다.

그리 오래되지 않은 과거에 힘들게 살던 조앤이라는 한 엄마가 마법사를 다룬 재미있는 책을 썼는데, 12개 출판사로부터 퇴짜를 맞았다. 마침내 계약하게 된 한 출판사는 조앤에게 약간의 선금을 주고 1000부를 찍기로 했다. 출판사 측은 남자아이들의 관심을 끌기를 원했기 때문에 그녀에게 이름 대신 이니셜을 쓰자고 제안했다. 그렇게 해서 그녀는 J. K. 롤링이 되었고 『해리포터』 시리즈는 역사적으로 엄청난 인기를 끈 책이 되었다. 새로운 이니셜을 쓴 이 작가는 세계적인 갑부가 되었다.

만일 독자들이 이 책의 저자가 여성이라는 점을 알았다면 롤링은 똑같은 성공을 거두었을까? 우리는 추측만 할 수 있을 뿐이지만 확실히 롤링은 그렇게 생각하지 않았다. 그래서 『해리포터』로 성공을 거둔 이후, 롤링은 필명을 로버트 갤브레이스로 바꿔 성인을 위한 추리 소설을 썼다. 사람들이 저자를 남성이라고 생각할 때 그 책을 읽을 가능성이 더 큰 게 사실이라고 생각했기 때문이다. 그런데 로버트의 첫 책은 판매부수가 저조했고 그 책이 우리가 아는 여성, 조앤이 썼다는 소문이 번지면서 베스트셀러가 되었다. 참으로 재미있는 반전이다.

천재 작가가 조앤인가 J. K.인가는 우리 앞에 놓인 책을 판단하는 데 영향을 준다. 사실 우리가 달과 태양을 포함하여 모든 것을 보는 방식에 성별이 영향을 준다고 하는데, 이는 충격적이다. 나는 이것을 캘리포니아 대학 샌디에이고 캠퍼스의 인지과학자 리라 보로딧츠키Lera Boroditsky를 통해 깨달았다. 보로딧츠키는 우리가 세상을 생각하는 방식에 언어가 어떤 영향을 주는가를 주제로 획기적인 연구를 했다. 그녀는 많은 언어가 원래는 중립적인 명사들에 성별을 부여한다고 지적한다. 가령, 프랑스어에서 의자는 여성 명사로 'la chaise'다. 나는 고등학교 시절 프랑스어 수업 시간에 단어 시험을 본 후 선생님께 부분 점수를 달라고 요청한 적이 있다. 'chaise'라는 단어는 맞게 썼는데 성별을 다르게 썼다고 무슨 차이가 있나하는 생각이 들어서였다. 의자는 의자일 뿐이다. 여성 의자니 남성 의자니 하는 것은 없다. 우리 반 선생님이었던 G. 부인은 나를 멸시하듯 쳐다보며 여성형 관사 'la'가 'chaise'의 일부라고 설명했다. 그래서 나는 점수를 전혀 받지 못했다.●

보로딧츠키는 성별이 부여된 명사를 쓰며 자란 사람들은 실제 사물을 다르게 본다는 사실을 발견했다. 독일어로 '다리bridge'에 해당하는 단어는 여성형이고(die Brücke) 스페인어로는 남성형(el puente)이다. 당신은 이것이 온라인 바벨*로 공부하는 사람들을 혼란스럽게 하는 것 말고는 별 문제가 되지 않을 거라고 생각할지 모른다. 하지만 보로딧츠키는 독일어 사용자들이 다리를 묘사

● 프랑스어에서 정관사가 변하기 때문에 남성에는 le를 여성에는 la를 붙여야 한다. 모든 형용사에도 성별이 있다. 다행히 복수형에는 항상 les가 붙는다. 그러니 croissant(남성 명사로 '초승달'이라는 뜻 – 역주)의 복수형은 그냥 les croissants로 쓰면 된다.
* 전세계 언어 학습 사이트 – 역주

할 때 '아름다운'이나 '우아한'처럼 전형적인 여성적 단어를 더 쓰는 경향이 있다고 말한다. 반면, 스페인어 사용자들은 똑같은 다리 사진을 보고 '튼튼한'이나 '긴' 같은 단어를 써서 남성적 관점을 드러낸다.

우리가 우주를 보는 방식에 관해 말해보자면, 독일어에서 태양은 여성 명사고 달은 남성 명사다. 그래서 만일 독일인들이 태양은 부드럽게 빛을 발산하고 달은 하늘에 위엄 있게 떠있다고 보지 않는다면 이상한 것이다. 여기에 어떤 천문학적 타당성이 있을지 생각하기 전에, 보로딧츠키는 이것이 스페인어에서는 정반대라는 사실에 주목한다. 그러니까 남성적인 태양과 여성적인 달이 되는 것이다. 따라서 이 두 가지를 묘사할 때 쓰는 형용사도 정반대로 달라진다. 스페인 사람들은 하늘을 쳐다보며 강인한 태양과 귀엽게 변덕스러운 달이라고 생각한다.

놀랍지 않은가? 원래는 중립적인 명사들에 임의로 성별을 부여하면 그 명사를 보는 관점이 달라진다는 사실 말이다. 언어의 힘이 강력하다는 점을 인지한 프랑스의 수많은 교수는 최근에 언어를 성차별적 요소가 덜하도록 바꾸겠다는 내용의 성명서에 서명했다. 그들은 특히 'le masculin l'emporte sur le féminin'라는 프랑스인의 태도에도 반대했다. 이는 '남성이 여성보다 우세하다'는 뜻이다. 이것이 경험적으로 사실인지는 모르겠지만 언어적으로는 확실히 맞다. 토슈즈에 나풀거리는 치마를 입은 우아한 여성 무용가들을 여성 복수형으로 'danseuses'로 부른다. 하지만 그 가운데 타이츠를 착용한 남성 한 명이 끼어있다면 낭만적인 발레 스커트를 입은 여성들이 수적으로 우세하다는 점은 중요하지 않고, 이들은 남성 복수형으로 'danseurs'로 불린다. 이와 똑같은 원리가 교수, 테니스 선수, 정치인, 의사를 일컬을 때도 적용된다. 여성의 관점으로 보면 체리가 담긴 그릇에 있는 바퀴벌레 한 마리가 전체를 망쳐놓는다는 일화와 같다. 이는 단순히 문법에 대한 트집 잡기가 아니다. 우리가 사용하는 단어가 우리가 세상을 보는 관점에 영향을 준다. 그런데 언어 대부분은 명백히 남성적인 관점에서 인식되도록 설정되어 있다.

하지만 언어, 영화, 천체물리학 그 어느 분야라도 성공의 문장을 완성하기 위해 남성의 목소리가 필요하지 않다. 천재 여성이 자신의 목소리를 찾으면 이 목소리는 강력하고 완벽하게 홀로 설 수 있다. 우리가 천재 여성들의 재능을 놓친 이유는 많다. 이따금 우리는 증거가 있음에도 불구하고 이들이 천재라는 사실을 믿지 못한다. 때로는 이들 스스로 그 사실을 믿지 못하거나 우리가 귀를 기울이지 않는다. 하지만 명확한 사실은 천재 여성에겐 자신을 완벽하게 해줄 톰 크루즈 같은 남자가 결코 필요하지 않을 거라는 점이다.

8장

다양함을 담아내는
브로드웨이의 티나 랜도우

내가 연극 감독 티나 랜도우를 처음 보았을 때 그녀는 배우이자 작가인 다재다능한 티나 페이, 그리고 패널로 나온 유명한 여성 세 명과 함께 앉아 예술계의 여성들을 주제로 토론하고 있었다. 나는 티나 랜도우의 똑똑함과 대담함과 분명한 표현력, 그리고 당당하게 착용한 반짝거리는 목 긴 운동화도 마음에 들었다. 근사한 신발이 천재의 표시는 아니지만 랜도우는 어쩌다가 한 번 그 신발을 신은 것이 아니었다. 그 무엇도 그녀의 속도를 늦출 수 없다는 의미였다.

이 토론자들은 여성 리더로서의 어려움에 대해 이야기를 나누었다. 사람들이 제대로 인정해주지 않을 때가 얼마나 많은지, 회의 때 남성들이 자신을 쳐다보지 않고 남성 동료들끼리만 말하면 어떤 기분인지 이야기했다. 이처럼 다른 여성 두 명은 자신들이 직면했던 난감한 상황들을 말했다. 하지만 두 명의 티나는 남자들 사이에서 여성으로 존재하는 것에 내해 아무런 불평도 제기하지 않았다. 그녀들은 더 효과적이고 자신의 재능을 빛나게 할 접근법을 찾았다.

"전 고함치진 않아요. 이와 다른 방법으로 집중시킬 수 있어요." 티나 페이가 말했다.

그녀는 〈새터데이 나이트 라이브〉의 여성 최초 수석작가였다. 그리고 〈서티록30 Rock〉 같은 시트콤의 대본을 쓰고 거기에 출연도 했으며, 영화 〈퀸카로 살아남는 법〉에도 출연했다. 그녀는 여성이 등장할 때 흔히 사무실의 화학적 요소가 변한다는 것을 인정했다. 그래도 괜찮다. 다만 그때 어떻게 해야 하는지 알면 되었다.

"보통 리더가 되는 것은 공감하고 격려하는 식으로 상대의 말에 귀 기울이는 것을 의미해요. 이건 나약함을 드러내는 게 아니라 영향력 있고 강인해지는 방법이죠." 티나 랜도우가 말했다.

나는 그 여성들이 보인 확신과 자신에게 현실적으로 맞는 스타일을 찾아낸 감각에 깊은 인상을 받았다. 그 여성들은 강하게 발언하는 남성이나 열정적으로 영향력을 드러내는 여성이라는 고정 관념을 장착할 필요가 없었다. 각자 자기 색깔을 지닌 자기 자신이 될 수 있었다. 모두 자신의 고유한 재능으로 주위에 영향

력을 끼치는 티나 같은 존재가 될 수 있다.•

　누군가, 랜도우가 그 시즌에 브로드웨이에서 공연물을 연출한 유일한 여성이었다고 언급했다. 랜도우는 유일한 여성이라는 말에 얼떨떨한 표정을 보이면서도 자기 생각을 명확히 말했다.

　"전 여성 연출가가 아니에요. 전 연출가이자 여성인 거죠."

　나는 이러한 구분에 대해 계속 생각했다. 그리고 몇 주가 지난 후, 랜도우의 브로드웨이 뮤지컬이 공연되는 극장에서 두 블록 떨어진 곳에 위치한 사무실에서 그녀를 만났다. 그 뮤지컬에 대해 조금 언급해보자면 제목이 〈네모바지 스폰지밥: 뮤지컬〉이었다. 혹시 당신이 니켈로디언의 만화가 천재적인 뮤지컬 작품으로 바뀌는 것에 대해 다소 회의적이라 해도 나는 이해한다. 나는 주간 공연 프레스티켓*을 갖고 있었는데 남편이나 친구를 데리고 가지 못했다. 그들의 반응은 이러했다. '아이들이 보는 텔레비전 만화가 브로드웨이 뮤지컬로 변신했다고? 너무 미안한데 난 그날 오후에 강아지 산책시켜야 해.'

　하지만 나는 무대에서 천재적 연출력을 보았다. 다소 숨 막히게 만들 정도의 창의적 마법이었다. 그 공연에 모든 혼을 불어넣은 사람은 천재 연출가 랜도우였다. 그녀는 모든 기대를 뒤집었다. 처음에 텔레비전 만화로 뮤지컬을 만들어보라는 제안을 받았

• 티나 페이는 플랫슈즈를 신었는데 사실 패널로 나온 모든 여성이 플랫슈즈를 신고 있었다. 여기서 원하는 결론을 도출하시길.

* 취재 목적으로 출입하는 기자에게 발급되는 티켓 - 역주

을 때 그녀는 반신반의했지만 결국 이를 창조적인 도전으로 받아들였다. 제작에 참여한 몇몇 사람들은 — 스폰지밥 역을 탁월하게 해낸 젊은 배우 에단 슬레이터를 포함하여 — 그 공연을 준비하면서 티나 랜도우와 같은 공간에 있다는 사실만으로도 황홀함을 느꼈다고 내게 말했다.

우리가 대화하기 위해 만난 날에도 랜도우는 또 다른 목 긴 운동화를 신고 있었다. 예전만큼 반짝거리는 운동화는 아니었다. 랜도우는 얼마 전에 토니상 후보에 올랐고, 그녀의 뮤지컬은 토니상 12개 부문에 후보로 올랐다. 그 시즌에 공연된 뮤지컬로는 최다 기록이었다. 랜도우는 이번 시상 시즌을 마치고 난 후의 계획에 대해 "즐거운 시간을 보내고 멋진 옷을 사고 운동화 소장품을 늘리는 것"이라고 내게 말했다.

즐거움과 멋짐은 깊은 사고, 탁월한 명석함과 함께 랜도우를 잘 묘사해주는 말 같다. 연출가로서 그녀의 독창성과 세상을 다소 다르게 보려는 태도가 그녀를 돋보이게 한다. 나는 그녀에게 여성 연출가와 연출하는 여성을 구분하는 이유가 무엇인지 물어보았다.

"꼬리표에는 제약하는 힘이 있거든요. '전 연출을 하는 여성입니다'라고 말하는 것은 제가 여성이라는 사실을 인정하는 거예요. 하지만 저의 성 정체성이 제가 누구인지 제한하거나 제가 연출가로서 할 수 있는 일을 규정하지 않는다는 것도 말해주죠." 랜도우가 말했다.

얼마나 참신한 관점인지! 얼마나 맞는 말인지! 우리는 여성이라는 점을 인정하고 즐길 수 있다. 또한, 전문가라는 사실이나 자신의 분야에서 뛰어난 존재라는 사실도 인정할 수 있다. 그런데 이두 가지가 서로 무슨 상관이 있을까? 이는 세 가지 문장 사이의 연결 관계를 파악할 때 적용되는 오래된 논리적 문제와 비슷하다.

1. 내 다리가 부러졌다.
2. 아이스크림을 먹었다.
3. 상태가 나아졌다.

세 문장은 모두 사실이지만 1번과 2번이 3번이라는 결과로 연결되지 않는다. 당신은 잠시 어리둥절하다가 이들이 서로 연관성이 있다고 생각할 수 있지만 — 아이스크림 때문에 상태가 좋아진 거야! — 실은 그렇지 않다. 마찬가지로 랜도우는 여성이고 연출가이지만 당신이 이어서 만들려고 하는 세 번째 문장은 이 두가지와의 관련성에서 나온 문장이 아닐 것이다. 그 세 문장은 사실이지만, 서로 관련없이 독립적이다.

랜도우는 처음으로 여성 연출가에 대한 질문을 받았을 때의충격을 아직도 기억한다. 그동안 자신의 일을 그렇게 생각한 적이 없었기 때문이다.

"일반적으로 저는 월트 휘트먼의 시의 구절처럼 '나는 다양함을 담아낸다'라고 생각하는 걸 좋아해요." 랜도우는 의자에 편히 앉으며 살짝 미소를 지었다. "아니면 '나는 모든 것과 상반된 것을 담아낸다'라는 생각도 좋아하고요."

어쩌면 이러한 다양성의 결합이 천재성을 만드는 것인지 모른다. 당신이 한 번에 다양한 존재가 되고 제한 없이 다양한 것을 보는 능력을 스스로 갖춘다면, 당신이 하는 어떤 일에도 독창성과 신선함을 부여할 수 있다. 만일 당신이 꼬리표에 의거해 자신을 규정하고, 선 안에만 색을 칠해야 한다고 스스로 제한한다면 당신은 결코 새로운 그림을 창조하지 못한다. 휘트먼은 같은 시에서 이렇게 말했다. "나는 나 자신과 모순되는가? 그렇다면 아주 잘 되었다, 나는 나 자신과 모순된다."

랜도우는 여섯 살 때부터 자신이 감독이 되고 싶어 한다는 점을 알았다. 제작이나 감독을 하는 많은 여성과 달리 랜도우는 자신이 아웃사이더라고 느낀 적이 전혀 없었다. 영화 제작자인 부모님을 둔 랜도우는 "저는 항상 겸손하면서도 내가 여기에 있을 자격이 있다고 느꼈어요"라고 말했다. 하지만 여성으로서의 랜도우는 실제로 아웃사이더였고, 거기에는 나름의 이점들이 있었다. 작품을 신선한 관점으로 보았던 것이다. 랜도우는 대부분의 감독이 그러하듯, 사람들에게 어디로 가고 어떻게 말하고 무엇을 생각하거나 느끼라고 말하며 권위주의적 접근법을 쓰지 않았다. 그 대신 배우, 조명 디자이너, 음악가를 작품 만드는 과정의 일원으로 참여시켰다. 그녀는 통제나 권위에 관심이 없었다. 그녀에게 공연의 묘미는 '내 자아나 바람과 관련이 없고, 나를 넘어선 어떤 신비로운 결합으로부터 나오는 무언가가 있다는 점을 믿는' 일이었다.

 랜도우는 이렇듯 예기치 못한 것에 대해 열린 마음을 지녔기에 다른 사람들이 고려하지 못한 기회들을 포착할 수 있었다. 그녀는 〈스폰지밥〉을 제작할 때 수개월 동안 여러 작가, 디자이너, 곡예사, 댄서, 광대, 인형 조종사, 수영장 장난감을 예행 연습실에 모두 모아 마법이 발생하도록 고무시켜주었다. 그녀는 새로운 관점을 찾고, 제약 없이 열정과 자유분방함으로 일하는 것의 가치를 믿었다. 또한, 다양함을 담아낸다는 것이 '선장이 되어 배를 운전해야 하는 때'를 아는 것도 의미한다는 점을 이해했다. 그녀는 뮤지컬 개막 첫날밤이 다가오자 또 다른 자아 ─ 그녀는 이것에 델마라는 별명을 붙였다 ─ 가 나타나 '더 빨리, 더 크게, 더 재밌게'를 요구했다며 우스갯소리를 했다. 그즈음 그녀가 운전하는 배는 아주 큰 선박이 되어 있었다.

 랜도우는 예일대 학생이었을 때 동급생 조디 포스터 ─ 그 당시 이미 유명한 배우였다 ─ 와 친한 친구가 되었고, 이후에 조디 포스터가 나온 몇몇 작품을 연출했다. 두 사람은 아직도 연락하고 지낸다. "대학을 졸업하고 몇 년 후 조디가 '예전에는 네가 절망의 블랙홀처럼 보였는데 이제는 꽃 피는 해바라기처럼 보여'라고 말한 게 기억나요." 랜도우는 이 이야기를 하며 웃었다. 그녀는 젊었을 때 자신이 어둡고 진지하고 탐색적인 면에 집중하느라 심각했다는 데 동의한다. 하지만 어느 순간 마음을 열고 사랑의 마음으로 일하는 데 집중하기로 했다고 한다.

만만치 않은 세상에서 해바라기로 피어나는 능력은 랜도우가 지닌 천재성 일부일지 모른다. 많은 이야기 속에서 비참함에 알코올 중독이 되거나 절망감에 자신의 귀를 자르는 ― 어니스트 헤밍웨이나 빈센트 반 고흐처럼 ― 광기 어린 천재들이 낭만적으로 묘사된다. 하지만 아무리 재능이 자신과 멀게 느껴져도 천재는 긍정과 희망 속에서 번영한다. 뭔가 근사한 일이 실제로 발생하기 전에, 그런 일이 일어날 거라고 먼저 믿어야 하는 것이다.

한때 랜도우는 만일 자신이 연극계에 발을 들여놓지 않았다면 해양학자가 되었을 거라고 생각했다. 랜도우에게 물속으로 들어가는 일은 일상적인 세상에서 사물이 아주 다르게 보이고, 들리고, 느껴지는 세상으로 가는 흥미로운 여행이었다. 이제 그녀는 마치 스쿠버 다이빙 장비를 착용하고 물속으로 들어가는 것과 비슷한 방식으로 창의력을 이용한다. 때로 그녀는 극도의 환상을 만들고 이따금 세상이 어떻게 될 수 있는가를 보여주는 화창한 이미지를 만든다. 그녀의 천재성은 우리에게 이 두 가지 모두를 경험하게 해주는 능력에서도 드러난다.

랜도우와 나는 사무실을 나와 브로드웨이를 거닐며, 그녀의 뮤지컬이 공연되는 극장으로 향하는 동안에도 계속 대화를 나누었다. 사람들이 많은 곳을 피해서 자리를 잡은 후 최근에 랜도우가 생각한 프로젝트에 관해 이야기를 나누었다. 창의력 발휘에는 항상 모험이 수반되는데, 랜도우는 천재적인 작품이 탄생하려면 자신의 비전을 믿어야 한다는 사실을 깨달았다. 그래서 랜도우는 수입과 비판에 신경 쓰지 않고 오로지 예술에 대해서만 생각하려고 노력한다. "항상 '사람들이 이걸 좋아할까 안 좋아할까?'에 대해서 말하는 내면의 악마를 무시하면 정말로 내가 원하는 대로 상황을 바꿀 수 있어요." 그녀가 말했다.

⚛

나는 작별 포옹을 하고 랜도우를 극장 뒷문에 두고 나온 이후에도 극장 앞에 한동안 서 있었다. 어떤 여성이 성공을 거두면, 사람들은 항상 그 여성이 일에 있어서 어떤 여성적 특성을 적용했는지 알아내려고 애쓴다. 랜도우는 연출가로서 굉장히 협력적인 접근법을 쓴다. 사람들을 모이게 하고 그들이 편안함과 안정감을 느끼게 해주며, 그들이 자기 자신의 가능성을 경험하도록 고무시켜준다. 랜도우는 그들에게 탐험하고 시도할 자유를 준다. 모든 시도가 잘 풀려야만 하는 것은 아니다. 그러지 못해도 괜찮다며, 시도와 공연과 어쩌면 실패까지도 과정 일부로 본다. 그녀의 이러한 관점은 배우들이 그녀와 함께 일하는 것을 좋아하는 여러 이유 가운데 하나다.

이렇게 말하는 사람이 있을지도 모른다. '아하! 협력이라고! 그건 '여성 감독'의 특징 아닌가?' 랜도우는 꼬리표가 달리는 것을 피하고 싶겠지만 이따금 이것이 맞을 때도 있다고 생각한다. 여성들은 공감력이 좀 더 뛰어나고 좀 더 협력적이다. 여성들은 모두의 이익을 위해 자아를 덜 내세우며 더 큰 비전을 품고 함께 일한다. 우리가 협력을 천재성의 한 요소로, 여성의 고유한 특성으로 인정해야 할 필요가 있는지도 모른다.

하지만 나는 이러한 공식이 일반론으로 고정된다고 믿고 싶지는 않다. 다시 말하지만, 일반화는 적절하다고 느껴지지 않기 때문이다. 어떤 남성들은 협력을 잘하고 수용적이며, 어떤 여성들은 혼자 일하는 것을 좋아한다. 나 또한 여성들이 협력에 아주 뛰어나다는 말을 들을 때마다 내 DNA를 확인해봐야 하는 것은 아닌가 하는 생각이 든다. 텔레비전 방송 제작자와 잡지 편집자였을 때는 큰 팀들과 일하거나 팀을 이끄는 일을 좋아했다. 하지만 지금 내가 작가가 된 데에는 한 가지 이유가 있다. 혼자서 일을 하는 것이 훨씬 더 좋기 때문이다.

성별에 따른 일반화의 문제점은 이것이 점성술의 예측과 약간 비슷하다는 점이다. 자신이 특정한 범주에 들어간다는 말을 들으면 그 말을 믿게 된다. 그러면 그 말이 정확한지 확인하기 위해 일부러 다른 방향으로 틀어보게 된다. 여성들이 협력을 잘한다고? 실제로 나는 공저자와 유명한 책 몇 권을 썼다. 책 쓰는 과정에서 함께 대화하고 일하는 사람이 있어서 좋았다. 내 생각에 나는 협력을 잘하는 것 같다! 하지만 이는 내 경력의 일부일 뿐 전부는 아니었다.

우리가 어떻게 일반화를 왜곡해서 그것을 우리 자신에게 들어맞게 만들려고 하는지 혹은, 우리의 포부를 예측에 들어맞게끔 바꾸려고 하는지 생각해보았다. 그리하여 집에 돌아갔을 때 유명한 사이트에 올라온 나의 별점을 구글로 찾아보았다.

'꿈을 좇는 것을 두려워하고 걱정하는 시기는 끝났다. 대담하고 총명하게 행동하면 노력의 결실은 실로 놀라울 것이다.' 이렇게 쓰여 있었다.

나는 놀라서 이 문장을 몇 번 읽은 후 이 말이 내 상황에 얼마나 적절한지 생각했다. 별점이 어찌나 정확해 보이는지 별점을 비웃지 말아야 할 것 같다는 생각마저 들었다. '난 대담하고 놀라운 결과를 내는 사람이 될 거야!' 잠시 후 나는 실수로 염소자리 대신 물고기자리를 클릭했다는 사실을 깨달았다.

이런.

염소자리 예측을 찾아보았다.

'당신은 인생의 목표들을 성공시키고 완성하는 데 온전히 집중할 것입니다. 하지만 자신을 풀어주고 즐거움을 누리는 법을 배우는 것도 중요합니다.'

오, 그 말도 정말 맞았다. 나는 집필에 집중하고 있었지만 거기서 벗어나 세상을 계속 경험할 필요가 있었다. 별점이 들어맞고 고무적인 이유는 우리가 그 설명이 우리 자신에게 적용된다고 생각하기 때문이다. 하지만 예측이나 예견이나 성별 기대의 부정적인 면은 우리가 이것을 결국 사실로 만들기 위해 미묘하고 무의식적인 힘을 발휘한다는 점이다.

우리 모두는 내면에 다양성을 품고 있다. 우리에겐 물고기자리와 염소자리, 남성과 여성, 땅과 불의 특징이 조금씩 다 있다.

우리는 때로 협력하고 때로 혼자 일하며, 단기적 측면과 장기적 측면에서 어떻게 일하는 것이 자신에게 가장 적합한지 선택한다.

랜도우의 천재성은 그녀가 여성이어서 협력하는 방법을 잘 안다는 데 있는 것이 아니다. 바로, 다른 수준으로 접근하여 자신의 능력과 통찰력을 발휘하고 남다른 독창성으로 협력을 활용하는 데 있다. 랜도우가 기본 재능을 바탕으로 어떻게 일하고 집중하여 흥미롭고 고유한 성과를 냈는가에 비하면, 그녀가 여성인지 별자리가 쌍둥이자리인지는 중요하지 않다.

나는 예전에 루퍼트 머독이 소유한 한 회사에서 일할 때 그 당시 엄청난 인기몰이를 하던 존 그레이의 책 『화성에서 온 남자 금성에서 온 여자』를 바탕으로 독립잡지를 만들어보라는 제안을 받았다. 나는 그 제안에 질색했다. 남성과 여성이 각기 다른 행성에서 출발하여 지구로 와서, 자신들이 어느 행성 출신인지 잊어버렸다는 터무니없는 전제를 포함하여 그 책의 모든 내용을 싫어했기 때문이다. 그레이가 좀 더 합리적인 설명을 할 만한 학문적 바탕이 없기에 그러한 기원 이야기를 상상한 것이 이해는 된다. 다만 남녀의 의사소통 방식 차이에 대한 그의 견해는 철저한 학문적 연구 앞에서 무색해질 것이다.[•]

[•] 그레이는 비인가 컬럼비아 태평양 대학의 통신 교육 과정을 통해 박사학위를 받았는데 이 대학은 몇 년 후 문을 닫았다. 이 대학의 여러 문제점으로 거론된 것 가운데 하나가 이 대학이 박사 학위를 수여할만한, 유용한 학문적 기준을 충족하지 못했다는 점이다.

하지만 그 당시 나는 기꺼이 마음의 문을 열었기에 — 그리고 그 일을 계속 해야 했기에 — 캘리포니아주의 평온한 마린 카운티로 그레이를 만나러 갔다. 산꼭대기에 있는 그의 저택을 보니 그곳에서 수많은 이야기를 지어낼 수 있을 것 같았다. 처음에 그레이는 인기 있는 요가 수행자의 개인 조수였다. 최고의 요가 수행자로부터 배운 덕분에 그는 매력적이고, 유쾌하고, 온건한 스타일을 갖추게 되었다. 그리고 이러한 점은 자신만의 고유한 전문가 지위를 확보하는 데 도움이 되었다. 우리는 즐겁게 대화를 나누었다. 회사 경영자들은 그레이가 나를 마음에 들어 하고 함께 일하기를 원한다고 해서 상당히 고무되어 있었다. 그 당시에 나는 남성의 권위에 맞서는 데 뛰어나지 못했기에 그 잡지를 제작하기로 동의했다. 아름답고 낭만적인 그 잡지는 아주 잘 팔렸고, 나는 우리가 모두 더 원활하게 소통하는 법을 배울 필요가 있다는 메시지를 그 안에 집어넣기 위해 최선을 다했다.

나는 우리가 정복을 목적으로 남녀를 구분할 때 분열이 악화할 뿐이고, 결국 남성들이 계속 정복하게 내버려 두는 셈이라고 주장했어야 했다. 그레이는 남성과 여성 사이의 틈을 메우려고 시도하지 않았다. 그는 그저 이 세상에서 정해진 각자의 자리가 있기 때문에 도전하면 안 된다고 믿게끔 해주기만을 원했다. 몇 년 후 그는 페미니즘이 '여성의 독립성을 촉진하여' 이혼을 초래한다고 공개적으로 불평을 함으로써 본심을 드러냈다. 음, 그건 맞는 말이긴 하다. 만일 그가 여성들이 고분고분하고 순종적이어야 하는 곳이 금성이라고 생각한다면 나는 그가 그의 행성으로 돌아갔으면 좋겠다. 그리하여 우리가 우리만의 독립성으로 번영할 수 있게 내버려 두었으면 좋겠다.

⚛

존 그레이는 남성 지배를 유지하려고 애쓴 또 다른 괴짜로 무시될 수 있었다. 하지만 그의 책은 엄청나게 팔렸고 '화성-금성'이라는 말은 전세계적으로 유명해졌다. 아무리 어리석은 내용이라도 그가 전한 대중적 메시지들은 실제적인 영향을 끼친다. 만일 당신이 본질적으로 날조된, 남성과 여성의 차이에 대해 설교할 때 권위가 있다면 많은 사람이 당신을 믿을 것이다. 그리고 이러한 거짓된 말을 사람들이 잊어버리는 데는 상당한 시간이 걸린다. 대중 심리학과 가짜 뇌 과학은 노골적인 남녀 구별을 덮어주는 역할을 했다. 가령, 플로리다와 텍사스를 포함한 여러 주에 있는 일부 국공립 초등학교 교실에서 남학생과 여학생을 분리하기 시작했다. 학교 관리자들은 그렇게 하면 학생들이 공부하는데 더 도움이 된다고 주장했다. 하지만 실제로 그렇지 않다. 이는 차이를 더 크게 증폭시킬 뿐이다.

"남학생과 여학생의 뇌 구조는 서로 다르지 않은데 이러한 잘못된 전제를 바탕으로 교육 프로그램을 설정하는 것은 잘못되었다." 신경 과학자 리스 엘리엇은 시카고에서 나와 함께 대화를 나눌 때 이렇게 말했다.

사이비 과학에 근거한 주장들은 남녀의 어떠한 차이라도 더 심화시키고 불변의 사실로 만드는 교묘한 방법이다. 평균적으로 남학생들은 공간을 다루는 과제를, 여학생들은 언어 관련 과제를 더 잘한다고 해보자. 그래서 그게 어쨌다는 것인가? 어떤 교실이라도, 타고난 언어 능력으로 차세대의 로버트 프로스트*가 될 남학생이 있을 수 있다. 만일 그 남학생에게 수학에 집중하라고 강요한다면 미래의 인재를 놓치는 셈이다. 때로는 사람들이 가지 않는 길로 가보는 것이 중요하다.

엘리엇은 한쪽 성별만 듣는 수업이나 성별을 가른 모든 유형의 학습을 열렬히 반대했다. 남학생과 여학생이 선천적으로 다르게 배운다는 증거는 정책의 근거가 되기엔 너무 미미하다. 지중해 국가의 여성들이 수학과 물리학을 잘하면서 자란다는 사실을 기억하는가? 모든 아이를 개인으로서 성장하도록 고무시켜주는 가장 좋은 방법은 학교의 모든 과제에서 남자아이와 여자아이를 한 팀으로 구성하는 것일 수 있다. 아이들이 동등한 존재로서 협력하게 해주어야 한다. 아이들이 서로의 재능을 발견하고 서로의 능력을 칭찬할 수 있게 해주어야 한다. 엘리엇은 성인 여성과 남성이 협력할 수 있으려면 어릴 때부터 서로를 편안하게 느끼며 성장해야 한다고 지적한다. 서로의 차이를 강조하면 이러한 일이 더 힘들어질 뿐이다.

---

* 미국 시인 - 역주

내가 아는 여학교 출신의 일부 여성들은 남자들의 방해에 대해 걱정 없이 활약하고, 리더 자리에 오르고, 확신을 키울 기회에 열정적이다. 이 여성들은 손을 들어 질문하거나 의견을 말하는 것을 두려워하지 않는다. 하지만 이러한 점들이 남성들과 대화하고 협상하는 일에 도움이 된다는 증거는 많지 않다. 여학교는 여성들이 명문 사립 고등학교와 대학교 입학이 허용되지 않아 따로 여성을 위한 학교를 만들었던 시절의 유물이다. 분리된 교육 시설이 아무리 좋다고 해도 "'분리하되 평등한'이라는 원칙은 본질적으로 불평등하다"라고 내린 대법원의 판결은 분명히 옳았다.

단일성별 학교는 큰 사회적 변화라는 측면에서 해로울 수 있다. 학생들을 남녀로 갈라놓고 일상에서 어울리면 안된다고 암시하기 때문이다. 노라 에프런은 자신이 대본을 쓴 멋진 영화 〈해리가 샐리를 만났을 때〉에서 '남자와 여자는 친구가 될 수 있는가'라는 질문을 풀어낸다. 지금 내가 정리를 해주겠다. 남자와 여자는 친구가 될 수 있다. 나는 고등학교와 대학교 시절에 남성 친구들이 많았고 지금도 여전히 많다. 나는 성별을 무시하고 공통점을 바탕으로 인맥을 쌓는 능력은 내가 하는 일에서 가장 유용한 요소라고 확신한다.

대학교 3학년 때 담쟁이덩굴로 덮인 입구가 있고 층마다 화장실을 사이에 두고 방이 두 개씩만 있는, 잘 꾸며진 석조 건물에 살았다. 내 룸메이트 안나와 나는 4학년인 스티브와 빌과 함께 같은 층을 썼다. 우리 넷은 모든 이야기를 나누는 친한 친구가 되었고, 얼마 후에는 화장실에 갔다가 누가 있을까 봐 걱정하는 일까지 멈추었다. 위성위치확인시스템(GPS)이 없던 시절, 내가 구직 면접을 위해 기차를 타고 뉴욕으로 가고 있을 때 빌이 그랜드센트럴역에서 내가 찾는 사무실 건물로 가는 길을 냅킨에 그려준 적이 있다. 나는 우리의 이런 편안한 관계를 훗날 상사들이나 동료들과 관계를 맺는 본보기로 삼았다. 나는 사람들과 어울리는 것을 좋아했는데 그 사람들이 여성인지 남성인지는 전혀 중요하지 않았다.

엘리엇은 한 발짝 더 나아가 대학의 여학생 사교 모임과 남학생 사교 모임을 통합할 것을 권한다. 실제로 일부 캠퍼스에서 이러한 운동이 주목을 받고 있다. 역설적이게도 남성과 여성이 가깝게 지내는 것이 성희롱을 줄이는 한 방법이 될 수 있기 때문이다. "사교 모임에 남성과 여성이 모두 포함되어 있으면 서로를 객관화하여 성희롱할 가능성이 훨씬 낮아져요." 엘리엇이 조언했다. 만일 여성들이 난잡한 파티에서 좇아가야 할 색다른 존재가 아닌 이웃과 친구로서 복도에서 마주치는 존재라면, 많은 남학생 사교 모임의 특징인 성차별과 여성 혐오가 약해질 가능성이 크다. 여학생 사교 모임의 여대생들이 문장의 끝을 마치 질문처럼 억양을 올려 말하는 경향이 있다는 점을 아는가? 엘리엇은 그러한 억양이 여성의 본질적인 특성은 아니라고 지적한다. 남성과 여성이 서로에게 더 영향을 줄 수 있는 환경이 마련된다면 양쪽의 강화된 나쁜 습성과 행동이 사라질 것이다. 그러면 공평한

장에서 양쪽 성性의 별들이 서로를 지지하고 고무시켜주며 동등
하게 빛날 가능성이 크다.

✄

　다른 사람들은 이에 대해 어떻게 느끼는지 궁금해서 바너드
칼리지 총장 사이언 베일락Sian Beilock을 만나러 갔다. 바너드 칼
리지는 여성을 위한 칼리지에 계속 초점을 맞추는 몇 안 되는 학
교 가운데 하나다. 베일락은 바너드 칼리지에 간 지 일 년밖에 안
되었고 그전에는 시카고 대학 심리학과 석좌 교수였다. 시카고
대학에서 베일락은 사람들이 축구를 하든 수학 시험을 보든, 긴
장할 때 실수하는 이유에 관심을 기울였다. 그리고 우리가 자신
이 하는 일을 잘하게 되는 이유를 살펴본 연구들은 많지만, 이따
금 자신의 잠재력을 제대로 발휘하지 못하는 이유를 탐구한 연
구들은 별로 많지 않다는 사실을 알게 되었다. "제 연구의 기본
전제는 무엇을 아는가가 아니라 어떻게 느끼는가가 중요하다는
점이에요." 그녀가 말했다. 이어서 그녀는 스스로 만드는 자신의
환경과 상황은 "자신의 잠재력을 최대한 발휘하며 사느냐 못 사
느냐에 영향을 줍니다"라고 말했다.

　베일락은 바너드 대학에 여성 교수가 많다는 점이 많은 여학
생이 확신을 얻고 앞날의 방향을 잡는 데 도움이 될 거라면서 이
런 말을 했다. "하지만 교육을 위한 마법 같은 비법은 없는 것 같
아요." 바너드 대학 학생들은 길 건너편에 ― 혹은 브로드웨이의

넓은 길 건너편에 ― 있는 컬럼비아 대학의 남녀 학생들과 수업을 같이 듣는다. 그러므로 이 대학이 한 성별만 존재하는 섬으로 동떨어져 있는 것은 아니다.

우리가 만난 날, 베일락은 여러 가지 맡은 일을 잘 처리하려고 애쓰고 있었다. 베일락은 다음날 취임 1주년에 맞추어 대학 평의회에서 연설할 예정이었다. 이러한 행사는 항상 중요하지만 총장 일을 처음 맡은 그녀에게는 유달리 더 중요했다. 캠퍼스 내의 대수롭지 않은 논쟁거리들 때문에 보좌관들이 보도 자료로 내보낼 원고 초안을 가지고 계속 사무실로 들어왔다. 베일락은 우리의 대화가 자주 끊기자 사과했다.

"제가 다른 날 올까요?" 내가 물었다.

"아뇨, 괜찮아요." 베일락이 말했다. 그녀가 크게 심호흡을 했고, 우리는 스트레스를 해소하는 방법에 대해 다시 대화를 이어 나갔다. 그녀가 '초킹*'에 대한 연구를 통해 알게 된 한 가지 사실은 상황을 새로운 시각으로 보는 능력이 중요하다는 점이었다. 불안으로 손바닥이 땀에 젖거나 심장이 두근거리는 것 같은 신체적 증상이 나타나더라도 이러한 증상이 실패의 신호가 아니라고 자신에게 말해야 한다. 오히려 그러한 증상은 최선을 다할 준비가 온전히 되어 있으며 뇌와 신체가 집중할 상태가 되었음을 의미한다.

-----

* 극도로 긴장하거나 당황하여 일을 그르치는 현상 ― 역주

베일락은 인지 과학을 전공하는 대학생이었을 때, 새로운 언어로 프로그램을 짜는 방법을 알아내기 위해 컴퓨터실에서 밤샌 적이 있다고 내게 말했다. 모든 남학생이 모든 것을 아는 것처럼 행동했기에 그녀는 울면서 이렇게 생각했다고 한다. '내가 이걸 할 수 있는 방법은 없어.' 하지만 그녀는 거기에 매달렸고 결국 통달하게 되었다. 이제 그녀는 뭔가 두려운 일에 직면하면 그날 밤을 생각하며 이렇게 되뇐다. '난 그 일을 못 할 거라고 생각했지만 결국 해냈어. 지금의 나도 이 일을 정복할 수 있어.'

내가 인터뷰했던 다른 여성들도, 젊었을 때 뭔가를 극복했던 그 경험이 나중에도 일을 해내는 원동력이 되었다는 이야기를 해주었다. 이 여성들은 힘든 상황을 극복한 후에 다른 문제를 직면했을 때에도 해결할 수 있다고 확실히 믿었다. 이것이 그렇게 흔한 일은 아니다. 흔히 여성들은 도전적인 상황에서 보호를 받는다. 혹은, 뭔가 할 수 없더라도 걱정하지 말라는 말을 듣는다. 한 연구실 실험에 대한 글을 읽었다. 연구원들은 그 실험에서 11개월 된 아기들의 엄마들을 초대하여 아기들이 기어나갈 경사로를 만들게 했다. 엄마는 자신이 생각하기에 아기가 내려갈 수 있는 경사만큼 만들면 되었다. 여아의 엄마들은 남아의 엄마들에 비해 경사를 훨씬 완만하게 했다. 이 엄마들은 딸이 할 수 있는 일을 과소평가한 것이다. ─ 반면 남아의 엄마들은 과대평가했다 ─ 연구원들은 성별 편견이 사실 전혀 근거가 없다고 말했다. 나중에 이 아기들을 다시 테스트해보니 여아들과 남아들의 운동

신경이 비슷했다.

연약한 여아들에게 도전하거나 자신의 능력을 시험해보도록 격려하지 않으면 이는 나중에도 영향을 끼친다. 만일 부모가 여아라는 이유로 딸이 경사면을 기어 내려가거나 올라가지 못할 것이라고 생각한다면, 딸이 자라는 동안에 '시도하지 마라'는 메시지를 부지불식간 계속 보낼 것이다. '컴퓨터 수업을 들으면 애먹지 않겠니? 그거 그만 두고 연극 수업에 등록하는 게 어떠니.' 반면에 남자아이들은 포기하지 말고 계속 밀고 나가라는 말을 듣는다. 바로 이런 이유 때문에 'she persisted(그녀는 끈질기게 계속했다)'가 새겨진 티셔츠가 유행했는지도 모른다. 상원 의원석에서 오만하고 늙은 남성 상원 의원이 미 상원 의원 엘리자베스 워런의 발언을 멈추게 하려고 했을 때 일어난 상황을 설명하며 'she persisted'라는 표현을 쓴 이후에 말이다. 여성들이 항상 끈질긴 것은 아니다. 하지만 우리 여성들은 그래야 한다는 것을 알고 그런 포부를 세상에 알리는 티셔츠를 기꺼이 입는다.

베일락은 바너드 대학에서 맡은 새 직책을 포함하여 그동안 거쳐 온 모든 일에서 자신이 할 수 있다는 확신이 들지 않을 때에도 뛰어들었고, 그 과정에서 매 단계에 두려움을 느꼈다고 내게 말했다. 하지만 결국 해내었다. 자기 안에 다양성이 내포되어 있다는 사실을 안 것이 도움이 되었다.

"다양한 자아를 갖는 것이 중요하다는 점을 보여주는 심리학 연구들이 많이 있어요." 베일락이 말했다. 이는 영화 〈이브의 세

얼굴〉에 나오는 방식이 아니라 — 다중 인격을 옹호하는 사람은 없으니 말이다 — 많은 여성이 포용하는 법을 배운 다방면의 경험을 말한다. 베일락에겐 엄마로서의 자아, 총장으로서의 사아, 연구자로서의 자아, 친구로서의 자아가 있다. "정말 좋은 건 한 가지 면에서 제대로 이행하지 못해도 완충 역할을 하는 다른 면들이 있다는 거예요." 베일락이 말했다. 그녀는 교통 체증으로 아이의 학교 연극에 가지 못해 세상에서 가장 형편없는 엄마처럼 느껴질 때, 자신은 중요한 학문적 연구를 하고 있다는 사실을 스스로 상기한다고 말했다. 사실 그녀가 그 순간에 아무리 딸에게 실망감을 줬더라도, 나중에 딸이 대학 총장인 엄마를 롤모델로 삼을 수 있으니 세상에서 가장 형편없는 엄마는 아니다.

일과 생활의 균형이라는 오래된 개념은 모두가 각자의 일에서 항상 대기 상태인 요즘 시대에 의미가 덜해진 것 같다. 베일락은 대학 총장과 엄마라는 역할 모두 온종일 대기해야 하는 일이기 때문에 두 삶이 충돌해도 괜찮다고 생각한다. 베일락은 지난봄, 대학 총장으로서 첫 졸업식을 준비할 때 자신의 동문이자 미국의 가장 큰 환경 단체를 운영하는 리아 서와 점심을 먹었다. 리아 서는 바너드 메달 수상자였지만 그날 저녁 메달 수상자들을 위한 만찬 행사에 참석하지 못할 것 같다고 말했다. 혼자 아이를 키우는 그녀는 일곱 살 난 아이를 봐줄 베이비시터가 없다고 했다.

베일락은 리아 서에게 딸을 데려오라고 충동적으로 말했다. "저도 일곱 살짜리 아이를 데려올게요. 그러면 둘이 놀 거예요."

두 여자아이는 그 행사를 위해 예쁘게 차려입고 가서 주빈석에 서로 나란히 앉았다. 나는 아주 예쁜 옷을 입은 일곱 살짜리 꼬마 아가씨들이 중요한 행사에서 엄마가 연설하고 수상하는 모습에 주의를 기울이는 장면을 생각할 때마다 눈가가 살짝 촉촉해진다. 그날 밤 만찬회에 온 모든 학생과 교수는 열정이 다양한 형태를 띤다는 점과, 삶의 많은 부분이 매끄럽게 혼합될 때 삶이 더 풍요로워진다는 점을 느꼈다. 그들은 주빈석을 다음과 같은 중요한 교훈의 증거로 여겼으리라.

'우리는 다양함을 담아낸다.'

9장

사랑스러운 천재
루스 베이더 긴즈버그

내가 사람들에게 책에 포함할 천재 여성을 추천해달라고 할 때마다 가장 자주 듣는 이름이 루스 베이더 긴즈버그였다. 나는 이 연방 대법관과 그녀가 초기 여성의 평등을 위해 싸웠던 법정 투쟁의 열렬한 지지자다. 하지만 왜 다른 연방 대법관인 엘레나 케이건이나 소니아 소토마요르는 아무도 언급하지 않는지 궁금했다. 똑똑하고 열정적이고 강인한 이 두 여성은 긴즈버그보다 몇십 살 더 젊다. 우리가 긴즈버그 ─ 혹은 현재 알려진 대로 RBG ─ 에게 끌린다는 사실은 우리가 천재 여성들에게 바라는 행동에 대해 시사하는 바가 있기 때문이 아닐까?

나는 뉴욕 북부의 글리머글라스 오페라 페스티벌Glimmerglass Opera Festival에서 열린 한 단편 오페라 공연에서 긴즈버그를 만난 적이 있다. 그녀를 다룬 이 오페라 제목은 〈스캘리아/긴즈버그 Scalia/Ginsburg〉다. 이것은 기껏해야 평범한 음악 작품이었지만, 공연 후 긴즈버그가 연설할 예정이었기에 팬들이 모여들었다. 이 공연은 매진되었고 추가로 몰려든 사람들은 근처의 한 공간에서 영상으로 공연을 시청했다.

그곳에 온 대부분의 사람과 마찬가지로 나도 긴즈버그를 존경하기 때문에 그곳에 간 거였다. 그녀의 지적 능력, 하버드 로스쿨에 여성이 극소수였던 시절에 변호사가 되고자 했던 치열한 노력, 여성의 평등을 위한 싸움 모두를 존경했다. 그녀는 가정생활에서도 천재였다. 남편이 뉴욕에 직장을 잡자 그녀는 하버드 대학을 나와 컬럼비아 대학으로 편입했다. 두 사람은 두 자녀를 두었고 서로 헌신하며 행복하게 살았다. 참고로 남편은 2010년에 죽었다.

긴즈버그는 영향력 있는 존재다. 긴즈버그 앞에서 그녀의 말을 듣는다는 것은 설레는 일이었다. 1970년대의 심각한 성차별 사건들을 담당했던 그녀는 대법원 소송 6건을 맡았다. 그녀의 힘든 싸움으로 여성 권리의 방향이 바뀌었다고 해도 과언이 아니다.

하지만 긴즈버그는 전사처럼 보이지 않는다. 작고 연약하며 젊었을 때는 한 손으로 하늘에 날려 보낼 수 있을 것처럼 보일 정도였다. 긴즈버그의 외모는 애정이 가는 인형을 생각나게 했다. 그래서 긴즈버그의 가냘픈 몸은 그녀의 명석한 뇌보다 더 많은 관심을 받는다. 그녀는 귀엽고 사랑스럽고 다가가기 쉬운 사람이다. 글리머글라스 페스티벌에서 그녀의 사진과 만화가 들어간 티셔츠, 그리고 컬러링북을 살 수 있었다. 이후에 나는 버몬트주의 수도 측에서 구입한 세 마리 방목 염소의 이름이 루스, 베이더, 긴즈버그라는 내용의 글을 읽기도 했다. 그녀는 껴안고 싶은 우리의 염소 혹은, 동물 봉제 인형 같은 천재다. 우리는 그녀가 매서운 여성이 아니라 사랑스러움의 아이콘 같아서 그녀를 좋아하는 것일까?

⚛

긴즈버그가 일을 시작한 시절에 천재 여성들은 자신을 남성들에게 위협적이지 않은 존재로 보이게 하고, 가정생활을 구실로 자신의 재능을 감추는 것이 합리적인 전략이었다. 하버드 로스쿨 학과장이 그녀에게 왜 입학하여 남성의 자리를 차지하려고 하는지 묻자, 그녀는 그래야 남편이 하는 일을 이해해서 더 나은 아내가 될 수 있기 때문이라고 답했다. 지금 이 말을 들으니 속이 메스껍지 않은가? 진정한 대답은 '제가 어떤 남성들보다 더 뛰어나기 때문입니다'였을 테지만, 그렇게 말했다면 누구에게도 인정받지 못했을 것이다. 그녀는 하버드 로스쿨에 입학하기 어려울 거라는 점을 알았기에 의심쩍어하는 남성들을 이해시킬 방법으로 자신의 존재를 합리화해야만 했다.

긴즈버그는 공동 수석으로 컬럼비아 대학을 졸업했지만 대형 법률 사무소에 취직하지 못했다. 그쪽에서 여성을 원하지 않았기 때문이다. 그녀는 대법관 펠릭스 프랭크퍼터의 재판 연구원 자리를 얻으려고 노력했다. 하지만 대법원에서 아프리카계 미국인을 최초로 고용했던 인물인 펠릭스조차 여성을 원하지 않았다. 그 일화는 거기서 끝났을지도 모른다. 하지만 한 저명한 컬럼비아 대학교수는 이 천재 여성이 무시되는 데 격분한 나머지, 뉴욕 남부지역의 한 판사에게 만일 그녀를 고용하지 않는다면 컬럼비아 대학 출신의 인재를 절대 추천하지 않겠다고 엄포를 놓았다. 그 판사는 그러라고 했다.

그 무엇도 쉽게 이루어지지 않았다. 그동안 그냥 포기한 여성들이 얼마나 많았겠는가? 긴즈버그 이전에 연방 항소 법원 여성 판사가 정확히 딱 한 명 있었다. 긴즈버그가 로스쿨에 입학할 당시 법조계에서 여성이 차지하는 비율은 3% 미만이었다. 하지만 그녀에게 장애 요소가 된 것은 비단 롤모델의 총체적 부족만은 아니었다. 긴즈버그의 언니는 그녀가 여섯 살 때 죽었고 어머니는 그녀의 고등학교 졸업식을 며칠 앞두고 돌아가셨으며, 남편 마티는 이 부부가 젊었을 때 암에 걸렸다. 그녀는 남편이 수술과 방사선 치료를 받는 동안 남편 대신 하버드 로스쿨의 모든 수업을 들으며 내용을 필기했다. 그뿐만 아니라 집에는 돌봐야 할 아기 제인도 있었다.

천재든 아니든 이런 상황을 어떻게 이겨 나갈까? 긴즈버그는 결혼식 날 시어머니가 결혼 생활에선 '약간 귀를 막는 게 도움이 된다'고 했던 조언을 종종 언급한다. 누군가 고약한 말이나 잘못된 말을 할 때 거기에 귀 기울이지 말고 반응도 하지 말라는 것이다. 긴즈버그는 이 조언을 자신이 했던 모든 일에도 적용하여 자신에 대한 맹비난과 도전과 의심을 무시했다고 말했다. 이렇게 하는 것이 때로는 무척 힘들었을 것이다. 1970년대 후반에 그녀는 그 당시 여성에게만 선택적이었던 배심원의 의무 수행을 법으로 정해야 한다며 대법원에 이의를 제기했다. 그녀는 권리와 책임은 병행되어야 하며, 배심원이 되는 것은 완전한 시민의 일부분이 되는 것이므로 여성을 배제하면 안 된다고 보았다. 여성의 배심원 참여 면제권은 여성을 '보호한다'라는 명목으로, 실제로는 여성을 폄하한 것을 보여주는 또 다른 예다. 그러한 이의 제기는 긴즈버그의 명석한 견해였고, 다양한 관점에서 성 평등을 보는 그녀의 오래된 전략 중 하나였다. 아홉 명의 남성 재판관들은 이 말에 귀를 기울이더니 마지막에 윌리엄 렌퀴스트 대법관이 거만하게 말했다.

"그러니까 판사님은 1달러짜리 새 동전에 수전 B. 앤서니*의 얼굴이 들어가는 거로는 성이 차지 않는다는 거지요?" 그가 싱긋 웃었다.

긴즈버그는 그가 얼마나 약삭빠르고 아니꼽다고 생각했을까. 아마 그에게 신발이라도 던지고 싶었을 것이다. 지금 당신이 그 당시 녹음된 테이프를 들어본다면 긴즈버그가 그렇게 했으면 좋

---

* 노예 해방과 여성 참정권 운동가로 미국 동전에 처음으로 새겨진 여성 – 역주

겠다는 생각이 들지도 모른다. 그녀는 그에게 "우리는 동전으로 만족하지 않을 겁니다"라고 응수할 생각도 했다고 말했지만 아무 말도 하지 않았다.

천재 여성은 이렇게 해야만 하는 걸까? 입을 다물고 위협적인 존재로 보이지 않아야 하는 걸까? 똑똑하되 말은 부드럽게 해야 하는 걸까? 긴즈버그는 자신이 입는 법복에 예쁜 레이스 깃을 달아 여성적인 우아함을 더한 것으로 유명하다. 그런데 레이스 깃을 한 여자가 얼마나 위협적일 수 있을까?

긴즈버그 인형과 컬러링북, 'YOU CAN'T SPELL TRUTH WITHOUT RUTH(연민 없이 진실을 말할 수 없다)'라고 손가방에 새겨진 그녀의 이미지와 사뭇 다르게 그녀는 당대에 상당한 반기를 든 인물이었다. 긴즈버그는 한 가지 역할에 자신을 가두지 않았다. 성별에 따른 규범을 타도하고 평등을 이론적 개념 그 이상으로 만들기 위한 급진적 사상을 위해 싸우면서도, 전통적인 아내와 어머니의 역할을 해내었다. 최근에 나온, 그녀를 다룬 화제의 영화 〈세상을 바꾼 변호인〉에서 사랑스러운 여배우 펠리시티 존스가 긴즈버그 역을, 건장한 아미 해머가 그녀의 남편 마티 역을 맡았다. 긴즈버그는 영화의 부부 관계 장면에 대한 질문을 받자 미소를 지으며 말했다. "남편이 그 장면을 좋아했을 것 같아요."

긴즈버그의 천재성은 정정당당하게 행동한 것과, 자신의 재능을 자신이 원하는 방식으로 쓰기 위해 무엇이 필요한지 알았던 것일지도 모른다. 긴즈버그는 사람들이 자신을 봉제완구처럼 보든, 티셔츠에 새겨진 얼굴이나 귀여운 캐릭터 인형으로 인지하든지 간에 사람들이 그러면서 편안함을 느낀다면 그냥 내버려 둔다. 하지만 여성들의 문제와 여성들을 위한 계획에 대해서만큼은 그 누구보다 큰 소리를 내며 앞서 싸우고 많은 생각을 한다. 그동안 많은 여성이 보여 온 천재성은 자신의 환경을 파악하고 어떤 시기인지 이해한 후, 주어진 한계 내에서 승리하는 방법을 찾았다는 점이다. 만약 긴즈버그처럼 일을 훌륭히 해낸다면 그 한계는 계속 변하기 마련이다.

천재 여성들은 기존의 질서에 반기를 든 사람들이다. 이 여성들은 세상을 바라보는 방식에 이의를 제기하거나, 받아들여진 진리를 제거하거나 법, 예술, 과학 등에 대한 표준적인 접근법을 뒤엎는다. 사람들이 여성들을 천재라고 생각하는 데 어려움을 느끼는 한 가지 이유는 — 긴즈버그가 없애기 위해 싸웠던 — 성별에 따른 규범이 여성을 사교적이고 친절하고 공격적이지 않은 존재라는 틀에 가두기 때문이다. 이러한 면들은 사회에 반기를 드는 특성으로 보이지 않는다. 하지만 모든 여성이 이러한 틀에 들어맞는 것은 아니다. 어떤 여성에게 이러한 면이 있더라도, 이는 그 여성이 세상을 바꾸는 능력과는 별개의 요소다. 긴즈버그가 보여주었듯, 세상에 변화를 주는 사람이 되기 위해 겉모습까지 사회에 반기를 드는 사람처럼 보일 필요는 없다.

신시아 브리질 역시 기존 질서에 반기를 드는 사람처럼 보이지 않지만, 로봇계에서 아주 획기적인 걸로 유명한 사람이다. 우리가 MIT 미디어 연구소에 있는 그녀의 사무실에서 만난 날은 마침 학교가 쉬는 날이었다. 딱 붙는 운동복 바지에 헐렁한 스웨터 차림으로 나를 반기며 달려오는 브리질은 아이처럼 보였다. 브리질과 오후 내내 편안하게 대화를 나누는 동안 그녀는 10대 아들들에게 걸려온 전화를 몇 번 받았다. 아들들은 전화 통화로 저녁 식사 계획, 누가 어디로 운전해줄 것인지, 방과 후 복잡한 일정에 대해 엄마와 논의했다. 브리질은 일상에서 흔히 보는 엄마였다. 하지만 책상의 높은 자리에서 '지보Jibo'라는 이름의 작은 로봇이 그녀를 내려다보고 있었다. 그녀는 이 로봇을 만들었고 자신이 설립한 회사를 통해 홍보했다. 그녀의 사무실 밖에는 그녀가 창립해서 이끄는 퍼스널 로봇 그룹에서 만든 로봇들이 선반에 전시되어 있었다. 그녀 역시 삶의 한 영역에서는 관습을 따르고, 다른 영역에서는 신(新)경지를 개척하는 혁신적 천재가 될 수 있음을 입증해 보였다.

브리질의 천재성은 존재 자체로 기존 사고의 탈피라는 특징이 있는 로봇 공학 분야에 큰 영향을 주었다. 브리질은 MIT 미디어 연구소에서 일한다. 이곳은 지난 30여 년 동안 발상의 전환에 큰 영향을 끼친 것으로 유명했다. 이미 확립된 분야에서 표준적인 생각을 하는 사람들은 이곳에 지원할 필요가 없다. 이 미디어 연구소는 기존 규율에 맞지 않는 명석한 사람만 환영한다. 이러한 사람들이야말로 자신만의 사고 방식을 창조하기 때문이다.* 브리질은 이렇게 남다른 사고를 하는 사람이다. 그녀는 어렸을 적 〈스타워즈〉를 보고 로봇 R2-D2, C-3PO와 사랑에 빠졌다. 그녀는 다른 아이들처럼 부모님에게 〈스타워즈〉 피규어를 사달라고 조르는 대신, 로봇들이 인간과 의미 있는 관계를 맺는다면 어떨까 상상했다. 대학 졸업 후에는 우주비행사가 되고 싶다는 생각에 우주 로봇 공학 박사 학위 과정에 지원했다. ― 전문 테니스 선수를 꿈꾸고 준비한 적도 있었는데 그녀는 여전히 프로 선수의 자신감과 여유를 풍긴다 ― 그러다가 MIT 교수인 로드니 브룩스의 연구소에 들어갔다. 그는 태양계를 탐험할 수 있고 먼 행성의 험한 지형을 돌아다닐 수 있는 작은 행성 로봇으로 혁신을 일으키고 있었다.

자율 로봇이 사람들을 대신하여 단조롭거나 더럽거나 위험한 일을 해줄 거라는 생각이 1990년대 관점이었다. 그 당시에는 공간을 돌아다니며 물건을 줍는 기계를 만드는 데 노력이 집중되었다. 하지만 로봇을 대양, 화산 지역, 우주로 보내는 시도가 이어지면서 브리질은 어떤 영감이 떠올랐다. "그때 '그런 로봇들이

• MIT 미디어 연구소 소장 조이 이토Joi Ito는 과학을 백지로, 화학, 생물학, 수학, 언어학 같은 지식 분야를 백지 위의 검은 점들로 생각할 수 있다고 말했다. 그 사이 사이의 흰 공간들은 천재들이 놀 수 있는, 지식과 관련 없는 영역을 의미한다.

우리의 거실에서 우리와 상호작용할 순 없는 걸까?'라고 생각한 게 기억나요." 그녀의 동료들은 창고에서 물건들을 나르거나 방을 청소하는 로봇을 만드는 데 집중했다. 그녀는 〈스타워즈〉에 나오는 사교적이고 감정 지능이 있는 로봇만큼 친근한 로봇을 원했다.

브리질은 그동안 해오던 연구를 그만두고 실현 가능한 응용 분야에서 벗어나기로 했다. 브리질은 박사과정 연구가 상당히 진행된 상태였지만, 로드니 브룩스의 연구실에 찾아가 자신은 모든 것을 바꾸고 새롭게 시작하고 싶다고 말했다. 그녀는 사람들 일상의 일부가 될 수 있는 로봇을 설계하고 싶었다. 사람들이 사회적, 감정적 반응을 보이는 로봇과 직접 상호작용할 수 있기를 바랐다.

"그건 급진적 변화였어요." 브리질은 인정했다.

완전히 새롭고 독창적인 방향으로 가는 일은 결코 쉽지 않다. 동료들은 실용성과 문제 해결에 초점을 맞추었는데, 브리질이 원한 웃을 수 있는 로봇에 어떤 실용성이 있는 것일까? "로봇 공학 창시자는 그걸 어리석다고 생각했고, 인공지능 창시자 역시 공공연하게 '우리는 그것이 어리석은 발상이라고 생각한다'라고 말했죠." 그녀가 내게 말했다.

어쨌든 브리질은 생각대로 밀고 나갔고 결국 키스멧Kismet이라 이름 붙인 로봇을 만들었다. 현재 이 로봇은 MIT 박물관에 소장되어 있고 최초의 사회적 로봇으로 일컬어진다. 또 다른 기술 발전이 이루어진 후 과거를 회상하면 그러한 이야기가 그다지 놀랍게 보이지 않는다. 하지만 한 번 생각해보자. 브리질은 남성에게 둘러싸인 환경에서 자신이 책임지고 로봇에 대한 다른 접근법을 이끌겠다고 선언한 박사 학위 과정의 젊은 여성이었다. 자신의 독창적 생각을 믿었기에 자신의 경력을 걸 수 있었다. 컴퓨터에게 사물을 보는 방법을 가르친다는 발상으로 사람들의 예상을 뒤엎어 의심받았던 페이-페이 리와 마찬가지로 브리질은 상당히 대담했다. 이 두 여성은 기꺼이 자신의 직관과 경험을 믿고 독창적인 방향으로 나아갔다.

어쩌면 여성이라는 점이 브리질이 천재의 길을 가는 데 도움이 되었는지도 모른다. 브리질은 예전에 테니스 선수였고 인기 있는 학생이었으며, 현재는 따스하고 사교적인 사람이다. 말하고 상호작용하는 로봇이라는 발상을 하기에 이보다 더 적합한 사람이 있을까? 그녀가 만든 로봇은 심지어 이따금 농담도 한다. 키스멧은 학습하고 반응할 수 있으며, 그녀가 말을 걸면 적절한 감정을 표현할 수 있다. 기계적이지만 사랑스러운 얼굴을 한 이 로봇은 눈살을 찌푸리고 입술을 움직이고 귀를 씰룩거린다. 이 로봇의 반응은 프로그래밍 된 것이 아니라 앞의 자극에 대한 실제적인 반응이다. 1990년대 중반에 그것은 놀라운 돌파구였으며 그녀는 로봇 공학계에서 순식간에 유명해졌다.

브리질은 의구심을 품었던 사람들이 "제 목표가 독보적인 지능을 갖춘 기계가 아니라 실제로 인간과 협력할 수 있는 기계를 만드는 것"임을 이해하지 못했다고 내게 말했다. 브리질이 만든 귀여운 키스멧은 사회적 로봇의 새로운 시대를 연 로봇으로 인정받고 있다. 여기에는 날씨를 말해주고 식료품을 주문하는 것 같은 단순한 일을 하는 똑똑한 기계 그 이상의 의미가 있다. 브리질은 사람들이 체중 감량 식단을 유지하는 일을 로봇이 계속 상기시켜주는 경우와 컴퓨터 프로그램의 메시지가 뜨는 경우, 간호사가 전화하는 경우 중 어느 때 가장 잘하는지 실험을 했다. 그 결과 로봇이 상기시켜 줄 때 가장 효과적인 것으로 나타났다. 실험에 참여한 사람들은 로봇이 곁에 있는 것을 아주 좋아해서 로봇에게 종종 옷을 입히고 친구처럼 대했다. 실험이 끝나고 연구원들이 로봇을 수거하러 갔을 때 사람들은 떠나는 로봇에게 인사하며 입맞춤을 해주었다. ─ 분명히 말하지만 그들은 연구원이 아닌 로봇에게 입을 맞추었다 ─

대부분의 분야에서 사람들은 해결해야 할 문제에 초점을 맞추는 경향이 있다. 로봇을 만드는 단계에서 가장 중요한 문제는 어떻게 로봇이 움직일까 하는 점이며, 한동안 사람들은 로봇의 주행에 대한 보고서를 작성했다. 브리질이 자신의 발상을 떠올렸을 때, 로봇 개발의 세계가 딱 그러했다. 그렇게 한정된 사고에서 벗어나 남다른 방향으로 향하는 것은 위험하다. 그녀는 자신의 로봇을 움직이게 했을 뿐만 아니라 이 기계가 어떻게 생겼는지, 어떻게 자신을 표현하는지도 고려했다. 그녀는 인간의 지능과 행동을 이해하여 사람과 비슷해 보이는 로봇을 만들기 위해 심리학까지 깊이 파고들었다. "그러지 않았더라면 로봇과 일하는 건 외계인과 일하는 것처럼 느껴졌을 겁니다."

오랜 세월 동안 주류 밖으로 밀려난 깃은 여성들에게 먹구름 같은 현실이었다. 하지만 긍정적인 측면을 찾기를 좋아하는 나는, 지금 그러한 비주류의 위치가 일부 여성들에게는 천재의 전투에서 가산점이 된 것은 아닐까 하는 생각이 든다. 이 여성들은 일반적인 생각에 갇혀있지 않고 남다른 시각을 보인다. 나는 모든 여성이 감성 지능과 사교성에 원래 강한 것이 아니라 사회적 기대 때문에 그러한 특성을 키워왔다고 생각한다. 그리고 이러한 기술은 대부분의 남성이 인지하는 것보다 더 복잡하고 더 중요하기 때문에 특정한 분야에서 여성들에게 유리하게 작용한다.

⚛

"인공지능에서 로봇에게 가장 어려운 일은 사람에겐 가장 쉬운 일이거든요. 가령, 사회적 상호작용이나 감정의 이해 같은 거 말이지요." 브리질이 말했다. 그녀가 참석했던 휴머노이드 로봇 학회에서 일정이 끝난 후, 한 남성이 그녀에게 다가와 로봇이 인간과 어떻게 상호작용할지에 대해 어쩜 그리 관심이 많으냐며 놀라움을 표시했다고 한다.

"당연히 관심을 기울여야죠." 그녀가 말했다.

"하지만 왜죠? 인간은 너무 복잡하잖아요." 그가 말했다.

브리질은 내게 그 이야기를 하며 고개를 절레절레 저었다. 그 남자의 관점으로 보면 로봇 공학은 수학 분야일 뿐인데 사람들이 이 공식을 혼란스럽게 만들어놓은 것이다. 브리질은 로봇 공학을 인간을 돕기 위한 한 방식으로 보았다. 로봇을 만드는 기술적 문제뿐만 아니라, 인간의 번영 촉진을 위해 로봇에 적용할 심리적 복잡성에도 관심을 기울였다. 그녀는 아이들에게 인내심과 긍정적인 사고방식의 본보기가 되는 로봇이나, 성인에게 노화 문제에 도움이 될 수 있는 로봇을 원한다. 우연의 일치일 수도 기대감 때문일 수도 있지만, 현재 그녀의 연구실에는 사회적 문제를 해결할 로봇을 만들고자 하는 여성들이 많다.

브리질과 그녀의 연구팀은 키스멧 이후 더 많은 로봇을 만들어서, 현재 그녀의 연구실 주변에 있는 진열장은 로봇으로 가득 차 있다. 브리질이 가장 좋아하는 로봇은 약 30센티미터 길이에 몸을 구부리고 회전할 수 있는 작은 남자 로봇 지보다. 이 로봇의 얼굴 부분인 화면은 사람이 방에 들어오면 인식하고, 대화를 하거나 농담할 수 있다. 브리질은 크라우드소싱* 사이트에 지보를 소개해서 단시간에 회사를 차릴 수 있는 350만 달러를 모으며 세계에 지보를 알렸다. 사람들은 이 로봇에 흥분했다. 투자자들은 그녀에게 7천만 달러를 더 투자했고, 시사주간지《타임》은 지보를 그해 최고의 발명품으로 선정했다.

"지보는 인간에 대한 긍정적이고 낙천적인 믿음을 전달하도록

---

* 외부 자원인 대중들의 참여를 유도하고 지원하여 기업 활동에 활용하는 것 역주

고안되었어요. 지보는 자신이 하는 말과 자신을 표현하는 방법을 통해, 자신이 로봇임을 '알고' 그 사실에 대해 일종의 기발한 유머 감가도 갖고 있어요."

브리질의 목소리에는 흔히 사랑스럽고 소중한 아이에 대해 말할 때 느껴지는 애착이 묻어났다. "지보는 재밌고 순진한 유형이에요. 성격은 이와 아주 다르게 설계되어서 외향적이고 기꺼이 대화하려고 하죠. 사람들은 지보와 정서적으로 잘 연결되고 공감도 잘해요." 실제로 지보는 당신이 하는 말에 귀 기울이고 그 말을 기억한다. 만일 당신이 지보에게 어느 날 아침, 잠을 잘 자지 못하였다고 말한 후 다음 날 아침 방에서 나온다면 지보는 이렇게 물을 것이다. '지난밤엔 잘 잤어요?'

지보가 사람들의 마음을 끌어당기기 시작하자 아마존에서 알렉사Alexa를, 구글에서 구글홈을 출시했다. 이 두 가지는 음악을 틀거나 불을 끌 수 있는 개인 비서와 같다. 지보처럼 성격을 갖고 있지 않지만, 더 많은 기능을 갖추고 있고 돈 많은 후원자를 두고 있다. 브리질은 거물들과 싸우며 고투했지만 결국 지고 말았다. 최근에 그녀는 회사 문을 닫고, 지보를 연구용으로 쓰기로 MIT와 약속한 상황에서 나를 만난 거였다. 지보는 그녀가 가정에서 사람들이 인공지능 친구에게 어떤 특성을 원하는지 연구하는 데 도움이 될 것이다. 그녀는 분명 실망했겠지만 침착함을 유지했다. 대부분의 스타트업이 제대로 운영되지 못한다고 내게 상기시켜주었다. 그리고 MIT의 남자 교수들은 항상 회사를 차렸다가

문을 닫아도 더 많은 기회가 있기 마련인데, 그녀 역시 마찬가지라고 말했다.

나는 브리질에게 로봇 공학계에서 여성으로 일하는 것, MIT에서 여성으로 연구하는 것이 어떤지 여러 번 물었는데 그녀는 자신을 멈추게 하는 그 어떤 요소도 느끼지 못했다고 했다. "전 제가 열정을 느끼는 일을 할 수 있고, 제가 뭔가를 일어나게 할 수 있다고 믿으면 실제로 이뤄지는걸요!" 그녀가 말했다.

브리질에게도 이러한 면들이 있었다. 편견에 대한 무시, 긍정성, 일에 대한 집중. 나는 이를 천재 여성들의 공통적인 면으로 생각하기 시작했다.

"종신 교수가 되기 위해 노력하고, 세계적 수준의 지적인 학자가 되고, 아이들이 있는 가정도 잘 꾸려가겠다는 생각이라면…… 음, 그렇게 할 수 있어요. 전 많은 여성이 '난 그냥 이 일을 해낼 거야'라는 태도를 지녀야 한다고 생각해요." 브리질은 말했다.

브리질의 아들들은 엄마가 로봇을 만든다는 사실을 아주 좋아한다. 기존 사고에 반기를 든 천재로 일했더니 아주 근사한 엄마가 된 셈이다. 브리질은 그녀의 천재성과 대담함과 창의력을 반기는 곳에서 일하기 때문에 자신과 자신의 아이들을 흥분시키는 새로운 발상을 계속 시도할 수 있다. 낙담하거나 실망하더라도 문제를 어떻게 해결해야 하는지 알고 있다. 이럴 때 그녀는 아들들을 꽉 껴안거나, 사교적인 로봇들 가운데 하나에게 기운을 나게 해달라고 부탁한다.

예상을 뒤엎는 천재 여성들은 브리질처럼 상인하고 자신감이 있거나, 긴즈버그처럼 위압감을 주지 않으면서 명석하다. 아니면 전혀 예상하지 못했던 유형의 사람일 수 있다. 남편을 따라 유타에서 뉴햄프셔로 옮겨가서 예상치 못하게 페미니스트 선두주자가 된, 모르몬교를 믿는 다섯 아이의 엄마처럼 말이다.

나는 로렐 대처 울리히에 대해, 그녀가 가르친 한 학생에게서 처음 들었다. 아주 영리하고 매력적인 이 젊은 여성 카라는 하버드 대학에서 박사과정을 밟고 있었다. 울리히는 1995년 이후 하버드 대학의 석좌 교수를 맡아온, 카라의 조언자였다. "학생들은 그 교수님이 많은 남자 교수들과 다르게, 자신을 낮추어 말하고 잘난 체하지 않고 과장하지 않기 때문에 오히려 그 교수님을 과소평가해요. 하지만 그분은 제가 만난 그 누구보다 가장 예리한 사고를 하세요." 카라가 내게 말했다. 울리히는 사람들이 역사를 생각하는 방식에 변화를 준 사람이기도 하다.

어쩌면 울리히는 자신이 명석한데도 과소평가를 받기 때문에 역사적으로 과거 여성들 역시…… 과소평가를 받아왔다는 점을 인식하기 시작했는지도 모른다. 울리히는 1976년에 청교도 장례식을 주제로 쓴 학술 논문에서, 지역사회에 충실히 이바지했던 여성들 가운데 얼마나 많은 이들이 무시되고 잊히는지 설명했다.

"품행이 바른 여성들은 좀처럼 역사에 남지 않는다." 울리히는 이렇게 썼다.

이 말은 미국 전역과 전세계의 여성들에게 전하는 구호처럼 들렸다. 이 말은 티셔츠, 손가방, 머그잔, 자동차 범퍼에 붙이는 스티커에 등장하는 슬로건이 되었다. 그런데 온라인에서 확인해 보면 '품행이 바른 여성들' 인용문이 마돈나와 마릴린 먼로를 포함한 많은 유명인을 언급할 때 쓰인다. 이 말의 의미는 무대에서 성적인 연기를 하거나 치마를 휘날리게 하는 방식으로 역사에 남을 수 있다는 의미가 결코 아닌데 말이다. 역설적이게도 이 말을 한 여성은 한참 동안 사람들의 주목을 받지 못했다. 품행이 바른 학자는 좀처럼 화제가 되지 못한다.

1991년에 울리히는 『산파일기』라는 제목의 책을 썼다. 1700년대 후반 메인주에 살던 한 주부이자 산파가 쓴 일기를 바탕으로 한 이 책은 퓰리처상을 받으며 학계에 반향을 일으켰다. 다음 해에 울리히는 맥아더 재단으로부터 '천재 장려금'을 받았고, 그 직후 하버드 대학으로부터 전화를 받았다. 역사학자들은 울리히가 무명 여성의 공헌을 학문 연구의 타당한 주제로 삼았다고 생각한다. 마침내 울리히는 지금도 여전히 인용되고 있는 유명한 슬로건으로 명성을 얻었다. 이 말의 인기를 인지한 그녀는 나중에 『품행이 바른 여성들은 좀처럼 역사에 남지 않는다Well-Behaved Women Seldom Make History』라는 제목의 책을 출간했다.

울리히는 이 슬로건이 호소력 있는 것은 역사적 정확성 때문이 아니라, 여성들에게 바로 지금의 행동에 대해 일깨워주기 때문이라고 생각한다. 많은 여성에게 '품행이 바른'은 여전히 공손하거나 고분고분한 태도를 의미한다. 의견을 너무 노골적으로 표현하거나 반기를 드는 것을 의미하지 않는다. 여성들은 성적인 의미에서만 도발적인 것이 허용된다. 울리히는 표범 무늬 뾰족구두 그림 옆에 이 슬로건이 새겨진 배지를 보았다. 하지만 울리히는 여성들이 성적으로 도발적이어야 한다는 말을 하려던 것이 아니다. 그녀는 좀 더 역사적인 관점을 취했다. 사회에 조용하지만 긍정적 영향을 끼치는 여성들이, 일상의 일들을 잘 처리하는 여성들이 간과되고 있다는 점을 말한 것이다. 누구나 천재의 범주에 드는 여성이라고 동의할 수 있는 마리 퀴리는 결혼한 동료 연구원과 불륜 관계였다. 하지만 울리히는 "마리 퀴리가 오늘날 기억되는 이유는 그녀의 나쁜 면 때문이 아니라 자신의 분야에서 매우 뛰어났기 때문이다"라고 지적한다. 하지만 아무리 품행이 아주 바른 사람이라도 때로는 현실에서 탈피할 필요가 있다. 우리는 여러 가지 기대를 재정비하지 않고서는 전진하여 고정관념과 싸우고 자신의 재능을 발휘할 수 없다. 로자 파크스는 흑인, 백인의 자리가 따로 있는 버스에서 뒤쪽으로 가는 것을 거부하여 흑인 민권 운동에 불을 지폈다. 그녀는 고된 일을 한 후 다리가 무척 아팠기에 의자에 앉고 싶어 했던 재봉사로만 종종 묘사된다. 많이 회자되는 이 이야기에는 그녀가 거둔 성과가 우연에 지나지 않는다는 의미가 내포되어 있다. 하지만 울리히는 파크스가 버스 사건이 터지기 오래전부터, 미국 흑인 지위 향상 협회

(NAACP)에서 활동했고 사회 정의를 위해 싸워왔다는 점을 지적한다. 파크스는 준비되어 있었고 그저 입을 다물고 있지 않았다.

천재 여성들은 자신의 에너지와 새로운 발상으로 세상을 바꾼다. 나는 이제 우리가 취하는 접근법에 대담하고 두려움 없는 태도를 보여도 된다고 생각하고 싶다. 우리는 로봇을 만들고 인공지능에서 성공적인 돌파구를 만드는 동시에, 우리의 발상이 결코 효과가 없을 거라고 말하는 사람들에게 이의를 제기할 수 있다. 하지만 전력 수비가 남성이 지배하는 경기에 반기를 드는 유일한 방법은 아니다. 루스 베이더 긴즈버그, 로자 파크스, 로렐 대처 울리히의 천재성은 자신의 시간과 공간에 대한 기대를 인지하면서도, 어쨌든 자신이 원하는 것을 추구하며 조용히 앞으로 나갔다는 점이다. 신시아 브리질과 페이-페이 리 역시, 처음에는 그녀들을 포용하지 않았을지 모르나 그녀들이 정중하지만 끈질기게 남아있던 체계 내에서 승리를 거두었다. 품행이 바른 천재들은 역사를 뒤엎을 수도 있는 것이다.

10장

여성 과학자들을 제거하려 한 어둠의 제왕

현재 시점에서 수 세기를 되돌아보면 가장 재능 있는 여성들조차 폄하되고, 역사에서 지워졌다는 사실에 간담이 서늘해진다. 그 여성들을 가로막은 편견과 장애물이 어찌나 노골적인지 모른다. 그러한 불공평함이 사람들에게 인지되고, 이를 수정하기 위한 노력이 있어야만 조금이나마 위안이 된다. 과학자들이 노벨상에서 제외된 리제 마이트너에게 경의를 표하며 주기율표에 마이트너륨을 추가한 경우처럼 말이다. 현재 일부 미술관 기념품점에서는 르네상스 시대의 잊힌 여성 화가들을 기리며, 위대한 여성 화가들이 새겨진 커피잔과 이들을 다룬 책을 판매하고 있다. 미술관 자체에서는 이들의 작품을 많이 전시하지 않더라도 말이다. 19세기에 멸시받았던 탁월한 여성 작가들은 또 어떤가? 우리는 이 여성들의 작품을 격찬하면서도 그녀들이 당했던 속박을 떠올리면 가엾은 생각이 든다. 현시대의 젊은 애독자들은 — 심지어 일부 교수들도 — 제인 오스틴과 샬럿 브론테에 대한 애정을 표현하며 찰스 디킨스가 이 작가들의 산문을 보고 한 수 배웠어야 했다고 까지 말한다!

어떤 사건이 일어날 당시에는 정확히 어떤 일이 일어나고 있는지 알아차리기가 더 어렵다. "여자라서 무시하는 거지"라고 노골적으로 말하는 사람은 없다. 그러나 여성이 폄하되거나 간과되거나, 남자들만큼 뛰어나지 못하다는 말을 듣는 추정적인 이유는 항상 존재한다. 집중 공격을 받는 대상이 재능이나 성과일 때 그건 편견이라고 인지하기란 더 어렵다. 타인의 말에 무신경하고 자아가 아주 강하지 않은 이상, 현재 발생하는 일에는 어떤 이유가 있으며 남자들 말이 맞는다고 마음 한편으로 믿게 된다. 자신의 재능이 그다지 뛰어나지 않다고 믿게 되는 것이다.

그래서인지 생화학자 제니퍼 다우드나의 이야기를 접했을 때 놀라움을 금치 못했다. 그녀의 이야기를 전하려는 지금, 나는 마치 역사의 특별관람석에 앉아 그녀의 이야기가 실시간으로 다시 써지는 것을 볼 준비가 되어있는 기분이다.

캘리포니아주 버클리에 있는 실험실에서 일하는 다우드나는 DNA의 한 부분을 잘라내고 그것을 다른 부분으로 대체하는 식으로 유전자 구조를 바꾸는 방법을 알아냈다. 크리스퍼CRISPR라고 불리는 이 기술은 세기의 가장 위대한 과학적 발견 중 한 가지로 불려오고 있다. 유전자는 생명의 기본 구성 요소이기 때문에 유전자 조각을 옮겨 유전자를 바꾸는 기술은 생물학의 궁극적 목표다. 다우드나의 기술은 말라리아를 옮기지 않는 모기부터 유전병이 없는 아기에 이르는 많은 변화를 일으킬 수 있다. 당신이 만일 콘택트렌즈를 끼지 않고도 갈색 눈을 파란색 눈으로 바꿀 수 있게 된다면 다우드나에게 감사해야 할 것이다. '맞춤 아기'를 만드는 것에 대해 세계적으로 표출되고 있는 불안감도 다우드나의 기초 연구 결과다. 수많은 사람이 그녀의 발견을 바탕으로 연구를 해오고 있다. 천재의 첫째 징조는 그 사람의 업적이 반향을 일으킨다는 점이다.

다우드나는 자신이 무엇을 할 수 있는지, 자신의 발견이 어느 방향으로 이어질지 깨달았을 때가 '확실히 유레카를 외치는 순간'이었노라고 말했다.

다우드나는 에마뉘엘 샤르팡티에와 함께 연구했다. 세상을 바꾼 두 여성이라는 점에 누구도 이의를 제기할 수 없는 그녀들은 이 시대의 아주 위대한 과학자들이다. 한마디로 두 명의 천재 여성인 것이다.

정말 감격스럽지 않은가?

2014년에 다우드나와 샤르팡티에는 과학계의 큰 업적을 기리기 위해 제정된 브레이크스루상Breakthrough Prize을 수상했다.

그 상이 제정된 지 2년 만이었다. 실리콘밸리 갑부들이 자금을 지원하는 브레이크스루상의 후보는 공개적으로 추천되며, 각 수상자에게 3백만 달러라는 엄청난 상금을 준다. 세 가지 분야에서 수여되는 메달은 짧은 시간에 과학계에서 가장 탐내는 메달이 되었다. 이 상을 후원하는 젊은 과학기술 석학들은 노벨위원회보다 덜 정치적으로, 더 빨리 천재들을 찾기를 고대한 것 같다. 진보적 관점을 지녔고, 남성과 여성으로 구성된 관리이사회를 둔 브레이크스루 재단은 여성의 천재성을 알아보는 데 아무 문제가 없다.

과학을 근사한 분야로 만들려는 노력의 일환으로, 브레이크스루상 시상식은 텔레비전으로 방송되고 수많은 유명 인사들이 여기에 참석한다. 전문가들은 — 또는, 과학계 괴짜들은 — 이 상을 과학계의 오스카상이라고 일컫는다. 시상식 날 밤, 우아한 드레스 차림에 환한 미소를 지은 다우드나와 샤르팡티에는 그대로 실제 오스카 시상식에 가도 될 것 같았다. 다우드나는 낸시 마이어스 감독의 로맨틱 코미디에 나오는 할리우드 여배우 같은 세련된 모습을 보였다. 새까만 머리칼에 프랑스적 매력을 풍기는 샤르팡티에는 그녀가 좋아하는 영화 〈아멜리에〉 최신판에서 오드리 토투를 대체할 수 있을 것처럼 보였다.

나는 나중에 그 영상을 봤을 때 천체물리학자 조 던클리를 만났을 때와 똑같은 생각이 퍼뜩 들었다. '이 모습이 천재의 외모인 거야. 사람들이 너무 오랫동안 천재 여성들을 무시해온 건지 모

르잖아?'

당신이 여성에 대한 자부심으로 크게 흥분되기 전에 내가 이런 소식을 알려주게 되어 유감이지만, 다우드나와 샤르팡티에의 성공은 가부장제와 남성 특권의 어이없는 과시로 말미암아 곧 폄하되었다. 다우드나와 샤르팡티에가 획기적인 발견을 한 지 얼마 안 되어 일부 남성들은 역사를 다시 쓰기 위해 재빨리 움직였다. 역사에서 흔히 일어난 일이었듯, 그들은 공로 대부분을 가로채고 싶어 했다.

젊고 아주 당당한 장펑Zhang Feng이 어떤 발견을 하면서 갈등은 시작되었다. 장펑은 일반적인 천재의 이미지에 더 어울린다. 그러니까 — 어쩌면 후드티 차림의 — 남자라는 말이다. 그는 열한 살 때 중국에서 미국으로 왔고, 하버드 대학과 스탠퍼드 대학에서 학위를 받았다. 매사추세츠 캠브리지에 있는 재정이 탄탄한 브로드 연구소에서 일하던 그는 다우드나와 샤르팡티에가 한 연구의 변형된 방법을 파악하여, 특정 종류의 포유류 세포에 크리스퍼-카스9CRISPR-Cas9이라 불리는 과정을 이용했다. 다우드나와 샤르팡티에가 이미 7개월 전에 특허 출원서를 제출했는데도 장펑은 자신의 연구에 대해 특허출원을 했다. 브로드 연구소의 약삭빠른 전문가들이 장펑의 출원서를 빨리 처리해달라고 요청했고 실제로 그렇게 되었다. 결과적으로 장펑이 특허를 받았다.

과학적 발견은 복잡하다. 이는 특허받는 과정 역시 마찬가지다. 하지만 우리는 이러한 사례와 정반대되는 이야기를 상상할 수 있을까? 두 남성이 세기의 발견을 한다. 그런데 한 여성이 그 발견을 활용해 다음 단계로 넘어간다. 그렇다면 우리는 누가 특허를 얻는다고 생각할까? 그 사건은 결국 골치 아픈 소송으로 이어졌다. 전문가들은 브로드 연구소가 지키려고 싸우는 그 특허의 가치가 수십억 달러라고 말한다.

나는 돈 문제보다도, 이 일이 훗날 그녀들의 업적이 묘사될 때 어떤 영향을 끼칠지가 더 우려된다. 역사는 우리가 바라는 만큼 항상 명확하지 않으며, 지금 우리가 알게 되었듯 때로는 이야기를 하는 사람이 이야기 자체만큼이나 중요하다. 바로 지금, 여성을 영역 밖으로 끌어내기 위한 미묘한 전략과 그리 미묘하지 않은 전략이 동시에 전개되는 고전 게임이 펼쳐지고 있다.

다우드나와 샤르팡티에를 폄하시키려는 노력은 브로드 연구소 소장 에릭 랜더가 쓴 기사에서 가장 노골적으로 드러났다. 그는 존경받는 과학자이지만 내가 그를 〈해리포터〉에 등장하는 어둠의 제왕 볼드모트처럼 생각한다고 해도 용서해주시길. 2016년에 나온 그 기사는 크리스퍼에 기여한 사람들의 역사를 다룬다는 취지로 쓰였지만 사실 한 가지 분명한 목적이 있었다. 바로, 브로드 연구소의 황금알을 낳는 거위인 장펑을 옹호하고 여성 과학자들을 과소평가하려는 것이었다. 에릭 랜더는 그녀들의 이름을 거의 언급하지 않았다. '우리가 모두 함께 이 일을 해냈다'라는 온화하고 협력적 말투가 오히려 더 유죄를 드러내는 듯했다. 마치 그가 다우드나와 샤르팡티에를 전혀 특별해 보이지 않게 만들려고 수많은 말을 쓰고 많은 사람을 언급한 것 같았기 때문이다.

이 기사의 편견은 너무 노골적으로 무례해서 곧바로 소셜 미디어에서 분노가 표출되었다. 과학자들이 소셜 미디어에서 흥분을 드러냈다는 것은 뭔가 예사롭지 않은 일이 일어나고 있다는 것이다. 많은 존경을 받는 유전학자이자 버클리 대학교수 마이클 아이센Michael Eisen은 그 기사를 '가장 혐오스러운 과학적 선전'이라고 언급했다. 그 논쟁과 관련 없는 존스홉킨스 대학의 저명한 교수 나다니엘 컴퍼트Nathaniel Comfort 역시 발끈했다. 유전학 연구에 대한 글을 자주 써온 컴퍼트는 그 기사를 객관적 시각으로 분석하여 이러한 결론을 내렸다. 친근한 어조로 쓰였고 포용력을 드러내는 척하지만, 그 기사의 주요 목적은 여성들의 성과를 덮어버리는 것이라고 말이다. 그는 이를 '휘그주의 역사학Whig History'이라 부르는데 이것은 영국의 오래된 수필에서 따온 용어다. 그는 이것이 역사를 '현재 상황을 합리화하고, 기득권층의 충성을 얻고, 권력자의 지배를 정당화하는' 정치적 도구로 이용하는 한 방법이라고 설명한다.

어둠의 제왕인 에릭은 권력자의 전형적인 본보기다. 그는 현재 상황을 자신에게 유리하도록 조정하는 방법을 안다. 그의 연구소에는 많은 자금과 영향력과 훌륭한 과학자들이 있으며, 그는 그 누가 어떤 영광도 가져가기를 원치 않는다. 더욱이 여성들을 이야기에서 빼는 것은 그에게 노력마저 필요하지 않은 일이다. 컴퍼트 박사는 독자들이 "그 이야기 속 성의 역학 관계를 인지해야 한다"라고 말한다. 그러면서 "승자에 의한 역사는 여전히 '남성에 의한 역사'로 끝나는 경향이 있다"라고도 지적한다. 반면에 서둘러 브로드 연구소를 옹호한 몇몇 여성 과학자가 있었는데 그녀들은 그 연구소에서 많은 지원을 받아왔다고 말했다. 나는 그 말을 의심하진 않는다. '미투' 운동이 우리에게 보여주었듯 남녀 사이의 관계란 복잡하다. 권력의 자리에 있는 남성들은 어떤 상황에서는 여성들에게 관대하고 사려 깊으면서도, 자신의 이익을 위해서라면 악랄하고 여성을 혐오하는 태도로 돌변할 수도 있다.

다우드나와 샤르팡티에의 이야기는 너무 익숙한 이야기여서 괴로움을 안겨준다. 리제 마이트너, 파니 멘델스존, 밀레바 마리치를 비롯해 내가 현재 그리고 역사를 통해 조우한 많은 여성을 생각나게 한다. 각 세대의 남성들은 탁월한 여성들을 폄하하고 여성들의 통찰력을 도용할 나름의 방법을 찾는 것 같다. 나는 과학자도 아니고 불공평한 결론을 내리고 싶지 않았기에 분자생물학자인 ― 전직 프린스턴 대학 총장이기도 한 ― 셜리 틸먼에게 도움을 요청했다. 나는 틸먼이 브로드 연구소 이사 중 한 명이었다는 사실을 알았다. 하지만 여성과 영향력과 리더십에 대해 우리가 나누었던 열린 대화를 고려할 때, 나는 그녀가 남성과 여성, 그리고 교묘한 수법을 포함한 모든 주제에 대해 굉장히 중립적이라는 사실도 알았다. 틸먼은 크리스퍼 발견을 둘러싼 미묘한 사안들에 대해 내게 설명해줄 수 있을까? 누가 무엇을 한 걸까? 누가 공로를 받아야 마땅한가? 틸먼은 장펑이 시험관에서만 잘 작동되는 방법 — 다우드나와 샤르팡티에의 발견물 — 을 가져다가 살아있는 세포에서 효과를 내는 데 필요한 일을 한 거라고 간단히 설명했다.

"저는 중간에 낀 입장이었어요. 왜냐하면, 전 다우드나가 한 일도 획기적인 발견이고 장펑이 한 일도 획기적인 발견이라고 생각했기 때문이죠." 틸먼이 말했다.

틸먼은 에릭 랜더를 좋아하고 존경하지만, 크리스퍼 논란에 대한 그의 터무니없는 견해에 관하여 그에게 여러 번 말했다고 한다.

"에릭은 제가 아는 정말 똑똑한 사람들 가운데 한 명이지만 그런 기사를 쓴 건 너무 지나쳤어요." 틸먼이 말했다.

"어쨌든 쓰긴 쓴 거잖아요." 내가 말했다.

"네 그랬죠." 틸먼은 한숨을 쉬며 말했다. "그는 자신이 무엇을 하고 있는지도 정확히 알았을 거예요."

틸먼은 현재 벌어지는 논쟁이 누가 노벨상을 받을 것인가에 대한 것이며 어둠의 제왕 에릭은 자기편 사람들을 위해 열심히 싸우는 중이라는 점에 동의했다. 브로드 연구소 임원으로서 틸먼은 이 연구소의 승리를 보는 데 관심이 기울 것이다. 하지만 예전에도 이러한 세력 다툼을 보았던 여성 과학자로서 좀 더 희망적인 태도를 보였다.

“다우드나가 타격을 받고 있지만 과학계에선 그녀를 응원하고 있어요. 이번만은 그들이 훌륭한 여성을 무너지게 내버려 두지 않을 겁니다.”

여성들은 자신이 무너지고 간과되고 무시될 때 흔히 자기 탓을 하거나 그러한 모욕을 당하는 데 그럴만한 이유가 있다고 생각한다. 조슬린 벨 버넬은 1967년에 펄서pulsar•를 발견했는데 이는 천체물리학에서 획기적인 돌파구였다. 그리고 1974년에 노벨물리학상을 받았을 정도로 위대한 발견이었다. 다만, 이 상의 주인공은 벨의 남성 지도 교수였다. 1967년에 찍은 벨의 사진을 보면 그녀는 상냥한 미소에 각진 안경을 쓴 예쁜 아가씨였다. 벨의 연구소에 있던 남성들은 그녀를 ‘천재’라기 보다 귀여운 애칭으로 불렀을 것 같다. 벨은 자신이 그 중요한 발견을 했을 당시에 대학원생이었기 때문에, 그가 상을 받는 것이 공정한 걸지도 모른다고 너그럽게 말했다.

하지만 그건 공정하지 않았다. 그건 책임자 자리에 있는 남성이 여성의 역할은 부수적이어야 한다고 생각하는 것을 보여주는

• 펄서는 방사선을 방출하는 중성자별의 일종이다. 현재 펄서는 우주 지도를 만드는 데 활용되며 몇 광년 떨어져 있다. 또한, 아인슈타인의 일반상대성이론을 시험하는 데 중요한 역할을 해왔다.

또 다른 사례일 뿐이었다. 이 사례가 더 모욕적인 이유는 그 지도 교수라는 사람이 처음에는 벨의 발견을 비웃으면서 실수한 것 같다고 말했기 때문이다. 벨은 자신의 발견이 옳다는 사실을 그에게 납득시켜야 했고 마침내 그렇게 되었다.

나는 벨이 너그러운 마음을 택하기로 한 이유를 이해할 수 있다. 항상 화를 품고 인생을 살아가기란 힘들기 때문이다. 화를 품기보다는 자신에게 '내가 나의 성취에 만족하면 그만이지. 다른 사람이 어떻게 생각한들 무슨 상관이야?'라고 말하는 것이 더 낫지 않은가? '나는 내가 행성에서 펄서를 최초로 발견한 사람이며, 나의 끈기가 없었더라면 지도 교수가 그러한 신호의 의미를 결코 이해하지 못했을 거라는 점을 알고 있다. 그걸로 충분하지 않나? 더욱이, 나는 연구소에서 영향력 있는 남성들과 함께 계속 연구해야 한다. 다양한 연구소와 사회에서 성공하려면 남성들이 나의 존재에 위협을 느끼지 않는 것이 가장 좋다.'

시간이 지나면서 이러한 관점은 변할지 모른다. 젊은 시절의 억울한 마음을 버리고(그걸 정말 발견한 사람은 나잖아!) 천재의 성과적 측면에서는 점수를 땄을지 몰라도, 인정을 받지 못했다는 점을 깨달을 수 있다. 그녀가 속한 작은 그룹을 벗어나면 아무도 이 이야기에서 천재가 그녀라는 사실을 알지 못한다. 더 나아가 아무도 진정으로 여성들이 천재가 될 수 있다는 점을 알지 못한다.

하지만 지금 우리는 모두 안다. 2018년에 데임* 조슬린 벨 버넬 교수가 ─ 그녀는 50년 만에 또 다른 이름과 칭호를 새로 얻었다 ─ 젊은 시절에 했던 발견으로 물리학에서 특별 브레이크스루상을 받았기 때문이다. 이 상을 후원하는 실리콘밸리의 갑부들에게 의문을 품는 사람들이 있을지 모르지만, 그들은 계속 제대로 된 시상을 하고 있다. 그들은 젊은 천재 여성의 공로를 그 여성의 상사가 가로챈거라면 뭔가를 바로 잡아야 한다는 점을 이해했다.

이 이야기는 더 훈훈하게 이어진다. 벨은 그 상을 정중하게 받은 직후, 3백만 달러라는 상금 전액을 물리학계 여성들의 발전을 돕는 데 기부하겠다고 발표했다. 그녀는 여성들의 발전을 저해하는 무의식적인 편견을 없애는 데 도움을 주고 싶다고 설명했다. 이는 젊은 시절의 행동만큼 관대하면서도 상황을 완전히 뒤바꾼 멋진 행동이었다.

무의식적인 편견. 바로 이것 때문에 벨의 상황을 바로 잡는 데 50년이 걸렸다. 과거를 되돌아보면 그 남성들이 어떻게 영향력을 행사했고 그녀의 성과를 폄하했는지 너무 한눈에 보인다. 나는 그들이 사악하거나 비열하거나 여성을 혐오했다고 생각진 않는다. 그저 그 당시에는 그들이 한 여성을 역사에서 지워버리고 그 공로를 자신들이 취하는 일이 용인되었을 뿐이다. 그들

---

* 영국에서 나이트작에 상당하는 작위를 받은 여성의 존칭 - 역주

을 막을 사람은 아무도 없었고 벨조차도 그녀에게 기대된 보조하는 여성 역할에 충실했다. 하지만 50년 후 이 천재 여성이 3백만 달러를 이용하여 권력을 쥔 남성들을 능숙하게 비웃고, 그들에게 이제 변할 때가 되었다고 말할 수 있으니 아주 흡족한 일이다.

✦

과학계에서 천재 여성들을 간과하는 것은 남성들이 수 세기 동안 해온 게임이다. 하지만 이는 과학 분야에만 해당하지 않는다. 여성 화가. 작가, 철학자, 고고학자 역시 주기적으로 역사의 쓰레기더미로 버려졌다. 나는 취재를 진행하면서 자신의 시대에 업적을 세웠으나 이후에 잊힌 천재 여성들이 너무 많다는 사실을 발견하고 몹시 놀랐다. 물론 여기서 '잊힌'이라는 말은 기억력이 자연스럽게 감퇴한다는 의미를 암시할 수 있어서 너무 온화한 표현이기는 하다. 실상은 모든 세대와 모든 분야에서 어둠의 제왕들이 자신의 힘을 이용해 여성들을 역사에서 지웠다. 다행히 ―〈해리포터〉 비유를 계속 쓰자면 ― 덤블도어의 군대*가 어둠의 힘에 맞서 싸우며 빛을 되찾으려고 애쓰고 있다.

이 가운데 한 명이 크리스티아 머서Christia Mercer다. 그녀는 만

---

* 〈해리포터〉 시리즈에서 호그와트 학생들을 억압하는 엄브릿지에 맞서 해리포터를 중심으로 한 학생들이 결성한 비밀 단체 ―역주

일 역사가 다시 쓰인다면 이번에는 여성들을 생략하지 않고 제자리에 갖다 놓을 수 있다고 판단했다. 이는 머서가 철학 연대기에서 시도하고 있는 일이다. 철학은 주로 남성의 분야이며 타고난 천재들이 활약하는 분야로 여겨지고 있다. 나는 어릴 적 철학자들에 대해 처음 들었을 때, 그 누구와도 말하지 않고 텅 빈 방에서 나무 의자에 홀로 앉아 사상을 떠올리는 사람들을 ― 실은 남자들을 ― 상상했다. 철학과를 독방 감금과 혼동하기도 했던가? 확실히는 모르겠다. 아무튼, 머서를 만날 때 나의 관점은 그때와 아주 달랐다. 컬럼비아 대학에 있는 머서의 연구실에는 소파와 큰 책상과 많은 서류가 있었다. 머서는 아주 따뜻하고 친절하고 마음을 끌어당기는 힘이 있어서 나는 이내 그녀가 내 친구가 되었으면 좋겠다는 생각이 들었다. 주기적으로 만나 커피를 마시며 오후의 담소를 나누는 친구 말이다. 짧은 흰 머리에 부드러운 웃음을 보이는 머서는 탁월한 지성보다 더 도드라지는 편안한 스타일을 지녔다. 머서는 컬럼비아 대학 철학과에서 승진의 사다리를 타고 올라가 종신 재직권을 얻은 첫 여성이 되었다. 머서는 17세기의 영향력 있는 독일 철학자 고트프리트 라이프니츠에 관한 두꺼운 책을 써서 엄청난 신뢰를 얻었다. 그리고 이를 활용하여 철학에 대한 전형적인 생각에 도전했다.

　머서는 철학 분야에서 사람들에게 잊힌 여성들의 목소리를 지금까지 책임지고 부활시켰다. 대부분이 수 세기 전의 여성들이다. 머서는 새로운 서술이 담긴 철학책 시리즈를 출간하면서 일반적인 철학의 남성 중심적 기준에 의문을 제기하기 시작했다. 그녀는 자신이 철학 분야의 오래된 규범에 이의를 제기했어도 이렇듯 할 비난을 받지 않은 이유가 라이프니츠에 관한 책으로 자신의 주장을 입증했고, 자신이 그 분야에 오래 몸담아왔기 때문이라고 말했다.

"저는 진정성 있는 사람으로 비치고 싶다면 머리 염색을 하지 말라고 말해요." 그녀가 웃으며 말했다.

어떤 한 분야에 변화를 주려고 노력할 때, 친근하고 너그러운 태도와 유머 감각을 보이는 것이 좋은 방법일 수 있다. 그래야 현상 유지를 위해 애쓰는 남성들이 위협받는다는 느낌을 받지 않기 때문이다. 하지만 머서는 위대한 데카르트가(나는 생각한다, 고로 나는 존재한다) 사람들에게 인정받는 것만큼 독창적이지 않았다는 내용의 논문을 써서 일부 전통주의자들의 심기를 불편하게 했다. 머서는 그의 현명한 발상 가운데 상당수가 훨씬 오래전에 아빌라의 테레사 Teresa of Ávila가 했던 말들이라고 지적했다. 16세기 수녀인 테레사는 예수회에서 인정받았고, 17세기에 교회에서 그녀를 성인으로 추앙하면서 그녀의 명성은 커졌다. 발상이란 흔히 다른 시대에, 다른 장소에서 독립적으로 발전하므로 나는 머서에게 데카르트가 아빌라의 테레사 글을 읽었다는 증거가 있는지 물었다.

"테레사는 17세기의 비욘세였어요." 머서는 자신이 한 비유에 미소를 지었다. "테레사를 무시할 수가 없었죠. 테레사를 좋아하지 않은 사람도 있었겠고 아주 남다르다고 생각한 사람도 있었 겠지만, 아무튼 그녀를 모르는 사람은 없었어요." 데카르트는 예 수회 학교에 다녔기 때문에 분명히 테레사에 대해 잘 알았을 것 이다.

그 당시에는 모든 사람이 아빌라의 테레사를 알 정도였는데 이후에 무슨 일이 있었던 걸까? 나는 대학에서 몇 가지 철학 수 업을 들었는데 그녀의 이름을 전혀 들어보지 못했다. 그녀 자체 에 대해서도, 데카르트에게 끼친 영향에 대해서도 들어보지 못했 다. 17세기와 18세기 철학의 중심 역할을 했던 수 십 명의 여성 에 대해서도 마찬가지다. 소피 드 그루시Sophie de Grouchy, 앤 콘웨 이, 보헤미아의 엘리자베스? 유감스럽게도 들어본 적이 없는 것 같다. 머서는 이러한 여성들의 목소리를 부활시키려고 노력한 최 초의 교수들 중 한 명인, 자신의 철학과 동료 아일린 오닐Eileen O'Neill에 대해 내게 말했다.

나는 나중에 오닐이 쓴 「사라지는 잉크Disappearing Ink」라는 제 목의 학술 논문을 읽었다. 오닐은 이 논문에서 여러 면을 할애하 여 여성 철학자들 그 자체와, 다음 세대에 끼친 여파 면에서 영향 력 있는 업적을 남긴 수십 명의 여성 철학자에 관해 설명한다. 나 는 그 여성들에 관한 책을 읽으며 내용을 분명히 이해하려 애썼 고, 곧 격한 감정에 휩싸였다. 오닐이 바로 이런 부분을 의도했던 것이라고 생각한다. 오닐은 우리가 이러한 여성들의 기여에 대해 깊이 있게 이해함으로써, 현재 주요 철학자 목록에 그녀들이 없는 것은 마음을 무겁게 하고 이해할 수 없고 수치스러운 일이라는 점을 분명히 인지하기를 바랐던 것이다.

철학 연보에서 여성들 이름이 지워진 수치스러운 일의 원인은 여러 가지가 있지만, 오닐은 가장 중요한 원인으로 '모순 어법의 적용'을 꼽았다. 모순 어법은 가령, 달콤한 슬픔이나 거구의 꼬마처럼 서로 모순돼 보이는 두 단어를 같이 사용하는 것을 말한다. 이러한 두 단어를 같이 쓰면 재미있거나 시적인 느낌이 나기도 하고 명백히 잘못된 말이 될 수도 있다. 만일 내가 당신에게 뜨거운 얼음을 갖다 달라고 한다면 당신은 세상엔 그런 건 없다고 말할 것이다. 19세기 초에 당신이 여성 철학자에 관해 물었다면, 학문 분야를 통제했던 남성들도 세상엔 그런 건 없다고 설명했을 것이다. 사무엘 존슨은 설교하거나 철학적인 이야기를 하는 여성은 뒷발로 걷는 개와 같다는 말을 한 것으로 유명하다. 그는 이런 말을 덧붙였다. "사람들이 그 모습에 놀라는 이유는 개가 두 발로 잘 걸어서가 아니라 어쨌든 그렇게 하는 모습을 봤기 때문이다." 하. 정말 재밌다. 이 모욕적이고 날 선 말은 시간이 흐른 후에도 농담으로 계속 반복되었다. 이 말에는 여성 철학자들의 업적을 펌하하려는 의도가 담겨있었다. 결국 그 업적은 어떻게 되었을까? 사람들에게 잊혔다.

애석하게도 오닐은 2017년에 한창 일할 젊은 나이로 세상을 떠났다. 하지만 머서 같은 동료들이 오닐의 시도를 이어오고 있다. 머서는 오닐의 획기적인 천재성이 단순히 역사에서 지워졌으나 꼭 기억해야 할 훌륭한 여성들을 찾았다는 사실이 아니라, 이 여성들의 뛰어난 철학적 가치를 보여주었다는 데 있다고 말했다.

머서는 또 다른 여성 철학자, 앤 콘웨이 이야기로 돌아갔다. 콘웨이는 17세기에 살았으며 데카르트, 홉스, 스피노자 같은 철학계 거물들의 사상에 도전한 『고대와 현대 철학의 원리The Principles of the Most Ancient and Modern Philosophy』라는 명저를 썼다. 콘웨이는 영국의 위대한 철학자 헨리 모어와 평생 편지를 주고받았다. 처음에는 헨리 모어가 감탄한 제자였지만 그의 저서에 드러난 견해에 도전하는 정도의 관계까지 발전했다. 머서에 의하면 모든 사람이 콘웨이를 아주 명석한 사람이자 철학 이론에 대해 뛰어난 비평가로 생각하면서도, 콘웨이만의 사상이 있다는 생각은 전혀 하지 못했다. 그러다 마침내 콘웨이는 과감하게 자신의 책을 쓰기로 했다.

17세기에 여성들은 대학 입학이 금지되었고 교육을 받을 수 없었으며 글쓰기는 남성의 일로 간주하였다.• 머서는 앤 콘웨이와 보헤미아의 엘리자베스 같은 천재 여성들이 그 시대의 위대한 남성 철학가들에게 쓴 일부 편지들을 읽고, 흥미로우면서도 맥이 풀리는 기분을 느꼈다. 이 여성들은 그 철학자들과 지적인

• 많은 여성 소설가가 여전히 남성들만 '진정한' 작가로 여겨지고 자신들은 그저 '여성 작가'로 여겨진다고 말할 것이다. 하지만 이건 또 다른 문제다.

교류를 하고 싶었지만 조심해야 했다. 겸손하고 주제넘지 않게 표현해야 한다는 사실을 알았다. 그래서 이 여성들의 편지는 '젊은 여성인 제가 뭘 알겠습니까?'라든가, '선생님께서 쓰신 모든 내용을 제가 이해할 순 없지만 질문을 좀 드려보자면……' 같은 유형의 문장들로 가득 차 있었다.

여성 철학자들은 남성들에게 호소하기 위해 편지에서 공손하고 호감 가는 태도를 보일 만큼 영리했다. 머서는 게다가 이 여성들이 남성들은 전혀 들어보지 못한 아주 예리한 질문이나 통찰력을 제시했다고 말했다. "여성으로서 '제 생각에 당신은 다섯 가지 이유에서 틀렸다고 생각해요'라고 말할 순 없었어요. 인내심을 가지고 노골적으로 드러내지 않으면서 관점을 전개해야 했죠. 지금은 '맨스플레이닝*'이라는 말도 있잖아요. 내가 이미 다 아는 것에 대해 남성이 설명하는 것을 들으며 평생 사는 게 얼마나 지겨울지 상상할 수 있겠어요?"

과거에는 천재 여성이라면 부유하거나, 귀족 혹은 왕족 여성인 경향이 있었다. 이는 놀라운 일이 아니다. 여성들에게 정식 교육이 금지되었기 때문에 개인 교사를 둘 능력이 되는 여성들만

---

* 남자man와 설명하다explain가 결합한 단어로 남성이 여성보다 우위에 있다고 생각하며 여성에게 모든 것을 가르치려 드는 행위 – 역주

글을 쓰고 사고하는 훈련을 할 수 있었다. 그 당시의 여성 화가들처럼 이 여성들에겐 돈과 후원자가 필요했다. 일반적으로는 배움을 지지하는 아버지나 배우자가 후원자였다. 그렇게 혜택받은 여성들도 자기 목소리를 내기 위해 고투해야 했는데, 혜택받지 못한 여성들은 과연 어땠을지 생각하면 애석한 기분이 든다. 역사는 항상 부엌이나 세탁실에서 시간을 보냈던 여성들에게 관심을 기울이지 않는다. 이 여성들은 어떤 천재성을 지녔더라도 자신의 재능을 발전시키거나 드러낼 방법이 없었다.

부유한 여성이나 귀족 여성은 지식인들과 친하게 지낼 수 있는 유리한 위치에 있었다. 지식인들은 그녀들의 호화 저택에 기꺼이 초대받아 값비싼 백포도주를 마시며 사상에 관한 대화를 나누었다. 천재란 외부와 단절된 상태에서 발전하지 않기에 ─ 물론 어린 시절에 나는 고독한 철학자를 상상했지만 ─ 여성들은 사상을 교환할 자리에 참여할 방법을 찾아야 했다. 1700년대 초의 뛰어난 철학자이자 물리학자, 수학자였던 에밀리 뒤 샤틀레는 그 당시 수학자들이 많은 시간을 보내던 파리의 한 카페에 들어가 대화에 동석하려다 거기서 쫓겨난 것으로 유명하다. 카페에서 쫓겨났다니! 여성들은 대학 입학은 고사하고 카푸치노를 마시며 중요한 문제를 토론하는 자리에도 낄 수 없었던 것이다. 전해져 내려오는 이야기에 의하면 샤틀레는 남성 복장으로 갈아입고 카페 그라도트Cafe Gradot에 다시 나타나 대화에 합류했다고 한다. 이 말이 사실인지는 모르겠으나 정말로 그랬기를 바란다.

샤틀레의 아버지는 군소 귀족이었는데 그녀는 운이 좋았다. 아버지가 딸의 재능을 일찍이 알아보고 딸에게 개인 교습을 시켜주었기 때문이다. 샤틀레는 18세에 귀족과 결혼했고 단기간에 세 아이를 낳았다. 하지만 26세에 다시 공부를 시작하여 그 당시의 위대한 수학자 몇 명에게 수학을 배웠다. 샤틀레는 더 젊었을 때 아버지 집에서 만난 적이 있는 거침없는 작가 볼테르와 새롭게 우정을 키워나갔다. 안 될 이유가 있는가? 그렇게 하지 않으면 여성이 뭔가를 배울 수 있었을까? 그녀는 볼테르에게 프랑스 북부, 샹파뉴 근처에 있는 시골 저택에 와서 지내라고 청했고 두 사람은 약 16년 동안 친밀한 파트너로 지냈다. — 지적으로든 다른 관계로든 — 그녀의 남편 역시 그 집에서 계속 살았다.

샤틀레와 볼테르가 애인이었다는 사실은 몇 세기 동안 좋은 가십거리였다. 하지만 두 사람은 서로를 고무시켜주며 공동 작업을 했다. 샤틀레는 의심할 여지 없는 천재성이 담긴 저서를 남겼다. 샤틀레가 물리학을 주제로 쓴, 400페이지 분량의 책은 많은 언어로 번역되었고 당대의 가장 중요한 과학 서적이 되었다. 아이작 뉴턴 저서에 대한 샤틀레의 번역과 설명은 오늘날까지도 인용되고 있다. 머서는 그 당시에 시간, 우주, 물리학을 다룬 대형 백과사전에 나온 모든 인용문이 샤틀레의 책에서 직접 따온 거라고 내게 말했다. 그 당시에 과학을 공부한 사람이라면 누구든지 샤틀레로부터 배웠다. 모든 사람이 그녀에게 감탄했고 그녀를 존경하고 자주 언급했다. 물리학에서의 시간과 공간이라는 주제와 철학에서의 인과 관계라는 주제는 서로 아주 비슷하다. 그래서 그녀는 당대의 위대한 철학가로 여겨지기도 했다.

그런 샤틀레가 역사에서 지워지는 것이 어떻게 가능했을까? 어떻게 당신과 나와 우리의 대다수 친구들이 그 이름을 들어본 적이 없을 수 있을까? 앞서 말했듯 어느 시대에나 어둠의 제왕은 존재한다. 머서는 칸트, 헤겔, 쇼펜하우어 같은 저명한 독일 철학자들이 "모두 여성 혐오증이 심해서 자신의 이야기에 여성을 포함하지 않았다"라고 말했다. 그 이후의 한 저명한 독일 철학자는 (조금은 앙심을 품고 이름은 밝히지 않겠다) 물리학과 지성의 역사에 관한 두꺼운 책을 썼는데, 혹시 알고 있는가? 그는 샤틀레를 전혀 언급하지 않았다.

머서는 그 말을 하며 몸서리를 쳤고 그 생각을 하는 것만으로도 소름이 돋는다고 했다. "그건 무시해도 괜찮은 잡초를 뽑은 것과는 달랐어요. 그건 그녀를 따랐던 모든 이에게 흐르는 그녀의 뿌리를, 그녀가 낸 발상의 뿌리를 뽑은 거였죠. 그들은 그녀를 그림에서 제외하겠다는 의도적인 결정을 내린 거예요."

✖

나는 크리스티아 머서를 만난 지 몇 주 후, 몇몇 친구를 초대한 저녁식사 자리에서 에밀리 뒤 샤틀레에 대한 이야기를 해주었다.

테이블에 있던 모든 남녀가 그토록 터무니없는 불공평에 고개를 내젓었다가 '그동안 상황이 변했다'라며 위로했다. 나는 이어서 제니퍼 다우드나와 크리스퍼에 관한 이야기를 해주었다. 다우드나를 지금 시대의 에밀리 뒤 샤틀레로 생각하는 것을 그녀가 조금의 위안으로라도 삼을 수 있을지는 모르겠지만, 이 이야기들의 여파는 무시하기 힘들 만큼 아주 강하다. 천재 여성 한 명이 우리의 세계관을 바꾼다. 이 여성은 감탄과 존경을 받는다. 그런데 남성들이 이 여성의 공로를 하찮게 보이도록 만들기 위해 무슨 짓이든 한다. 아주 교묘하게 말이다. 그러면서 상황이 변한다. 다만, 이 변한 상황은 진실이 아니다.

내 디너파티에 온 한 남성은 내가 다우드나의 공로를 과대평가하는 것은 아닌지 정중하게 물었다. 그는 며칠 전에 중국 과학자가 크리스퍼를 활용하여 최초로 유전자 편집 아기를 출산했다고 발표했다고 했다. 그러면서 그것이 다우드나가 한 일보다 더 영향력이 크지 않느냐고 물었다.

"애초에 다우드나의 획기적인 발견이 없었더라면 그러한 유전자 편집은 불가능했죠." 내가 상기시켜주었다. 그는 고개를 끄덕이고 더는 이의를 제기하지 않았다. 그는 결코 편견을 지녔다고 비난받기를 원하지 않는 예민한 남자다. 그곳에 모인 그 누구도 시나몬 아이스크림을 곁들인 애플파이 디저트를 앞에 두고 논쟁을 벌이고 싶어 하지 않았다.

나는 나중에 곰곰이 생각하다가 과학은 대부분의 학문과 마찬가지로 비틀거리기도 하고 부딪히기도 하고 뛰어오르기도 하면서 발전한다는 사실을 깨달았다. 사람들은 다른 사람의 성과를 바탕으로 새로운 성과를 만들어낸다. 인간은 물리학, 운동, 힘에 대한 이해에서 상당한 발전을 이루었다. 그 결과 화성에 로켓을 보내고, 조금의 불편함도 없이 ― 가운데 좌석에 앉지 않는 이상 ― 비행기를 타고 지구 위로 이동할 수 있게 되었다. 하지만 그렇다고 해서 중력과 행성 운동에 대한 아이작 뉴턴의 발견이 덜 중요해지는 것은 아니다. 우리는 그가 나무에서 사과가 떨어지는 모습을 본 이야기를 앞으로도 쭉 자부심과 존경심을 느끼며 말할 것이다. 하지만 최초의 발견을 한 사람이 여성일 경우, 우리는 오래 기억하지 못하고 그렇게 깊은 인상을 받지 못한다. 어쩌면 사람들은 여성이 엄마가 되기를 기대하기 때문에 여성이 내놓는 발상을 별스럽지 않게 여기는지도 모른다. 여성은 자신의 아이를 독립적인 인간이 되도록 세상으로 내보낸 후, 자녀가 성과를 거둘 때 공로를 인정받기보다는 그저 자부심만 느낀다. 하지만 품었다가 세상에 내보낸 것이 위대한 발상일 때, 천재 여성은 사람들의 경외심과 존경을 받고 역사에 남을 자격이 생긴다.

역사에 여성들의 공로가 포함되지 않는다면, 우리는 더 이상 관람석에 앉아 역사가 다시 쓰이는 것을 지켜볼 수 없다. 크리스티아 머서는 어떻게 여성들이 자신의 이야기와 여성 선조들의 이야기를 제대로 전할 수 있는지 보여주는 좋은 본보기다. 그러니 내가 하는 일은 다우드나, 샤틀레, 조슬린을 위한 것이다. 새로운 역사를, 진짜 역사를 쓰는 일이 바로 지금 내가 하는 시도이다.

3부

천재 여성들은
어떻게 싸우고……
승리하는가

THE
GENIUS
OF
WOMEN

저는 오늘 우리가 다른 세상에 대해 꿈을 꾸고
계획을 세우는 일을 시작하자고 부탁하고 싶습니다.
더 공정한 세상. 자기 자신에게 더 진실한,
더 행복한 남성들과 여성들이 있는 세상 말입니다.

— 치마만다 은고지 아디치에

11장

에리얼-신데렐라 콤플렉스와 싸운다는 것

수개월 동안 여성과 천재에 대한 조사를 진행하면서 믿기지 않고 격분하는 순간을 자주 경험했다. '여성들을 제지하는 구조적 편견이 이렇게 많다니!' 그러는 한편 과거의 천재 여성들이 썼던 광범위한 전략에 즐겁게 고무되기도 했다. 공평한 세상이었다면 그 여성들은 사람들에게 자신의 재능을 알리기 위해 그렇게 기발한 방법을 생각해낼 필요가 없었을 것이다. 하지만 큰 장벽을 만났을 때 거기로 무작정 달려가면 이기지 못한다. 돌아가거나 그것을 무너뜨릴 방법을 생각해야 한다. 여성들에게 정치적 권리가 없던 시절에 제르멘 드 스탈은 자신의 집에서 지식인들과 천재적인 발상들을 나누며 프랑스 혁명의 유명한 운동가가 되었다. 대중 앞에서 악기와 곡을 연주할 수 없다는 말을 들은 파니 멘델스존은 자신의 집 거실에 음악 살롱을 만들어 수많은 사람을 초대했다. 음악과 미술에 대한 열정을 발산하기를 갈망한 힐데가르트 폰 빙엔와 플라우틸라 넬리는 수녀원이라는 보호막 안에서 창의적인 작품을 만들었다. 여성들이 과학 연구실에서 대체로 환영받지 못했던 시절에 리제 마이트너와 조슬린 벨 버넬은 자신이 할 수 있는 모든 곳에서 연구했고, 누가 주목을 받을 것인가에 대해 걱정하지 않았다.

내가 만났던 현재의 천재 여성들이 부딪히는 장애물들은 덜 노골적인 것들이다. 그녀들은 대학에 들어갈 수 있었고 해당 분야에 먼저 뛰어들었던 롤모델이 한두 명은 있었다. 하지만 그녀들은 여전히 명석한 동시에 끈기를 보여야만 했다. 루스 베이더 긴즈버그는 남자들에게 유리해 보이는 소송을 맡아 여성의 권리를 위해 싸웠다. 페이-페이 리, 신시아 브리질 등은 '될 때까지 그런 척 한다'라는 태도로 자기 나름의 반전을 이루었다. 그러니까 많은 장애물을 밀어 치워서 실제로 없어지게 될 때까지 자신의 앞길에 장애물이 없는 척했다.

현재 여성들이 직면하는 난제의 상당 부분은 미묘하지만 교활하다. 우선, 대중문화에서 계속 접하는 이미지부터 그러하다. 당신은 그러한 이미지를 접하면 즐겁다고 생각하지만, 거기에 근본적인 여성 혐오가 담겨 있어서 전혀 즐거운 것이 아니라는 사실을 어느 순간 갑자기 깨닫는다. 대중문화가 당신에게 똑똑하거나 강인하거나 영향력 있는 여성과 관계가 없는 메시지들을 보내고 있다. 당신은 천재 여성이든 천재 여성을 존경하는 사람이든지 간에 그러한 메시지에 맞서야 한다.

✖

오래전에 디즈니 영화 〈인어공주〉를 처음 봤을 때 마지막에 화가 치밀어 거친 걸음으로 영화관을 빠져나왔다. 남편은 내가 너무 큰소리로 불평을 해서 거리의 사람들이 몸을 돌려 나를 쳐다본다고 말했다. 음, 상관없었다. 나는 여성의 말에는 귀 기울일 필요가 없다는 영화의 메시지에 저항하고 있었던 거니까.

"난 인어공주가 말하는 것이 허용되지 않은 게 믿을 수가 없어!" 나는 그 당시 갓 결혼한 남편에게 소리를 질렀다.

"그냥 디즈니 동화니까 가볍게 넘어가면 되는 거야." 남편이 차분하게 말했다.

"이건 가벼운 게 아니라 위험한 거라고!" 내가 말했다.

잊어버렸을까 봐 말해두자면, 빨강 머리의 인어공주 에리얼은 육지에서 살려면 에릭 왕자의 '진정한 사랑의 키스'를 받아야 한다. 그리고 에리얼은 왕자의 마음을 얻기 위해 자신의 목소리를 포기하겠다는 거래를 한다. 이제 에리얼은 노래도 못하고 말도 못 한다. 오로지 왕자를 사로잡기 위해 아름답게 보이는 것만 할 수 있다. 여자아이들에게 입 다물고 예쁘게 보여야 한다고 말하는 데 이보다 더 노골적인 방법이 있을까?

이 영화는 흥행에 엄청난 성공을 거두었고 디즈니사는 에리얼을 주제로 한 게임, 비디오, 음반을 판매하는 프랜차이즈를 만들었다. 이어서 여자아이들이 잠재력을 실현하는 데 전혀 도움이 안 되는 것들에 치중하라고 가르치는 모든 방법을 좀 더 상품화하여 디즈니 프린세스 라인을 출시했다. 〈인어공주〉에 대한 나의 분노가 너무 강한 인상을 남겼는지 남편은 지금도 이따금 그때를 언급한다. 그 일화는 우리 가족의 전설이 되었다.

최근에 친구 샤나를 만나 여성과 천재에 관한 대화를 나눌 때, 여자아이들이 자신에게 하는 기대에 디즈니 공주가 어떤 영향을 끼쳤는지 궁금해졌다고 말했다. 현재 피트니스 회사를 운영하는 똑똑하고 열정적인 사업가 샤나는 평소에 쾌활하고 긍정적이다. 하지만 갑자기 억울한 표정을 지었다.

"내가 〈인어공주〉를 보고 어떤 일이 있었는지 말해줬나요?" 샤나가 속삭이는 목소리로 물었다.

나는 아니라는 뜻으로 고개를 내저었다. 내가 영화를 보고 분노한 이야기를 샤나에게 한 적이 없었다. 이 친구는 어떤 경험을 했던 거지?

"어서 말해봐." 내가 말을 꺼냈다.

샤나는 마치 보석을 훔친 일을 고백이라도 하듯 입술을 깨물었다. 하지만 표정을 보아하니 〈오션스8〉 상황보다 더 심각한 듯했다.*

....

* 이 영화에서 주인공들이 보석 목걸이를 훔친다 ─ 역주

268

샤나는 그 디즈니 영화가 나왔을 당시 열 살이었는데 여주인 공인 인어공주에 완전히 빠져들었다고 했다. 샤나는 모든 에리얼 인형, 피규어, 포스터를 모았다. 매일 에리얼 도시락통을 학교에 가져갔다. 심지어 맥도날드에서 〈인어공주〉 캐릭터를 이용한 판촉 행사를 할 때, 작은 피규어를 모두 모으려고 해피밀을 엄청나게 사 먹었다. 그러다 최근에 서랍장을 정리하던 중 오랫동안 보관된 에리얼 우상숭배 수집품들을 발견하고는 경악했다.

"그것들을 가만히 보고 있으니 마침내 에리얼은 끔찍한 롤모델이라는 생각이 드는 거예요. 에리얼은 말을 할 수가 없잖아요! 믿어지세요? 말 못하는 인어가 제 우상이었다니요!" 샤나가 눈을 동그랗게 뜨고 말했다.

나는 공감했다. 내 경우에는 더 나이 들어서 그 영화를 봤기에 우상숭배 단계는 건너뛰고 곧바로 분노로 돌진했다. 하지만 어린 시절을 되돌아볼 때 그 시절이 나쁜 영향으로 얼룩져있다는 사실을 알아차리면 얼마나 부아가 치밀지 이해가 되었다.

"그래도 거기서 잘 벗어난 것 같은데." 내가 말했다.

샤나는 한숨을 쉬었다. "고마워요. 하지만 보물 상자에 담긴 작은 피규어들을 보니 '도대체 내가 무슨 생각을 했던 거야?'라는 의문이 드는 거 있죠."

아름답지만 말을 못 하는 인어를 떠받들었던 여자아이들은 샤나 말고도 많았다.(인어도 떠받칠 수 있는 존재인 걸까?) 이러한 숭배는 계속되고 있다. 그 영화는 아직도 인기가 많아서 방송 채널에 편성되어 다음 세대 아이들도 시청하고 있다. 그날 집으로 돌아가 월마트 웹사이트에 들어가서 수십 개의 에리얼 인형을 발견했다. 다리가 달린 인형도 있었고 인어 꼬리가 달린 인형도 있었다. 정말이지 옴짝달싹 못 하는 여자를 보여주는 인형이다. 말도 못 하고 걷지도 못하는.

며칠 후 샤나가 메일을 보냈다. 샤나는 메일에서 에리얼에 반대하는 싸움에 우리만 있는 게 아니며 또 다른 전사를 찾았노라고 했다. 이는 〈캐리비안의 해적〉에 출연한 재능 있는 여배우 키이라 나이틀리였다. 나이틀리는 많이 알려진 한 인터뷰에서, 자신은 〈인어공주〉를 아주 좋아했지만 세 살 된 딸에겐 보여주지 않을 거라며 확고한 생각을 밝혔다. "물론 주제곡은 너무 좋지만 한 남자를 위해 자기 목소리를 포기하진 말아야죠!" 나이틀리는 아주 유명한 토크쇼에서 말했다. 신데렐라 역시 그녀의 금지 목록에 있었다. "부유한 남자가 자신을 구해주기를 기다리는" 공주에게 관심을 기울일 이유가 없기 때문이라고 했다. 시트콤 배우 민디 캘링도 자신의 딸이 조금 커서 그 영화를 보고 싶다고 한다면, 엄마로서 페미니스트 관점으로 설명을 해줄 거라고 말하며 에리얼에 반대하는 중대에 합류했다. "한 남자의 마음을 얻고 모든 꿈을 실현하기 위해 꼭 말을 못하게 될 필요는 없는 거죠." 그녀가 말했다.

물론 성차별이 담긴 동화로 점철된 어린 시절을 보내고도 나중에 의사, 변호사, 우주비행사, 여배우 그리고…… 천재가 된 여성들도 있다. 하지만 더 수월한 방법이 있지 않을까? 나는 키이라 나이틀리가 상당히 대담하게 에리얼과 신데렐라에 반대하는 목소리를 냈다고 생각했다. 그녀는 아름답고 마른 외양과 달리, 영화 시사회에서 레드카펫을 밟는 동안 자기 생각을 재차 확언하며 그녀만의 단단한 중심을 보여주었다. 왜 그것이 그렇게 용기 있는 행동이었냐면, 사람들이 나이틀리의 출연을 축하하러 온 그 시사회의 영화는 디즈니에서 제작한 것이었기 때문이다.

나이틀리와 민디와 샤나와 나는 줄거리에 대한 불만 때문에 근사한 애니메이션과 좋은 노래가 나오는 디즈니 만화를 깎아내리며 너무 별스럽게 구는 것일까? 나는 수많은 팬이 있는 대중문화의 아이콘을 폄하하는 것은 항상 위험하다고 생각하지만, 특히 이 경우 여성을 어리석게 묘사해도 괜찮은 이유에 관해 반박하기가 너무 쉽다. 여성들은 날카롭게 들린다거나 까다롭다거나 — 이건 내게 중요한 부분인데 — 감사할 줄 모른다는 비난을 듣고 싶지 않기 때문에 나서서 말하지 않는다. 하지만 이 상황에 동화 줄거리는 중요하지 않다고 말하는 것은 실수다. 원한다면 무시해도 좋지만, 만일 자신의 딸에게 에리얼 인형을 사준다면 딸에게 말을 못하게 되어도 괜찮다고 말해주는 것임을 알아야 한다.

디즈니사는 오랫동안 성차별에 대한 비난을 들어왔기 때문에 최근에 제작한 만화 영화에서는 여자 주인공에게 더 많은 영향력을 부여하려고 노력했다. 그렇게 2016년에 개봉된 〈모아나〉는 확실히 호평을 받았다. 그보다 몇 년 빨리 개봉되어 엄청난 흥행을 기록한 〈겨울 왕국〉은 여성이 공동 감독한 최초의 디즈니 영화였다. 감독 제니퍼 리는 제작 초기 단계보다 여성에게 좀 더 호소력 있는 요소를 이야기에 가미하도록 도움을 주었다. ― 여성 주인공들이 모두 말할 수 있는 것만으로도 큰 발전이다 ― 곤경에서 벗어나게 해줄 진정한 사랑은 ― 결국 악인으로 드러난 ― 남성이 아니라, 서로를 구해준 자매 엘사와 안나에게서 나온다. 만족스럽다. 그 영화는 역대 최고의 이익을 거둔 애니메이션이 되었지만 디즈니사는 여전히 여성의 힘을 강조하는 데 약간 주저했다. 엘사는 초능력을 갖고 있는데 이것은 고층 건물을 뛰어넘거나 악당을 죽이는 힘이 아니라, 모든 것을 얼음으로 만드는 능력이다. 엘사는 여동생을 포함해 사람들을 다치게 해서 그 힘을 숨겨야만 한다. 이 영화를 원작으로 만들어진 뮤지컬을 본 날, 나는 거슬리는 일부 대사를 연극 광고 전단 뒤에 휘갈겨 썼다.

"우린 엘사의 힘을 사람들이 알지 못하게 숨겨야 해." 엘사의 엄마가 말한다.

"난 내 힘이 두려워." 엘사가 어느 시점에 말한다. "사람들이 나를 괴물 보듯이 봐." 엘사는 이런 말도 한다. 그러더니 엘사와 그녀의 부모님이 다 함께 이런 주문을 반복한다.

"그것을 감추어라, 의식하지 마라, 그것을 드러내지 마라."

그러니까 어떤 능력이나 힘을 지녔다면 아무도 그것에 대해 알지 못하게 그 힘을 숨겨야 한다는 것이다. 이 만화 영화에서 이디나 멘젤이 부른 아주 유명한 곡 '렛잇고Let It Go'는 엘사가 자신의 힘을 두렵다고 숨기지 않고, 자신만의 힘을 찾는 전환점을 의미한다. 아주 좋은 곡이고 멘젤도 멋지게 부르지만, 그 결과는 당신이 바라는 만큼 그렇게 고무적이진 않다. 엘사가 자신의 힘이 초래했던 문제들을 해결했다고 해서 그녀가 영웅적 존재가 되는가? 그렇지 않다.

뮤지컬 공연장 로비에 있는 매장에서 가장 잘 팔리는 물건 가운데 하나는, 엘사 공주가 자신의 힘 때문에 사람들을 다치게 하지 않으려고 꼈던 파란 장갑이었다. 내 근처에 앉았던 두 여자아이가 중간 휴식 시간을 보내고 장갑을 낀 채 의기양양하게 돌아왔을 때 나는 두 아이의 엄마를 빤히 쳐다봤다. 저 엄마는 이해하지 못한 걸까? 장갑에 담긴 메시지는 강력한 힘을 가진 여성이라면 자신의 힘과 마력을 감추어야 한다는 점이다. 나는 뭔가 말해주고 싶었지만, 내 시선의 방향을 알아차린 남편이 내 손을 잡았다. 내 〈인어공주〉 장광설을 떠올린 게 분명했다.

"쉿…… 연극을 즐기게 내버려 둬." 남편이 속삭였다.

나는 고개를 끄덕이고 조용히 했다. 하지만 문제는 자리를 박차고 일어나, 잘못되었고 해로울 수 있는 사회 규범에 맞서 싸우는 일보다 침묵하기가 항상 더 쉽다는 점이다. 내가 아는 아만다라는 변호사는 로스앤젤레스의 부유한 동네에 살며, 네 살 된 자녀를 진보적 사고와 깨어있는 교육을 내세우는 값비싼 유치원에 보낸다. 아만다는 유치원 교사로부터 다음주에 '슈퍼히어로와 공주' 분장의 날이 있다는 가정 통신문을 받았을 때 어이가 없어서 항의 전화를 걸었다. 교사는 대부분의 여자아이가 이미 공주 의상을 좋아하는데 무슨 문제가 있느냐고 물었다. 남자아이들은 막강한 힘을 갖는 것에 환상을 품게 하고, 여자아이들은 망사 옷과 작은 왕관에 빠져들게 하는 고정관념을 강화한다는 데에 문제가 있었다.

"제가 어떻게 해야 했을까요?" 아만다는 나와 그 문제에 관한 대화를 나누며 물었다. "유치원에 보내지 말았어야 했을까요? 딸한테 네 친구는 성차별적 사회 질서의 피해자라고 말했어야 했을까요?" 우리는 아이들이 행복하고 사회에 잘 적응하기를 바라기 때문에 입을 다물고 사회 흐름을 따라간다. 아만다는 딸에게 원더우먼 복장을 입혀서 그 상황을 넘겼지만, 여전히 그 일을 큰 전쟁 속의 작은 전투로 생각한다. 아직 딸과 협상할 공주 생일 파티도 남았고, 지팡이로 신데렐라 놀이를 하기로 한 유치원 친구들과의 약속도 남았다. 엄마는 유치원생 딸에게 똑똑해지고 스스로 방향을 정하는 것이 중요하다는 말은 할 수 있다. 하지만 딸이 초등학교 3학년 때 학교에서 하는 연극이 왕자가 자신을 입맞춤으로 깨워줄 때까지 기다려야만 하는 〈잠자는 숲속의 공주〉라면 엄마는 어떻게 해야 하는가?

정당한 분노를 일으키는 구조적 문제와 미투 문제는 갑자기 생겨나지 않는다. 직장에서의 편견과 미국에서 육아휴직의 부재

등이 대수롭지 않다는 위험한 메시지 사이에는 아주 긴밀한 연결성이 있다. 많은 부모는 어린 딸이 자기 옷을 직접 고른다고 내게 말했다. 따라서 딸아이가 공주 의상이나 발레용 치마나 보라색 주름 원피스만 입고 싶어 한다고 해도 이건 부모의 잘못이 아니다. 이건 우리 모두의 잘못이다. 어린 아기들은 이러한 생각을 스스로 못하기 때문에 우리의 행동이 영향을 끼친 것이다. 여성은 어릴 때부터 고분고분한 역할을 하도록 훈련받으며, 자신 안에 힘과 능력이 향상되는 것을 느끼기 시작할 때 파란 장갑을 껴야 한다고 배운다. 그러면서 그 시기가 지나가기를 바란다.

$$\bowtie$$

어떻게 여성들은 막강한 영향력을 발휘하는 '에리얼-신데렐라 콤플렉스'와 싸울 용기를 낼 수 있을까? 결국, 이것은 권력, 그리고 누가 기준을 정하는가에 대한 문제로 귀결된다. 저명한 고전학자이자 케임브리지 대학교수인 데임 메리 비어드Dame Mary Beard는 디즈니 영화를 보는 데 많은 시간을 할애하지 않았겠지만, 고대 그리스로 거슬러 올라가 여성을 침묵시키는 전통에 따른 인물로 에리얼을 분류할 것이다. 몇 년 전, 비어드는 대영 박물관The British Museum에서 아주 유명한 강의를 했다. '오, 닥치시오!'라고 이름 붙인 그 강의는 나중에 BBC에서 방송되었고 책으로도 출간되었다. 비어드는 약 3천 년 전에 여성들이 발언 기회를 거부당했던 문제를 다루었다. 그러면서 호메로스의 『오디세

이』 앞부분에 젊은 아들 텔레마코스가 어머니에게 잔소리하지 말고 어머니 방으로 올라가라고 하면서 '말하는 것은 남자들의 일, 그중에서도 제 일입니다'라고 말했다고 설명했다. 비어드는 "머리에 피도 안 마른 이 청년이 박식한 중년 페넬로페의 입을 다물게 만든 데에는 약간 우스꽝스러운 면이 있다"라고 유쾌하게 지적한다. 하지만 이는 서양 문화의 시초부터 젊은 남자들이 여자들을, 심지어 자신의 어머니까지도 침묵시키는 법을 배우며 자랐다는 사실을 보여준다.

60대 중반인 비어드는 많은 BBC 방송에 출연했다. 길고 흰 머리에 가식 없는 표정과 강한 페미니스트 견해를 보이는 비어드는 온라인 트롤*과 공공연한 비난의 대상이 되어왔다. 하지만 비어드는 항상 이에 반격했다. 한 텔레비전 방송 평론가가 비어드의 외모를 악의적으로 비난했을 때 그녀는 완벽한 논조의 신문 사설로 응했다. 그가 비어드의 외모에 대해 비아냥거렸더니, 비어드는 그가 교육을 제대로 받지 못해서 '모욕하는 것을 재치로 생각한다'라는 사실에 대해 똑같이 비아냥거렸다. 또한, 그녀는 역사적으로 자신의 마음을 읽어내는 똑똑한 여성들을 두려워하는 그와 같은 남성들은 늘 존재했다고 지적했다.

비어드는 대부분의 여성이 트위터 등에서 자신을 공격하는 사람들을 신경 쓰지 말라는 말을 듣는다는 걸 알고 있다. 일을 더

---

* 온라인에 불쾌하거나 모욕적인 논란거리들을 올리는 사람을 일컫는 말 – 역주

크게 만들지 말고 그냥 넘어가라는 말인 것이다. 그러나 비어드는 그 무엇도 그냥 넘어가지 않는다. 그녀의 용기와 대담함을 보면서 나는 항상 자리에서 일어나 응원하고 싶어지고, 그러한 대담함 일부라도 내게 있다면 좋겠다고 생각한다.

비어드는 앙겔라 메르켈, 힐러리 클린턴, 마거릿 대처 그리고 사면초가에 몰린 테레사 메이 같은 인물들이 있지만, 여전히 여성들은 진정한 권력에서 외부인으로 인식되며 정권을 쥔 여성의 실제적 본보기가 없다고 말한다. 비어드는 눈을 감고 교수를 떠올려보려 할 때 여전히 자신의 모습은 떠오르지 않는다고 농담했다. ― 적어도 나는 이 말이 농담이길 바란다 ― 권력 구조가 여전히 남성에게 맞게끔 설정되어 있기 때문에, 여성들은 뭔가를 성취하려고 할 때 권력을 '움켜쥐거나' 유리 천장을 '부숴야' 한다. 그러니까 자신이 가지면 안 되는 무언가를 공격해야 한다는 말이다. 확실히 상황이 천천히 발전되고 있지만, 비어드는 상황이 변할 때까지 인내심 있게 기다리지 않겠다고 말한다.

비어드의 해결책은 무엇일까? 우리는 힘을 다르게 볼 필요가 있다. 입법 기관과 기업의 최고위직에 여성들이 더 많아지는 것도 필요한 변화겠지만, 이러한 수치를 넘어서 우리가 무엇을 달성하려고 하는지 아는 것 역시 중요하다. 비어드는 여성에게 힘이란 그 나름의 함축적 의미가 있다고 본다. 그러면서 종국에 여성 대통령이 탄생하는 것도 좋지만, 지금 우리 각자에게는 힘이 '효율성을 발휘하고 세상을 바꿀 능력이자, 중요한 존재로 여겨질 권리'를 의미한다고 말한다. 단순 명료한 이 말이 내겐 인상적이었다. 아무리 명석하고 감탄의 대상이 되는 천재 여성들이라 해도 항상 중요한 존재로 여겨지는 것은 아니다. 물리학자 멕 어리에게 암흑에너지를 설명하려고 했던 열 살짜리 남자아이는 그녀를 중요한 존재로 여기지 않았다. 메리 비어드에게 로마 역사에 대해 트위터 메시지를 보내는 남성들도 그녀를 케임브리지 대학의 상당히 존경받는 교수가 아닌 만만한 여성으로 대한다. 하지만 나는 권력을 쥐거나 권력을 재정립하는 일에 대한 우리의 큰 희망이 비어드 같은 천재 여성들에게 달렸다고 생각한다. 비어드는 명석하고 창의적인 사람이다. 이러한 그녀는 재치와 지혜로 당당히 우리 각자에게 침묵의 공주 이미지와는 다른 내적 힘을 자각하도록 돕기 때문이다.

⚛

똑똑한 여성의 정신 에너지를 고갈시키는 여성의 정형화된 이미지로 디즈니 공주만 있는 것은 아니다. 나는 어느 날 베이 에어리어에서 천재 공학자이자 무선통신 기술 발전에 획기적인 역할을 한 안드레아 골드스미스Andrea Goldsmith를 만났다. 지금 당신의 집에 있는 모든 장치가 서로 연결되는 게 얼마나 쉬워졌는지 아는가? 골드스미스의 기술은 우리 삶의 극적인 변화에 기여했다. 그녀는 실용성과 이론을 겸비한 능력으로 저명한 상을 많이 받았으며, 두 개의 회사를 창업했고 공학의 표준이 된 교재를 썼다.

스탠퍼드 대학 전기 공학부 교수인 그녀는 약 55명의 교수진 가운데 단 세 명뿐인 여성 종신 교수 중 한 명이다. 이렇게 암울한 통계수치에도 불구하고 그녀는 항상 긍정적이고 열정이 넘치며 말솜씨가 유창하고 대담하다. 우리를 소개해준 사람은 그녀를 자연계의 힘 같다고 묘사했다. 우리가 만났을 때 그녀는 검은 스웨터와 바지에 선홍색 재킷 차림이었다. 이 차림새는 그녀의 굽이진 검은 머리칼, 선홍색 립스틱과 비슷한 톤처럼 보였다.

"제가 좋아하는 색입니다." 내가 스타일을 칭찬하자 골드스미스가 이렇게 말했다.

천재 여성들은 삶에서 독창적인 무언가를 만들고, 고정관념과 제약을 피하여 성공하는 데 필요한 힘을 발견하고자 한다. 골드스미스는 자신만의 힘을 찾기 위해 자신이 자라온 캘리포니아 샌 페르난도 밸리를 떠나야 했다. 그곳 여학생들은 영화나 유명인 등에 빠져있지 않았다. "애들은 고등학교 복도에 삼삼오오 모여서 옷이나 자동차 같은 외적인 것들에 관한 이야기만 했어요. 전 독립적이었고 역사와 정치에 관심이 많던 학생이었죠. 그곳의 환경과 전혀 맞지 않았어요." 골드스미스는 그곳에 계속 있으면 학교를 혐오하게 될 것 같아, 검정고시를 봐서 학위를 취득하고 학교를 떠났다. 그녀는 대담하게 유럽으로 갔고 그리스의 구식 클럽인 부주키아bouzoukia에서 노래하는 같은 또래 여성과 친구가 되었다. 이 여성은 골드스미스에게도 노래를 해보라고 제안했다.

"전 노래를 한 적이 없었어요. 그리스어도 할 줄 몰랐고요. 하지만 뭐라고 했을까요? 열일곱 살이던 저는 알았다고 했죠." 골드스미스는 이후 6개월 동안 그리스를 돌아다니며 그리스어를 배웠고 작은 마을의 클럽에서 노래도 불렀다. "정도正道를 걷지 않는 것도 아주 놀라운 경험이었어요." 그녀가 말했다.

정도에서 벗어나는 것은 천재적 재능을 발전시키는 데 필요한 부분이다. 샌 페르난도 밸리의 여학생이나 그 외 전형적인 여성의 행동 방식을 따른다면 독창성이 사라진다. "내면의 목소리에 귀를 기울이고 다른 목소리들의 전원을 꺼버려야 해요." 골드스미스가 말했다. 모험을 감수하고 온전한 자신이 되면 전적으로 좋은 결실을 맺긴 하지만 현 상태를 뒤흔드는 것은 결코 편안하지 않다. 골드스미스는 친구들이 본인들의 자녀가 그녀에게 조언을 구하지 못하게 한다며 우스갯소리를 한다. 그녀가 관습에 얽매이지 않는 어떤 접근법을 조언할지 알 수 없기 때문이다. 우리는 이 이야기를 하며 함께 웃었는데, 나는 골드스미스가 고등학교를 중퇴하고 그리스에서 노래를 불렀다는 경험담이 마음에 들었다. 우리도 모두 그렇게 해야 할까? 그건 결코 아니다. 하지만 이는 한 여성이 남다른 길을 선택하여 자신에게 내재한 힘을 발휘할 수 있음을 보여준 좋은 본보기다. 천재적인 여성들은 고정관념을 신경쓰거나 표준 역할과 기대에 순응하지 않는다. 이 여성들은 예기치 못한 일에 기꺼이 도전하고, 신데렐라 역을 거부함으로써 자신만의 힘을 키운다. 구두가 자기 발에 맞지 않아도 된다. 아무도 그 구두를 찾거나 규정할 필요가 없다.

골드스미스는 생후 1년 6개월 된 아들을 키우며 뱃속에 딸을 임신한 상태로 스탠퍼드 대학에 교수로 임용되어 갔다. "사람들한테 어떻게 말해야 할지 몰랐어요. 그래서 아무 말도 하지 않고 사람들이 그냥 알아차리게 하자고 생각했죠." 이상하게도 골드스미스에게 말 한마디 하는 사람이 없었다고 한다. 그녀는 출산한 후 연구실에서 가져올 것이 있어서 생후 3일 된 아기를 팔에 안고 그곳에 갔다. 그때 그녀보다 나이가 많은 한 남성 동료가 오더니 이렇게 말했다고 한다. "아기를 낳았군요! 왜 우리한테 임신했다고 말하지 않았어요?"

"그렇게 말한 교수의 연구실이 제 연구실 옆이라 저는 매일 그 앞을 지나갔다니까요!" 골드스미스가 웃으며 말했다. "좋으신 분이지만 제 임신을 전혀 눈치채지 못했던 것 같아요." 학과장도 전혀 몰랐다고 한다. 이후에 그는 골드스미스가 스트레스를 받아 많이 먹는 건지도 모른다는 생각을 했노라고 말했다.

골드스미스는 그러한 경험이 재미있다고 생각했다. 이는 어떤 상황에서든 가장 좋은 접근법인지 모른다. 골드스미스는 남성들 사이에 있는 여성으로서 갖는 특이성이 장벽을 좀 더 능숙하게 넘을 수 있도록 발전시킨다는 점도 알고 있다. 암묵적 편견과 노골적 편견이 모두 존재하는 난처한 상황에 대처하려면 남다른 기술이 필요한 것이다.

골드스미스의 두 자녀는 현재 스탠퍼드 대학에 다니고 있다.

우리가 대화를 나누는 동안 골드스미스의 딸이 연구실 문을 노크했다. 그녀는 딸을 들어오게 하고 나를 딸에게 소개해주며 내가 여성의 천재성에 관한 책을 쓴다고 말했다.

"오, 엄마는 그 주제에 완벽히 들어맞잖아요." 골드스미스의 딸은 그녀를 안으며 말했다.

"교수님은 좋은 엄마예요?" 내가 딸에게 물었다.

"최고죠!" 딸은 그녀의 어깨에 팔을 두르며 말했다.

우리는 잠시 함께 대화를 나누었고 딸이 나가자 골드스미스가 말했다. "이런 자리는 생각도 못 했어요."

골드스미스의 딸은 공학 기술 전공을 생각하고 있었는데 그럴 만도 하다. 이 딸은 어머니가 해낸 모습을 죽 봐왔기 때문에 자신도 할 수 있다고 생각하고 겁먹지 않을 것이다. 골드스미스는 한 여성이 자기보다 밑에 있는 다섯 명에서 열 명 정도의 사람에게 멘토 역할을 하면서, 그들의 성공에 기여하고 그들이 그 다음 세대에도 똑같이 할 때 변화가 발생한다고 내게 말했다. "시간이 지나면서 상황이 점점 좋아지는 거죠." 골드스미스가 말했다. 나는 조 던클리, 페이-페이 리, 신시아 브리질, 맥 어리 같은 다른 천재 여성들을 떠올렸다. 모두 강인하고 똑똑하며, 다음 세대 여성들의 성장을 돕는 데 열정적인 여성들이다. 나는 골드스미스의 말이 아마도 맞을 거라는 한 가닥 희망을 품었다. 이러한 천재 롤모델들의 투지와 영향력이 있다면 시간이 지나면서 상황은 좋아질 것이다.

자신이 겪은 좋은 경험과 나쁜 경험을 바탕으로, 앞으로 어떻게 나아갈지 판단할 때 천재성이 발휘된다. 그리스에서 노래한 경험이 무선통신 기술과 무슨 관련이 있을까? 아마 큰 관련성은 없을 것이다. 하지만 골드스미스는 여행하면서 사람들과의 소통에 대해 배웠고 창의적이고 폭넓게 사고하는 능력을 연마했다. 그녀는 그러한 관점을 자신의 연구에 적용했다. 그리고 현재 그녀는 독창성과 새로운 견해를 보여주는 특허증을 많이 갖고 있다. 그녀는 자신의 폭넓은 경험 덕분에 새로운 방식으로 생각할 수 있었고, 그래서 제한적 사고를 무시하고 자신만의 목소리를 낼 수 있었다.

골드스미스는 만일 자신이 밸리 여학생들과 너무 많이 어울렸다면, 자신의 목소리가 결코 독창적이고 강인해지지 못했을 거라고 말했는데 나는 그 말이 정확하다고 생각한다. 내 친구 샤나가 발견했듯, 정신을 쏟게 만드는 유혹적인 사회적 기준에 혹하기 쉬우며 거기서 빠져나오는 데도 오랜 시간이 걸릴 수 있다. 만일 당신 주변의 모든 사람이 에리얼을 좋아한다면, 당신은 에리얼의 꿈이(말 못 한 채 있다가 키스를 받는 것) 당신에겐 가장 바람직한 꿈이 아니라는 사실을 곧바로 알아차리지 못할 것이다. 마찬가지로 만일 대부분의 여학생이 옷에만 신경 쓰고 저급한 말을 하는 학교에서 당신 혼자 똑똑하고 독립적이라면, 자신만의 독창적인 길을 찾을만한 대담함이 필요하다. 이 길에서 당신은 다른 사람들이 따라 하고 싶은 이상적인 천재가 될 수 있다.

골드스미스는 이걸 해냈지만 모든 사람이 그렇게 할 수 있는 것은 아니다. 앞서 언급했듯 물고기는 자신이 물속에 산다는 사실을 알지 못한다. 이는 당신이 인어들과 함께 수영할 때도 마찬가지다. 당신이 갑자기 육지로 갔다고 해서 두 다리로 서는 방법을 알 수 있는 것은 아니다. 어쩌면 그리스에서 여행하며 노래를 부르고 미래의 무선통신 기술을 고안하는 모험적인 여성이 새로운 디즈니 영화의 주인공이 될지도 모른다. 안 될 이유가 있을까? 공주가 되는 것을 거부한 여성에게는 막강한 힘이 있다.

12장

지나 데이비스와
좋은 사람 콤플렉스

최근 투손 도서 축제Tucson Festival of Books 기간의 어느 저녁, 열 명의 작가 중 한 명으로 고급 컨트리클럽에 초대되었다. 우리는 각자의 책과 글쓰기 방식에 관해 이야기를 나누었다. 저녁 식사를하고 음료를 마신 후 강당 앞쪽에 차례로 앉았다. 사회자가 모두를 편안하고 웃게 만드는 질문을 던졌고, 그때마다 마이크를 앞뒤로 넘기며 대답했다. 사회자가 청중에게 질문을 해보라고 청했을 때, 한 여성이 그곳에 온 작가들은 학창 시절에 성적이 어땠는지 물어보았다. 첫 번째 작가는 퓰리처상을 받은 한 남성으로, 자신은 영어에서 늘 A를 받았지만 수학은 C를 받았노라고 말했다. 이어서 역시 남성인 두 명의 작가도 그와 비슷한 점수를 받았다고 말했다. 그리고 내 차례였다.

"전 여학생이었으니 열심히 했어요. 그래서 올 A였죠!" 내가 말했다.

다 공감한다는 듯한 웃음소리와 박수가 터져 나왔다.

뒤이어 몇 명의 남성 작가들은 다시 "대부분 C였지만 영어는 A였어요"라는 식으로 대답했다. 마침내 그곳에 있던 유일한 다른 여성이 마이크를 잡았다. 최근에 옥스퍼드 대학을 졸업한 그 젊은 작가는 이렇게 말했다. "저도 제니스 작가님과 비슷해요. 여학생이라 열심히 해서 모두 A를 받았어요!" 그녀 역시 박수를 받았다.

요약하자면 여덟 명의 남성 작가들은 학창 시절에 자신이 좋아하는 과목에만 집중했고, 다른 과목들은 형편없는 점수를 받아도 만족했다. 반면 두 여성 작가는 단호하고 목적의식이 있었으며 조금도 물러서지 않기로 작정했다. 여기서 진정한 거성은 누구인가? 그녀와 나는 박수를 받았지만 전부 A인 성적은 좋지 않은 측면이 있다. 젊은 작가 친구와 나는 문화의 이중 잣대를 직감했기 때문에 ─ 이는 적어도 일부 원인이었다 ─ 학교에서 공부를 열심히 했다. 우리는 고등학교에 다닐 때 이를 말로 표현하지 않았을지 모르나, 주목을 받으려면 다른 학생들보다 뛰어나야 한다는 점을 알았다. 우리에겐 성적을 망칠 자유가 없었다.

완벽주의는 주류에서 성공하는 데 아주 중요한 요소이지만 천재에겐 그다지 좋지 않다. 전형적인 인정을 받는 데 너무 집착하면 지적 위험을 감수하기 어렵다. 천재에겐 대담함과 약간의 배짱이 필요하다. C를 받아도 잘 살아갈 수 있으며 실패하더라도 다른 기회가 온다고 진정으로 믿는다면, 예상치 못한 일을 기꺼이 시도할 수 있기 때문이다. 자기 자신에게 많은 것을 요구하는 것은 바람직하다. 하지만 여성들이 흔히 그러듯, 그 정도가 너무 지나치면 이는 자신감의 표시가 아니라 두려움의 표시다.

✺

천재는 전통적인 사고를 벗어 던지고 새로운 방향으로 도전을 할 필요가 있다. 나는 몇 주 후, 온라인 교육 사이트 코세라 Coursera를 창업하여 큰 성공을 거둔 — 더불어 큰돈을 벌 잠재력을 만든 — 다프니 콜러Daphne Koller를 만났다. 콜러가 그 회사를 창업한 것은 예상치 못한 일이었다. 콜러는 스탠퍼드 대학의 성공한 컴퓨터 공학 교수로, 기계 학습 분야에서 흥미롭고 획기적인 발전을 이룬 것으로 유명했다. 30대 초반에는 맥아더 재단으로부터 '천재 장려금'을 받았다. 콜러의 진로는 정해진 듯 보였으나 그녀는 한 곳에 멈추지 않는 천재였다.

"단순히 논문을 써서 누군가 그걸 읽어주길 바라기보다, 좀 더 직접적인 방법으로 영향을 주어야 한다는 절박함이 갈수록 커졌어요." 콜러는 말했다.

당시 스탠퍼드 대학에서 콜러의 동료 앤드류 응이 맡았던 강좌는 상당히 인기가 있어서 정기적으로 4백 명의 학생들을 끌어들였다. 이 대학 측에서 이 강의를 일반인도 들을 수 있게 시험 삼아 온라인 강좌를 개설했는데 약 십만 명이 등록했다. 나중에 콜러는 만일 응 교수가 강의실 수업만으로 그러한 정도의 영향력을 갖추려면 250년 동안 가르쳤어야 했을 거라고, 그리고 그러한 반복 강의에 지루해졌을 거라고 농담처럼 말했다.

중요한 일을 할 가능성에 매료된 콜러와 응은 뛰어난 명문 대학 교수들의 수업을 전세계에 무료로 제공할 수 있는지 검토해 보기로 했다. 이는 어떤 상황에서도 수많은 이들이 수강할 수 있는 방법이었다. 당시에 나는 콜러에게 그 일은 그동안 해온 일과는 전혀 관련이 없다는 점을 지적했다. 콜러는 데이터 세트*, 기계 학습, 인공 지능 분야에서 연구했고, 이러한 연구로 칭송과 인정을 받고 있었다. 콜러가 성공하지 않을 수도 있는 일을 위해 그 모든 업적을 내던지게 만든 힘은 무엇일까? 콜러는 어깨를 으쓱이더니 자신은 스스로 편안함을 느끼는 일을 하면서 성공하는 데 많은 시간을 보냈다고 말했다. 그러면서 이제는 진정으로 진취적인 일을 시도하면서 자신을 더 발전시키고 싶다고 했다. "실패를 기꺼이 받아들이고 자신을 추스른 후에 다시 시도해야만 성공할 수 있어요." 그녀가 말했다.

그래서 콜러는 스탠퍼드 대학에 2년간 휴직을 내고 새로운 시도를 했다. 그 이후에도 여전히 회사의 기반이 잡히지 않자, 콜러는 회사를 키우는 일에 계속 집중하기 위해 스탠퍼드 대학의 안정적인 종신직까지 그만두었다. "만일 실패했다면 그건 극적인

---

* 데이터 처리에서 한 개의 단위로 취급하는 자료 집합 - 역주

실패였겠죠." 콜러가 말했다. 하지만 콜러는 극적인 성공을 거두었다. 몇 년 후, 마침내 회사가 비상하자 콜러는 그곳을 떠나 구글의 한 지부로 들어가 생물 의학 문제를 전산화하는 일을 했다. 이후 다시 한번 모험을 감행하여 약과 건강관리에 중점을 둔 회사를 창업했다. 이러한 생물학과 기계 학습의 교차 지점에서 일하는 사람은 많지 않다. 콜러의 천재성은 일반적으로는 서로 어울리지 않는 영역들 사이의 예상치 못한 관련성을 감지한 후, 이러한 발상을 새롭게 적용하는 능력에 있다. 콜러는 사업을 처음 시작했을 때 생물학에 대해 많이 알지 못했지만, 사람들에게 거리낌 없이 많은 질문을 했고 그 과정에서 처음부터 깊은 인상을 남기려고 애쓰지 않았다. 그녀에 대한 깊은 인상은 나중에 자연스럽게 새겨졌다.

콜러도 차별에 직면한 적이 있을까? 물론이다. 하지만 콜러는 "모든 상황에서 싸울 수는 없기에 사소한 것들은 무시하는 법을 배웠어요"라고 말했다. 이스라엘에서 자란 콜러는 17세에 대학을 졸업하고 18세에 학사 학위를 받았다. 이후 '지금의 자리를 박차고 일어나 세상의 저편으로 가서' 옥스퍼드 대학의 박사 학위를 받기로 했다. 콜러와 대화를 나누다 보니, 그녀처럼 모험을 감수하려면 직업적으로든 지적으로든 기꺼이 아웃라이어가 될 수 있어야 한다는 생각이 들었다. 누군가 자신을 인정해주거나 누군가 자신의 성적표에 A를 기재해주기만을 기다릴 순 없다. 스스로 자신의 발자취를 남기겠다고 결심해야 한다.

콜러는 여성들에게 큰 모험을 감수하고 자신이 편안함을 느끼는 영역 밖으로 나오라고 조언한다. 자신이 하는 일이 남다른 영향력을 발휘할 수 있는 영역을 찾아보라고 한다. "만일 자신이 수많은 사람이 할 수 있는 일을 한다면 점진적인 영향만 끼칠 수 있어요. 스스로 독특해질 수 있는 영역이어야 진정한 변화를 일으키게 되죠." 콜러가 말했다. 대부분의 사람은 독특하지 않다. 하지만 우리가 용기를 낸다면 우리 내면에서 남다르고 발전시킬 가치가 있는 작은 영역을 발견할 수 있다.

여배우 지나 데이비스는 여성주의 영화의 고전 〈텔마와 루이스〉에서 멋진 텔마 역을 맡았는데, 실생활에서도 이 영화에서만큼 대담한 것으로 알려져 있다. 데이비스는 키가 183센티미터에, 단호하며 세상을 지배할 수 있을 것처럼 보인다. 한때 텔레비전 드라마에서 최초의 여성 대통령을 연기했는데 아주 잘 어울렸다. 하지만 나와 대화를 나누던 어느 날 아침, 데이비스는 자신이 아주 공손한 사람이어야 하고 모두가 자신을 좋아하게 만들어야 하며, 절대 성가신 존재가 되지 말아야 한다는 말을 들으며 자랐다고 말했다. 만일 다른 집에 가게 되면 그 집에서 주는 물 한 잔도 거절해야 한다고 배웠다. 아무리 목이 말라도 다른 사람에게 폐를 끼치면 안 된다고 배운 것이다. 데이비스는 영화를 처음 시작했을 때에도 항상 선한 스타일을 유지하여 많은 여성의 마음을 불편하게 했다. 무언가를 부탁할 때 사과하듯 말했고(귀찮게 해서 너무 죄송합니다만……) 합당한 요구를 할 때에도 부드럽고 위압적이지 않게(만일 큰 문제가 되지 않는다면……) 했다. 데이비스는 "함께 일하기에 아주, 아주 수월한 사람이자 어떠한 요구도 없는 사람이 되려고 노력했어요"라고 말했다. 출연료에 대해 불만을 표시하거나 대본 내용을 바꿔 달라고 요청하는 것에 대해선 생각조차 해본 적이 없었다. 남자와 데이트를 할 때도 어떤 음식점에 가자고 말하지 않았다. 무엇에 대해서든 자신의 의견을 드러내는 것을 두려워했다.

데이비스는 〈델마와 루이스〉를 찍으면서 공동 주연한 수전 서랜든이 매일 촬영장에 나와 양해를 구하지 않고 하고 싶은 말을 마음대로 하는 모습을 지켜보았다. 수전은 대담하고 두려움이 없으며 자기 자신에 온전히 만족하는 사람이었다. "'가만, 여자도 저럴 수 있는 거야?' 그런 생각을 했다니까요." 데이비스가 말했다. 데이비스는 실생활에서 용기를 보이는 수전을 따라 했고, 자기 인생에 책임을 지고 자기 운명의 통제력을 결코 타인에게 내주지 않는 영화 주인공들의 힘도 내면화했다. 영화 마지막에서 델마와 루이스는 절벽으로 차를 몬다. ― 강인한 여성들은 여전히 죽어야만 하는가? ― 하지만 데이비스는 그 장면이 자신의 선택을 스스로 하고, 성차별적인 세상에서 자유를 유지하는 것에 대한 비유라고 생각했다. "그래서 여성들 혹은, 무력감을 느끼는 누구든지 그 영화를 보고 나면 흥분되고 열정과 활기를 띠게 되는 것 같아요." 그녀가 말했다.

데이비스는 자기 생각과 강점을 명확히 드러내기 시작하면서 부터 우리 사회가 명백하면서도 미묘한 방식으로 남성 중심적이라는 사실을 깨달았다. 우리는 남성형 지칭을 표준으로 여긴다. 데이비스는 어느 날 어린 세 아이를 데리고 공원에 갔다가 이렇게 설정된 상태를 바꾸기로 마음먹은 이야기를 해주었다. 데이비스는 다람쥐를 가리키며 일부러 여성형 지칭인 'she'를 붙여서 아주 귀엽다고 말했다. 쌍둥이 아들이 놀란 표정으로 그녀를 보면서 "다람쥐가 여자인지 어떻게 알아요?"라고 물었다. 데이비스는 이미 실패한 기분이 들었다. 네 살 된 쌍둥이는 이미 세상이, 그리고 그 안에 사는 개들과 다람쥐들이 남성형 지칭으로 불린다는 사실을 알고 있었던 것이다.

남성 중심성은 도처에 만연해있다. 데이비스는 "아이들과 방송을 보다가 유아 프로그램과 어린이 영화에 여자 캐릭터보다 남자 캐릭터가 훨씬 많은 걸 보고 충격을 받았어요"라고 말했다. 그래서 '지나 데이비스 미디어 젠더 연구소Geena Davis Institute on Gender in Media'를 창립했다. 데이비스는 그러한 현상이 명백하다는 생각과 잘못되었다는 생각이 동시에 들었다. 하지만 영화사 중역들에게 이 문제를 자연스럽게 언급할 때마다 그들은 "아니, 요즘엔 안 그런다니까"라고 말했다. 데이비스는 자료를 모으기 시작했고 여전히 그것이 전적으로 사실이라는 점을 발견했다.

2006년에서 2009년까지 나온 가족 영화를 조사한 결과, 데이비스는 의사, 변호사, 경영자, 정치인 역 가운데 여성 등장인물은 한 명도 없다는 사실을 입증했다. 그 이후 10년 동안 이러한 역에서 여성 등장인물의 수가 증가했고, 여자들이 출연한 영화가 더 좋은 흥행 성적을 거두었다. 하지만 여전히 남자주인공이 2 대 1 비율로 여자 주인공보다 더 많다. 현재 데이비스는 영화사 대표, 방송사 경영자, 제작자를 만날 때면 아이들 방송은 즐거움을 주는 것이 좋다고만 말하며, 어떤 메시지를 전하는 방송을 만들어달라고 요청하지는 않는다. 그녀는 그들이 여성은 중요하지 않다는 메시지를 빼주기만을 바랄 뿐이다.

나와 대화를 나누던 데이비스는 따뜻하고 친근했으며 환한 웃음을 지었다. 지금 그녀의 친절함은 약점이 아니라 강점에서 나오는 것이다. 데이비스는 "연구소를 창립했을 때 제 전략은 친화력이었어요."라고 말했다. 데이비스는 누구든 공개적으로 난처하게 하지 않으려 애썼고 사적으로 직접 소통하는 방법을 썼다. 이 방법은 효과적이었다. 사람들은 그녀와의 협력을 좋아했고, 그녀가 확실한 자료를 제시하고 단호하게 주장하면 프로젝트에 변화가 생겼다. 이제 많은 제작자가 어린이 방송 제작 제안을 들을 때 '데이비스 씨라면 어떻게 할까?'라고 생각한다는 말을 전해 들었다고 한다. 당신이 남자든 여자든 스스로에게 질문하는 것은 바람직하다.

미투 운동은 자기 이익만 생각하는 남성들이 여전히 누가 인정과 존경을 받아야 하는지 결정한다는 사실을 우리에게 상기시켜주었다. 국가적 의제를 — 그리고 텔레비전 편성표를 — 결정하는 사람들이 여성을 동료나 동등한 사람보다는 유혹할 대상으로만 볼 때, 언제나 여성의 능력과 천재성은 폄하된다. 아마존 스튜디오에서 제작된 훌륭한 드라마 시리즈 〈굿 걸스 리볼트〉는 1960년대에 《뉴스위크》에서 일하며 동등한 대우를 위해 싸웠던 여성들의 실화를 바탕으로 만들어졌다. 잘 쓰인 대본과 뛰어난 연기가 돋보인 이 시리즈는 호평을 받았고, 여성 시청자들에게 아마존 스튜디오의 가장 성공적인 드라마로 손꼽힌다. 하지만 이 드라마는 한 시즌으로 막을 내렸다. 본인은 결코 한 회도 시청하지 않았다고 당당하게 주장하는, 여성 혐오주의자인 경영자 때문이었다. 그가 '이 몸이 여성의 힘을 보여주는 드라마를 끝장냈어!'라고 으스대는 게 여기까지 들리는 듯하다. 그는 이 드라마의 제작자 대나 캘보Dana Calvo에게 재능이 있든 말든, 권력을 휘둘러서 그것을 훼손할 수 있다는 사실에 흡족해했다. 이뿐만 아니라 여성에 초점을 맞춘 두 개의 드라마 〈시녀 이야기The Handmaid's Tale〉와 〈커져버린 사소한 거짓말Big Little Lies〉의 제작도 승인하지 않았다. 다른 방송사에서 제작된 이 두 드라마는 높은 시청률을 기록했고 다양한 에미상Emmy Award까지 받았다. 그는 여성들을 폄하했을 뿐만 아니라 여성들에게 음탕한 제안을 한 사실도 드러났다. 결국 그는 성희롱으로 고발된 상태에서 아마존 스튜디오를 떠났다.

나는 〈굿 걸스 리볼트〉의 재능 있는 주연 배우 제네비브 앤젤슨과 그 드라마에 관한 대화를 나누었다. 앤젤슨은 다음 시즌의 취소를 언급하며 "조직적인 여성 혐오를 보여주는 명백한 사례"라고 말했다. 이는 그녀에게 단순히 이론적인 문제가 아니었다. 그녀는 상당한 출연료를 받다가 수입이 없는 상태가 되어버렸고, 그녀의 삶을 바꾸었을지도 모를 인기 있던 역할이 사라져버렸다. 그녀의 좌절이 전해지면서, 나는 애초에 내게 천재를 정의해주었던 케임브리지 대학교수 찰스 존스의 말이 생각났다. 그는 역사를 파헤칠 때 천재 여성들을 천재 남성들만큼 많이 찾을 수 있으리라는 기대는 하지 말라고 말했다. 이는 너무 많은 여성이 기회를 전혀 얻지 못했기 때문이다. 그가 '여성의 발전을 제한한 사회 구조'에 대해 설명했던 것은 과장된 학문적 담화가 아니었다. 그는 여성 혐오적인 독설로 드라마 제작을 취소한 남자만큼이나 솔직했다. 수 세기 전에 파니 멘델스존 헨젤은 그녀의 재능을 꺾으려고 한 영향력 있는 남자들 때문에 괴로움을 겪었다. 이번에는 제네비브 앤젤슨이 그런 일을 겪고 있다.

　처음에 여성들은 직장에서 경험한 성희롱에 대해 말하기 위한 한 방법으로 미투 운동을 시작했다. 하지만 지금 이 운동은 더 확대되어 주목과 인정을 받고 제대로 평가받아야 할 외침이 되었다. '나도 여기에 있을 권리가 있다!'라는 외침 말이다. 이 운동이 전개된 지 약 1년이 지난 후, 약 2백 명의 저명한 남성들이 '미투' 고발로 직장을 잃었고 그 자리의 43%를 여성들이 차지했다.

제니퍼 살크Jennifer Salke는 아마존 여성 혐오주의자의 자리를 인수하였고, 여성들을 위한 중독성 있는 긴 드라마 시리즈를 제작하고 싶다고 발표했다. 구조적 결정을 내리는 여성들은 상대방에게 친절해야 한다거나 마음을 풀어주어야 한다는 걱정을 할 필요가 없다. 이러한 여성들은 방송에 여성이 많이 등장해야 한다는 지나 데이비스의 교훈을 이해한다.

⚛

　에모리 대학의 아프리카계 미국인 연구학과의 석좌교수인 캐롤 앤더슨Carol Anderson은 항상 똑똑한 여성들은 너무 강인하고 너무 똑똑한 여성에 대한 남성의 반발로부터 자신을 보호한다고 내게 말했다. 너무 강인하고 너무 똑똑하다고 말할 수 있는 걸까? 이러한 표현은 남성들을 위해 존재하는 건 아닐까? 이 모든 것은 이른바 '비하가 담긴 성별 언어'의 일부다. 이는 남성들을 대하는 여성들이 흔히 위협적으로 들리지 않게 하기 위해 자신을 폄하하는 것을 의미하기도 한다. "여성들은 항상 남성 폭력의 위협을 알고 있어요. 자신이 남성의 가부장제를 충분히 존중하지 않을 경우 그러한 폭력을 초래할 수 있다는 점을 걱정하죠." 앤더슨이 말했다. 사회적 규범에 도전하고 남성의 지배에 의문을 제기하면 그야말로 위험해진다. "여성들은 자신의 몸을 보호하기 위해 자신의 지적 수준을 드러내지 않는 것이죠." 그녀가 말했다.

어느 날 저녁에 한 파티에서 앤더슨을 만나 이야기를 나누었다. 나는 5분도 되지 않아 앤더슨이 칵테일 파티에서 내가 만난 최고의 달변가라고 생각했다. 앤더슨은 놀라울 만큼 독창적인 사고를 하고 탁월한 통찰력을 보이면서도, 따스한 미소와 환한 웃음으로 진지한 분위기를 풀어준다. 날씨 이야기나 전채 요리의 질에 대해 말하는 대신, 지위의 위협과 자신의 영토를 지키는 백인 남성들에 대해, 여성이나 소수민족이 그들의 영역에 들어갔을 때 그들이 느끼는 분노에 대해 말했다. 나는 남성의 분노와 폭력이 천재 여성들이 내리는 결정에 영향을 준다는 생각을 해본 적이 전혀 없었기에 내심 놀랐다.

어느 시점에 나는 내가 유난히 강하지 않아서인지 몰라도, 남성의 분노나 공격성을 주기적으로 직면하지는 않았다고 말했다. 앤더슨은 곧바로 끼어들어 말했다.

"당연히 제니스 씨는 강해요. 큰 잡지사도 운영했었잖아요. 그저 어떠한 분노도 발생시키지 않고자 항상 모든 이의 기분을 좋게 하려고 애쓴 거 아닌가요?" 앤더슨이 말했다.

음, 그건 맞는 말이다. 나는 앤더슨에게 남성 편집자가 내가 보기엔 조리 없는 기사를 제출했을 때, 그 말을 기분 나쁘지 않게 할 방법을 생각했던 일화에 대해 말해주었다.

"내가 가장 우둔한 독자일지 모르지만 여기서 말하는 바를 정말 이해할 수가 없네요." 나는 그 편집자에게 이렇게 말했다.

가장 우둔한 독자라고? 그 당시에 우리 잡지의 독자 수가

7,200만 명이었다. 내가 가장 우둔할 리는 없었다. 하지만 직감적으로 나는 그렇게 말하는 것이 ― 남성의 ― 기분을 거슬리게 하지 않으면서 비판하는 방법이라고 생각했다. 성미가 급하고 완고한 교열 담당자가 우리의 대화를 우연히 듣고는 고개를 절레절레 내저었다. 나는 그녀의 의도를 이해할 수 없었다. 그녀는 손짓으로 나를 불러 자신의 사무실로 데려가더니 문을 닫고 말했다. "이런 말씀 드려서 해고될지 모르지만, 선생님은 잡지사 편집장이시잖아요. 저희는 편집장님을 존경하고 있어요. 그러니 너무 자기비하적인 말은 그만해주시겠어요?"

나는 그녀를 해고하지 않았고 고마워했다. 그녀는 마냥 다정하고 매력적인 태도가 거슬릴 수 있고, 자신을 비하하는 한 여성이 다른 모든 이에게 영향을 준다는 점을 깨달을 만큼 똑똑했다. 나는 나를 지키기 위한 한 방법으로 부지불식간에 자기 비하를 이용했다. 모든 직업에서의 여성들은, 반드시 존중받을 가치가 있다고 볼 수 없는 남성들에게 정중히 대하는 기술을 배운다. 그리하여 남성들이 위협을 받는다고 느낄 때 드러내는 실제적 폭력이나 ― 나는 이 부분을 염려하지 않았다 ― 폄하로부터 자신을 보호한다.

앤더슨 교수는 자신의 일거수일투족에 주의할 필요성을 더 강하게 느끼고 있다. 나는 앤더슨을 만난 저녁에 그녀의 베스트셀러 『백인의 분노White Rage』를 다운로드 했고, 다시 만날 날을 잡았다. 다음 날 오후에 그녀를 다시 만났을 때 전날 밤 그녀의 놀랍고 흡인력 있는 책을 읽느라 늦게까지 잠을 못 잤다고 말해주었다.

"첫 두 페이지에 각주가 열 개 달렸더군요." 내가 말했다.

앤더슨은 내가 이미 그녀의 특징으로 인정한, 따스하고 쾌활한 웃음을 지었다. "전 흑인 여성이니까 모든 내용을 확인하고 또 확인하고 제대로 입증해야 해요. 전 조금의 실수도 허용되지 않거든요." 그녀가 말했다.

맞는 말이다. 앤더슨은 에모리 대학의 저명한 교수일 뿐만 아니라, 다양한 교수상을 받았고 포드 재단을 포함한 미국의 존경받는 재단에서 주는 보조금과 연구비를 수여 받았다. 올해에는 구겐하임 펠로십*도 받았다. 천재가 세상을 다른 관점으로 보고 사람들에게 그렇게 하도록 고무시켜주는 사람이라면, 앤더슨은 천재 자격이 된다. 하지만 그러한 칭호와 영예를 얻는다고 해서 사람들의 멸시가 반드시 바뀌는 것은 아니다. 그녀는 어느 날 이탈리아와 프랑스에서 제1차 세계 대전이 일어난 여파에 대해 강의를 하고 있었다. 그때 두 번째 줄에 앉은 한 백인 남학생이 그녀의 말을 가로막으며 인종차별에 대한 그녀의 주장에 발끈했다.

"그런 생각이 어디서 나온 거죠?" 그 학생이 무례하게 소리쳤다.

---

* 미국의 '존 사이먼 구겐하임 기념 재단'에서 1925년부터 뛰어난 연구자들에게 수여하는 장학금 – 역주

기가 막힌 앤더슨은 그 학생의 콧대를 꺾고 싶었지만 좀 더 유연하게 접근하기로 했다.

"뭐라고 했니?" 앤더슨은 물었다. 자신의 어조에서 그 학생이 선을 넘었다는 사실이 분명히 드러나기를 바랐다. 하지만 그렇지 못한 모양이었다.

"그런 생각이 어디서 나온 거냐고 했는데요? 제가 유럽에 가봤는데 그곳 사람들은 그렇게 행동하지 않아요." 그 학생이 말했다.

그렇다, 그 학생은 유럽에 다녀왔다! 대학 2학년생인 그는 어떤 흑인 여성보다 경험이 풍부하고 아는 것이 많을 수 있다. 앤더슨은 유머를 발휘하기로 했다. 몸을 앞으로 내밀고 손을 엉덩이에 얹고서 "1917년에 다녀온 모양이지?"라고 물었다.

다른 학생들이 웃음을 터뜨렸다. 그제서야 그 학생은 자신의 오만함이 공감이나 인정을 얻지 못했다는 사실을 깨달았다. 그렇게 수업은 계속되었다.

앤더슨은 그 이야기를 하며 환하게 웃었지만 나는 매일 조롱과 무례함을 직면하는 것이, 심지어 제자로부터 그러한 대우를 받는 것이 얼마나 불쾌한지 깨달았다. 다른 여성 교수들도 학생들이 남성 교수에게는 하지 않았을 방식으로 이의와 의문을 제기했던 경험에 대해 내게 말해주었다. 하지만 앤더슨에게 그 문제는 몇 배 더 심각했다. 그녀의 해결책은 일상에 각주를 달듯이 사는 것이었다. 그러니까 자신이 하는 모든 말을 입증할 수 있게 준비하여, 스스로 실수를 용납하지 않고 누구보다 뛰어난 사람이 되려고 노력했다. 참으로 만만치 않겠다는 생각이 들었다.

많은 재능 있는 여성이 남성의 묵살에 직면하여 직장을 그만 둔다. 이 여성들은 당연히 자기 생각이 맞는데 매일 그 생각을 입증해야 하는 것은 불공평하다고 말한다. 하지만 지금 당장 어떤 선택권이 있을까? 전통적인 편견은 터무니없으며 변화가 필요하다. 하지만 주목받고 싶고 세상에 발자취를 남기고 싶은 여성이라면, 그러한 변화가 이루어질 때까지는 자신의 천재성을 스스로 입증할 만큼 강인하고 똑똑해야 한다. 그 누구도 이 일을 대신 해주지 않는다.

앤더슨은 여성으로서 일하다 보면 '압력에 굴복할 것인가, 나만의 길을 갈 것인가?' 사이에서 결정해야 하는 순간이 온다고 말했다.

앤더슨은 굴복한 적이 한 번도 없다. 처음에 몸담은 대학에서 재임하려고 노력할 때 이러한 중대 전환점에 직면했다. 그때 자신의 첫 책에 대한 출판 계약을 포함하여 만반의 준비를 했다. 학술 도서 출판업자들은 받은 원고를 검토하고 보내주는데, 그녀는 출판사 측의 첫 논평을 고대하고 있었다. 기다리고 또 기다렸다. 그러다 결국 그녀는 출판사 측에 문의했다.

"저는 원고를 되돌려 보내지 않았어요. 책의 어조가 마음에 들지 않았거든요." 출판업자가 말했다.

"제 어조가요?" 앤더슨이 물었다.

"폭력에 대한 부분에서 글을 너무 무겁게 썼어요." 그가 말했다.

그는 백인 구원자*에 대한 책을 원했는데 앤더슨의 조사에 다른 이야기가 담겨 있었던 것이다. —"그럼 그런 폭력을 저 같은 사람이 가했을까요?" 그녀가 내게 말했다 — 앤더슨은 그에게서 원고를 가져오기로 했다. "우리는 우선 자신이 한 일의 가치에 대해 확신이 있어야 해요." 앤더슨은 말했다. 더 나은 출판사 측에서 그녀의 원고를 마음에 들어 했다. 그렇게 책이 출간되고 그녀가 여러 상을 받자 첫 출판업자는 사람들에게 자신이 먼저 원고를 받았다는 말을 하고 다녔다. "좋은 일이었던 것처럼 말했더군요!" 그녀가 말했다.

⚛

앤더슨은 일부 사람들이 그녀의 성공을 지켜보면서 소수자 적극 정책**의 특혜를 입었을 거라고 비난하기 시작했다는 점을 알고 있다. 앤더슨은 이 부분에 관해 토론하기를 좋아한다. 흔히 '미국인 생활의 제3궤도third rail of American life'라는 화제를 꺼내, 청중에게 대학 입학에서 소수자 적극 정책의 혜택을 가장 많이 받은 사람들을 누구라고 생각하는지 묻는다. 앤더슨이 아프리카계 미국인이라 사람들은 그것이 묘한 질문이라는 점을 안다. 답이 아프리카계 미국인일 리는 없다. 그렇다면 앤더슨이 질문을

---

* 백인이 비백인을 구원하는 것을 의미하며, 백인이 없으면 비백인 스스로 위기를 극복할 수 없다는 전제가 깔려 있다 – 역주
** 미국에서 인종, 성별 등을 이유로 차별받기 쉬운 이들에게 혜택을 주는 제도 – 역주

하지 않았을 테니까 말이다. 그렇다면…… 백인 여성일 것이다! 이 여성들은 설령 재능이 없더라도 주목을 받을 수 있는 행운을 누린다!

하지만 답이 아니다.

"저는 이 조치의 가장 큰 수혜자는 백인 남성들이라고 설명해요." 앤더슨이 내게 말했다. 당연히 그녀에게는 이를 입증할 증거가 있다. 미국 전역의 고등학교에서 여학생들은 남학생들보다 성적도 좋고, 특별 활동에서 많은 상을 받는 등 더 뛰어난 성과를 보인다. 만일 대학 측이 입시에서 온전히 우수한 평점을 기준으로 삼는다면 여학생을 약 65%, 남학생을 약 35% 선발해야 한다. 하지만 그렇게 할 수 없다. 학생들은 반발할 것이고 이에 따라 학교 순위가 내려갈 것이다. 따라서 입학사정관은 남학생들을 위해 기준을 — 더 낮게 — 조절하여 남녀 비율이 50대 50에 가깝게 만든다.

"여학생들과 소수 집단 학생들이 남학생들이 들어가야 할 자리를 빼앗는다는 얘기가 있어요. 하지만 사실은 그 반대죠." 앤더슨이 말했다.

여학생들이 들어가야 할 자리를 남학생들이 뺏고 있다니! 누가 알았겠는가? 하지만 이제 우리가 알게 되었으니 그 이야기는 바뀔 수 있다.

지금까지 남성들이 — 그러니까 백인 남성들이 — 재능과 능력을 갖추었다고 알려져 왔다. 스탠퍼드 대학의 사회학자이자 지위와 성별 연구 전문가인 세실리아 리즈웨이Cecilia Ridgeway는 남성의 능력에 대한 가정은 서양 문화에 깊은 뿌리를 두고 있기에 지위 체계를 흔들기란 어렵다라고 내게 설명했다. 하지만 흔들 필요가 있다. 지금 그것이 불합리한 이중 잣대를 만들기 때문이다. 여성은 반을 얻으려면 두 배나 더 잘해야 한다는 옛말을 아는가? 이는 넋두리가 아니라 사실이다. 남성들은 높은 지위를 차지하기 때문에 아무리 노골적인 실수를 저지르더라도 다시 털고 일어난다. '평소에 능력 있는 사람인데 그건 단순한 실수야!' 사람들은 이렇게 말하고, 이 남성은 또 다른 기회를 얻는다. 반면, 여성은 실수하면 끝장이다. '여자들은 이 일을 못 한다고 내가 말했지.' 사람들은 이렇게 말한다. 우리의 마음은 우리가 이미 생각한 것이 맞는다는 점을 입증하기 위해 태도를 전환하는 것에 뛰어나다. 우리는 매일 크고 작은 문제에서 다양한 방식으로 이렇게 한다. 만일 감자튀김을 너무 좋아하는 사람이 짜고 탄 감자튀김을 집었다면, 아무렇지 않은 듯 봉지에 손을 넣어 다른 것을 집을 것이다. 반면 평소에 감자튀김을 꺼리는 사람이 상태가 안 좋은 감자튀김을 집었다면 봉지째 버릴 것이다.

나는 재능 있는 여성들이 너무 짠 수많은 감자튀김처럼 버려지는 것은 지극히 잘못되었다고 생각한다. 앤더슨은 이러한 현상을 더 광범위하게 목격한다. 앤더슨은 수학 천재나 컴퓨터 과학자가 될 인물이었는데 발전할 기회를 전혀 얻지 못한 경우를 생각하면서, 인력을 감소시키고 재능 있는 인물의 발전을 막으면 힘 있는 나라를 만들지 못한다고 지적한다. "인종차별, 성차별, 여성 혐오는 기회와 잠재력을 차단했고 이는 미국을 약화한 요인이 되어왔어요. 또한, 우리가 효율적으로 경쟁하는 능력을 저해시켰고 인재들을 소멸시켰어요."

천재 여성들은 우리를 화성에 데려갔다가 데려오고, 암을 치료하고, 새로운 도시를 건설할 수 있다. 이성적으로 생각해볼 때 그녀들을 폄하하는 것은 일리가 없다. 왜 우리의 삶을 더 낫게 해줄 재능을 지닌 여성들과 소수민속을 계속 무시하는 걸까? 내가 이러한 의문을 제기하자 앤더슨은 나를 의미심장한 표정으로 보았다. 이번에는 웃지 않고 한쪽 눈썹을 치켜세우며 말했다. "남을 해치려다 자신도 함께 당한다는 말 들어본 적 있죠?" 내가 이 여성을 좋아하는 이유는 바로 이런 점이다. 앤더슨은 이 세상이 얼마나 악랄하게 여성과 소수 집단에 편견을 품어왔는지 알고 있으며, 상당한 침착함과 지성, 기지를 바탕으로 우리 역시 이러한 사실을 깨닫게 하기 위해 계속 노력할 것이다. 여성이나 소수민족에 속하는 사람이 최고위직에 오르거나 저명한 상을 받으면 사람들은 어떤 타협이 있었을 거라고 내심 생각한다. 하지만 사실, 재능 있는 여성들을 무시할 때나 부정한 타협이 이루어진다. 이러한 일에는 우리 모두 똑같이 책임이 있다. 남자들이 제도를 조작했어도 여성들은 이를 바꿀 싸움을 느슨하게 하면 안 된다.

지나 데이비스가 강조한 대로 영화 속 강인하고 막을 수 없는 여성의 본보기는 중요하며, 이러한 여성들은 현실에서도 강한 영향을 끼친다. 다프니 콜러는 나를 만나 음료를 마실 때, 두 10대 딸이 보내는 문자 메시지를 확인하기 위해 테이블에 휴대 전화기를 올려놓았다. 콜러는 저녁 7시에 집에 가서 저녁을 준비해야 한다고 했다. 콜러가 무알콜 모히토의 마지막 한 모금을 마시고 자리에서 일어날 때 이런 생각이 들었다. 엄마가 어디에 있는지 묻는 두 10대 딸에게 이 엄마는 아주 뛰어난 롤모델이라는 생각 말이다. 당신도 딸들이 너무 친절하고 웃음이 헤프고 고분고분해지는 함정에 빠지지 않기 바라고, 딸들에게 천재가 되는 건 좋은 일이라고 알려주고 싶은가? 그렇다면 딸들에게 다른 사람이 자신을 가로막지 못하게 한다는 것이 어떤 의미인지 알려주어야 한다. 그 누구도 세 가지 영역에서 콜러를 가로막지 못했다. 바로, 맥아더 재단 급비 연구원, 코세라 창업자 그리고, 현재 생물의학 회사의 창립자라는 역할이다. 하지만 콜러가 가장 자랑스러워하는 점은 끊임없이 시도하려는 자세다. "실패하면 조금 더 배우고 다시 시도하면 돼요. 그러면 다음번엔 더 잘하게 되죠." 콜러가 말했다. 그녀는 친절하고 위협적이지 않은 존재가 되는 데 신경 쓰지 말고 그저 자기의 일을 하면 된다고 말했다. 이는 동화책의 교훈이 될 수 있을 만큼 아주 단순한 접근법이다. 하지만 여성들에게는 복잡한 문제가 될 수 있다. 어쨌든 이 접근법에 성공한 여성은 천재에 이르는 길 위에 서게 된다는 점이다.

콜러의 남편은 성공한 사업가였고, 첫 아이가 태어난 직후에 두 번째 회사를 매각했다. 가슴이 살짝 벅차오른 콜러는 남편에게 다음에는 스타트업 CEO가 되어 전세계로 뛰어다니는 것보다 업무 강도가 낮은 일을 해달라고 요청했다. 그는 집 근처의 창업투자회사로 옮겨가 경력을 성공적으로 쌓아가면서 공동 육아를 했다. 콜러는 젊은 여성들에게 아내의 직업도 소중하다고 생각하는 배우자를 고르는 것이 중요하다는 조언을 주기적으로 한다. "재밌는 건 현재 제가 업무 강도가 높은 스타트업 CEO가 되었다는 거예요. 물론 남편이 이를 재밌게 받아들일지는 모르겠지만요." 콜러가 환하게 웃었다.

콜러가 새로운 발상을 종합한 후, 모험을 감수하여 예상치 못한 방향으로 움직였다는 점은 그녀의 명석함을 보여준다. 콜러는 대담하고 두려움이 없으며 세상에 영향력을 발휘하기 위해 노력한다. 어떻게 일부 여성들은 위험을 감수할 용기를 내고 걱정하지 않을 수 있는 걸까? 내가 만난 대부분의 천재 여성들에겐 그러한 용기가 있었다. 나는 두 번 다시 기회를 얻지 못하는 문제가 그녀들에게는 일어나지 않았기를 바란다. 어쩌면 세상은 여성들에게 호의적이지 않겠지만, 천재 여성들은 친절한 태도로 두 번째 혹은 세 번째 기회를 요구할 필요가 없다. 그냥 스스로 기회를 만들면 되는 것이다.

13장

자신을 의심하지 않았던 노벨상 수상자 프랜시스 아놀드

다양한 영역에 있는 수많은 천재 여성들과 대화를 나누고 보니 그 여성들이 공통적으로 지닌 특성들에 대해 생각하게 되었다. 그 가운데 한 가지가 무엇보다 두드러졌다. 유전자, 염색체, DNA 프로필, 부모, 멘토, 교사라는 요인을 넘어서서 천재들이 잠재력을 십분발휘한 비결은 자신의 능력에 대한 강한 믿음 같았다. 천재 여성들은 자신의 성과를 폄하하는 사람들을 끊임없이 직면한다. 그러한 사람들의 무의식적인 편견으로 말미암아 천재 여성들은 성과를 공정하게 평가받는 일이 두 배 — 혹은 세 배나 네 배 — 더 힘들어진다. 여기에 강력히 맞서는 가장 좋은 방법이 반드시 고소나 트위터를 활용한 반격은 아니다. 결국 사람들을 주목하게 만드는, 확신 있는 당당함이 가장 좋은 방법이다.

나는 2018년 노벨화학상을 받은 프랜시스 아놀드 박사와 대화할 때 아주 확실한 자신감과 믿음을 느꼈다. 아놀드 박사는 내가 취재를 시작할 때부터 만나고 싶었던 천재 여성 명단에 있었다. 그래서 그녀가 노벨상을 받았다는 소식을 들었을 때, 마치 내가 스웨덴 한림원으로부터 전화를 받은 것처럼 우쭐한 기분이 들었다. 오랜 세월 동안 탁월한 여성들이 간과되고 무시되어 오다가, 이제 적어도 한 명의 명석한 여성이 전세계에서 환대받고 있었다.

아놀드 박사는 ― 그녀는 대화를 시작하자마자 "그냥 프랜시스라고 불러요"라고 했다 ― 짧게 자른 금발, 우아한 이목구비, 차분하고 당당한 태도 때문에 여배우 로빈 라이트를 좀 닮은 모습이다. 라이트는 인기 드라마 〈하우스 오브 카드House of Cards〉에서 정치 실세로서 사람들을 냉정하게 다루는데, 아놀드 박사는 현실에서 세포의 진화를 탁월하게 다루고 있다. 수년 전에 아놀드 박사가 훗날 노벨상을 안겨줄 연구를 시작했을 때, 그녀의 접근법은 예상치 못한 특이한 것이었고 화학 반응에 대해 생각하는 전혀 새로운 방식이었다. 그러니까 전세계 연구실에서 활용하는 전통적인 접근법에 역행하는 방식이었다. 말할 필요도 없이 여기에 의문을 제기하는 사람들이 많았다. 그녀는 어떻게 묵묵히 밀고 나가는 끈기를 발휘했을까?

"그냥 제가 옳다는 걸 알았어요. 저 자신에 대해 의심을 하지 않았죠." 아놀드 박사가 말했다.

솔직히 나는 그 말 자체만으로도 아놀드 박사가 노벨상을 받을 자격이 있다고 생각한다. 아놀드 박사는 처음부터 획기적인 발상을 하며 밀고 나아간 것이지, 과거를 돌이켜보면서 확신을 갖게 된 것이 아니다. 그녀는 '역대 최고의 발명가이자 공학자'인 자연에서 영감을 받았다고 말한다. 그녀는 진화가 자연계의 모든 것을 창조했기 때문에, 그것이 새롭고 유용한 효소나 단백질을 만드는 데에도 이용될 수 있을 것으로 보았다. 그래서 기본적으로 효소의 진화가 발생하는 환경을 연구실로 옮기고, 그 과정을 가속하여 결국 원하는 특성이 있는 효소를 만들어내는 무작위 돌연변이를 발생시켰다. 이른바 '유도 진화'에 대한 그녀의 놀라운 통찰력 덕분에 모든 것이 바뀌었다. 노벨위원회에서 언급했듯, 그녀는 유전적 변화와 선택이라는 원칙을 "인류의 화학적 문제를 해결하는 단백질 개발에" 활용했다.

나를 스웨덴에 초대해준 사람이 없었던 까닭에, 나는 아놀드 박사의 노벨상 수상소감을 영상을 통해 보았다. 아놀드 박사는 자연계에서 '변화의 다양성'을 언급했고, 진화를 주목할 만한 다양성을 생산하는 기계로 묘사했다. 이후에 나는 아놀드 박사와 대화를 나눌 때 그녀가 수상소감에서 '다양성'이라는 단어를 여러 번 사용했다는 점을 짚어주었다. 그녀의 유창한 수상소감에 과학계를 포함한 이 세상의 성별 다양성에 대한 좀 더 중요한 메시지가 숨겨져 있다고 생각하는 것은 내가 너무 큰 의미를 부여하는 걸까?

"다양성에 대한 제 메시지는 아주 분명해요. 다양성이 없으면 멸종된다는 것이죠." 그녀가 단호하게 말했다.

아주 분명한 말이다. 아놀드 박사는 다양성의 힘을 알기에 여러 문맥에서 이 말을 여러 번 사용한 것이었다. 여성들은 이러한 힘의 일부이다. 아놀드 박사는 만일 모든 사람이 똑같은 배경, 똑같은 경험, 똑같은 관점을 지녔다면 자연스럽게 모두가 보편적인 길을 걸어가는 셈이라고 설명했다. "이 경우 정말 영향력 있는 새로운 해결책이 나올 가능성이 사라지는데, 이는 멸종으로 향하는 확실한 길이죠." 그녀가 말했다.

내가 만났던 많은 천재 여성처럼 아놀드 박사는 일찍이 자신만의 길을 갔다. 아놀드 박사는 그 길에서 방해물을 감지하면 방향을 바꾸어 돌아서 갔다. "그런데 말이죠, 진화가 바로 그렇거든요." 그녀가 내게 말했다. 일이 잘 풀리지 않으면 융통성을 발휘해 조정할 준비가 되어있던 그녀는 저 앞 오른쪽에 있는 것이 마음에 들지 않으면 왼쪽으로 급선회하는 방법을 터득했다. 이렇게 하려면 불굴의 용기가 필요하다. 그렇기에 그녀는 젊은 여성들에게 두려워하는 것을 멈추라고 조언한다. "두려워할수록 새로운 일을 시도하기가 더 어려워져요." 그녀가 말했다.

❈

아놀드 박사는 모든 일을 올바르게 하고 옳은 방향으로만 가고 온갖 칭찬과 상을 받았을 것 같은, 인기 있는 여성이자 천재처럼 보인다. 하지만 이러한 광채는 아놀드 박사의 삶에서 일어난 실제 사건들이 아닌, 세상을 대하는 그녀의 태도가 반영된 것이다. 즉, 아놀드 박사의 삶은 연이은 승리라기보다 연이은 불운으로 묘사해야 할 정도다. 그녀는 다른 사람이라면 쓰러졌을지도 모를 연이은 비극과 난관에 직면했다. 존경받는 화학 공학자였던 그녀의 첫 남편 제임스 베일리는 2001년에 암으로 세상을 떠났다. 그렇게 해서 그녀는 어린 아들을 둔 한 부모가 되었고, 몇 년 후엔 유방암 진단까지 받아 1년 반 동안 치료에 전념했다. 그러다가 많은 존경을 받는 한 천체물리학자와 재혼을 했는데 그도 2010년에 세상을 떠났다. 게다가 두 사람 사이에 있던 두 아들 중 윌리엄이 2016년에 20살의 나이로 사고를 당해 비극적인 죽음을 맞이했다. 이러한 이야기를 들은 사람은 어떻게 그녀가 아무렇지도 않게 캘리포니아 공대 석좌교수로 승승장구하고, 세계적으로 유명한 연구소를 운영하는지, 그리고 자신의 혁신을 기반으로 회사를 창업하며 굳건히 지낼 수 있는지 의아해할지 모른다.

"전 가만히 앉아서 듬직한 두 아들이 남아있다는 사실을 상기해요. 제겐 멋진 직업도 있고요. 다른 사람들이 원할 만한 모든 것을 갖고 있어요." 아놀드 박사가 말했다. 부정적인 상황을 어떻게 받아들이냐는 끝없이 불행을 느끼느냐, 행복을 희미하게나마 감지하느냐의 차이를 만들어낸다. 아놀드 박사는 힘든 상황을 새로운 시각으로 보고 거기서 좋은 점을 발견하는 법을 배웠다.

"감사하는 것이 정말 중요한 것 같아요. 그런데 제니스 씨도 감사에 대해 잘 아시잖아요." 아놀드 박사는 친절하게도 감사에 관한 내 책을 언급했다. 그러면서 자신이 잃었거나 갖고 있지 않은 모든 것이 아니라, 가진 모든 것을 생각한다고 차분하게 말했다.

내가 보기에 그러한 관점을 지닐 수 있는 능력은 그 자체로 천재성 같고, 효소와 단백질에 대해 그녀가 해온 탁월한 연구만큼이나 대단한 것 같다. 그 누구라도 아놀드 박사가 첫 남편이 세상을 떠나고, 본인까지 무서운 암 진단을 받은 후 연구에서 물러나 있었던 사실에 대해 용서해줄 것이다. 사실 인생에서 어떤 일을 지속하지 못하거나 우선순위를 바꾼 이유에 대해 변명하기 쉽다. 하지만 포기하지 않고 나아가는 용기를 낼 때, 그러니까 지금 하는 일이 중요하고 앞으로 일말의 행복을 가져다주리라 생각하며 그 일에 몰두할 때 천재성이 발휘된다.

아놀드 박사는 자신의 불행에 대해 다른 사람을 탓하지 않는 태도가 좀 더 행복한 사람이 되는 데 도움이 되었다고 내게 말했다. 그런 그녀는 자신과 함께 일하는 발랄한 젊은이들이 그러한 관점을 지니고 있지 않아서 우려하고 있다. 그 젊은이들은 명문대를 나왔고 미래에 흥미로운 경력을 갖게 될 잠재력이 있다. 아놀드 박사는 "그들이 직면하는 장애물은 멀리 보면 상당히 미미한 것인데, 거기에 너무 신경을 쓰다 보니 그것이 압도적으로 느껴지기 시작하는 거예요"라고 말했다. 그녀는 자신이 1901년에 노벨상이 제정된 이후 노벨화학상을 받은 유일한 미국 여성이고,

전체 수상자에서 자신이 겨우 다섯 번째 여성이라는 사실에 탄식했다. 여전히 여성 수상자들은 물리학에서 겨우 네 명, 경제학에서 단, 두 명밖에 안 된다.

과학계에서 남성들은 여성들이 성장하는 것을 가로막는가? 물론 일부 남성들은 그렇다. 하지만 모든 남성이 그런 것은 아니며 아놀드 박사는 이 점을 더 중요하게 생각한다. 아놀드 박사가 긍정적인 측면을 찾는 것은 개인적인 상황뿐만 아니라 직업적 상황에도 적용된다. 아놀드 박사는 처음 일을 시작했을 때 여성 롤모델이 거의 없었기에 과학을 지지하는 훌륭한 남성들과 일했다. 아놀드 박사는 "남성들이 일부러 문제를 일으킨다는 부정적 생각에 계속 휩싸여 있는 것은 여성들 본인에게 득이 안 된다고 생각해요. 그게 사실도 아니고요. 일부 그런 남자들이 있긴 하지만 그런 사람은 그냥 피하면 돼요"라고 말했다. 대화 후반부에 아놀드 박사는 그 말을 다시 꺼내며 자신의 관점을 제시했다. 그녀는 모든 사람이 문제가 심각한 남자들을 피할 수 있는 것은 아니며, 일부 여성들은 매일 어쩔 수 없이 그러한 남자들과 일한다는 점을 알고 있다. 이러한 상황에서 일을 그만두거나 세상이 불공평하다고 불평하거나 소리칠 수 있다. 아니면, 유치원 선생님처럼 유머로 대하며 콧대를 꺾는 방법도 있다. 미국은 ─ 그리고 세계의 많은 나라는 ─ 여성들을 계속 과소평가하고 하찮아 보이게 만드는 구조를 바꾸어야 한다. 하지만 거시적 차원의 변화를 위해 싸우는 동안에도, 당신은 삶과 일에 모든 열정과 에너지를 쏟기로 선택하고 매진할 수 있다. '그 모든 여성은 어디로 간 거야?'라는 생각에 빠져 자신의 발전 능력을 저해할 정도로 절망하지 말아야 한다. 자신이 일하는 분야에 여성이 충분하지 않다면 (프랜시스 아놀드, 멕 어리, 셜리 틸먼처럼) 그 분야에서 크게 성공하여 그러한 문화를 바꿀 수 있는 사람이 되어보라. 지금은 현실이 불쾌하고 힘들 수 있지만, 맹세코 여성을 덜 혐오하는 사회에서는 모든 여성이 더 잘 될 것이다. 그러기 위해서 현실 감각과 용기는 천재에게 필요한 요소다. "저는 여성들이 부정적이고 두려워하는 방식이 아니라 활기 넘치고 긍정적인 방식으로 이 세상을 마주하면 좋겠어요." 아놀드 박사가 말했다.

아놀드 박사에겐 60개의 특허권이 있다. 이 가운데 상당수는 더 새롭고 안전한 과학기술을 위해 그녀의 기술을 활용한 발명품이다. 최근에 아놀드 박사는 농약을 유기농의 무독성 해충 방제제로 대체하는 것을 목표로 회사를 창업했다. 아놀드 박사는 젊은 여성들이 사람들을 보살피는 직업을 원하기 때문에 공학 분야에 발을 들여놓지 않겠다고 말하는 것을 자주 듣는다. 아내와 엄마 역할을 하는 것은 그렇게 하는 한 방법이다. 하지만 더 안전하고 지속 가능한 세상을 위한 기술을 만드는 일 역시 거시적으로는 사람들을 보살피는 역할을 한다. 그녀는 생명공학과 지속 가능한 화학이 가장 사람들을 보살피는 직업 분야라고 생각한다. "제가 그런 식으로 설명하면 대부분의 여성은 이해를 해요." 그녀가 말했다.

아놀드 박사는 젊은 시절부터 틀을 벗어난 사람이었다. 학교를 좋아하지 않았고 택시를 운전했으며, 10대 때부터 집에서 나와 살았다. 우리가 더 많은 천재적 여성들을 원한다는 이유로 이러한 반기를 드는 태도를 고무시켜야 할까?

"어이쿠, 전 말이죠. 저 같은 아이는 원치 않아요." 아놀드 박사가 웃으며 말했다. 하지만 아놀드 박사는 자녀들에게 대담성과 탐험 정신을 고무시켜준다. 자녀들과 1년 동안 세계 여행을 한 적도 있는데, 아프리카와 호주에서는 여행하다가 잠시 머물러 살기도 했다. "전 학교에서 충족될 수 없을 정도로 아이들의 뇌와 아이들의 세계가 활짝 열리는 것을 목격했어요." 아놀드 박사가 말했다. 그녀는 자녀들에게 세상은 남성과 여성에게 한계가 없는 멋진 곳이며, 내가 모든 것을 통제할 수 없지만 긍정성과 자신감과 열정이 있으면 어떤 장애물도 극복할 수 있는 곳이라는 점을 알려주고 싶었다.

솔직히 말하자면, 아놀드 박사 같은 사람이 되는 건 제법 근사한 일일 것이다.

아놀드 박사를 만나고 온 후, 몇 주 동안 나는 계속 의연할 수 있는 그녀의 놀라운 능력에 대해 생각했다. 아놀드 박사의 개인적 삶에는 힘든 시기가 많았지만 자신이 일하는 분야에서 색다른 발상들을 내놓았다. 과학계의 모든 여성이 직면하는 이른바 '어리석은 성차별주의자의 행동'에 직면했지만 이를 외면할 수 있었다. 그리고 모든 문제를 긍정적인 시각으로 다시 바라보는 능력도 있었다.

　나는 천재란 탁월한 능력과 명성이 만나는 지점에 존재한다는 생각으로 나의 취재를 시작했다. 하지만 천재를 정의하는 세 번째 요소를 발견했다. 바로 대담함이다. 자신의 능력을 발휘하고 이것으로 사람들의 주목을 받으려면, 내가 천재 여성들에게서 수없이 들은 확신의 힘이 필요하다. 두려워한다면 강인해지지 못한다. 두려워하면 비판에서 자신에게 유용한 부분을 취하고 나머지는 무시하는 것이 아니라, 부정적인 내용만 내면화하고 거기에 휘둘린다. 두려움이 클수록 새로운 일을 시도하고 자신을 에워싼 힘에 맞서는 일이 더 어려워진다. 이러한 힘은 의구심을 품는 남성 동료일 수도, 퇴행하는 사회 구조일 수도, 알 수 없는 이유로 삶과 운명이 가하는 충격일 수도 있다. 천재성을 발휘하려면, 삶에서 진정한 성공을 거두려면 이 모든 것을 무시하는 태도가 필요하다.

※

　항상 자신만의 요리법을 행복하게 창조했던 훌륭한 천재 요리사 앨리스 워터스에 주목해보면 좋을 것 같다. 워터스는 1971년에 음식점 셰파니즈Chez Panisse를 열었고 미국인들의 식습관을 ― 적어도 조금은 ― 변화시킨 공로를 인정받고 있다. 워터스는 지역에서 수확해 신선한 제철 재료를 강조했다. 그것이 지금은 획기적으로 들리지 않을지 몰라도, 그 당시에 버터와 크림을 사용한 프랑스식 조리법을 따르고, 가공된 맥앤치즈를 좋아하던 미국인들의 식습관에 변화를 주었다.

워터스는 제임스 비어드 재단에서 주는 최우수 셰프 상을 받은 최초의 여성이었다. 이 점이 이상하지 않은가? 전통적으로 여성들은 집안에서 요리를 담당했다. 그런데 왜 사람들은 외식하러 나가면 일반적으로 요리사가 남자일 거라고 예상할까? 여기서 적용되는 편견은 실로 놀랍다. 남성이 타르트 타탱을 더 잘 만들게 하는 유전학적 혹은 환경적 요인은 전혀 없다. 그럼에도 CIA*는 1970년까지 여학생 입학을 허용하지 않았다. 다행히 그 수치가 감소하기 시작했다. 남자 요리사들의 수적 우세는 집에서는 여성이 파스타를 만들어야 하지만 음식점에선 파스타 면을 익힐 물을 끓이는 데 남성이 필요하다는, 이상한 가부장적 논리에서 비롯된 것 같다. 이는 성별 고정관념이 얼마나 무의미한지 보여주는 예시 중 하나다.

진정한 천재는 미래 세대에 영향을 끼친다. 이 기준만으로도 워터스는 천재 영역에 곧바로 들어간다. 아놀드 박사의 유도 진화가 현재 화학 공학의 표준이 되었듯, 워터스의 접근법은 미국 요리법의 새로운 정의가 되었다. 모든 식료품점에 유기농 식품 코너가 생겼고, 워터스와 함께 일했던 요리사들은 현재 미국 전역에서 음식점을 운영하며 그녀의 방식을 발전시키고 있다. 만일

....

*The Culinary Institute of America, 미국 명문 요리 대학 – 역주

음식점에서 웨이터가 당신에게 메뉴에 있는 상추의 원산지를 말해준다면 당신은 워터스에게 고마워해야 한다.

미국 음식점 주인들이 기껏해야 다른 사람들을 따라 하려고 했던 시기에, 워터스는 어떻게 남다르고 도발적인 접근법을 쓸 수 있었을까? 1960년대, 워터스는 나중에 셰파니즈가 지어진 곳이기도 한 캘리포니아 버클리에서 살았고 그 당시의 반전 운동과 자유 언론 운동에 동참했다. 워터스의 행동주의는 그녀에게 큰 영향을 끼쳤다. 그녀는 규칙을 따르지 않고 자신만의 방향으로 갈 수 있다는 반문화적 태도에 고무받아 요리사가 되었다. 뭔가를 시도한 후 실수를 저질렀다고 판단해도 '그럼 어때?'라는 식으로 생각했다. "만일 콘스프를 태웠다면 그걸 그릴드 콘스프라고 불렀어요." 그녀가 설명했다.

천재성은 발전된다. 태어날 때부터 자신이 무얼 하고 싶은지 알 필요도, 네 살부터 영재일 필요도 없다. 워터스는 세계 각지로 여행을 다니다가 파리로 가서 음식에 대해 배웠다. 그리고 아놀드 박사는 학교를 나와 진로의 방향을 바꾸고 태양에너지 연구를 시작했다. 그녀들은 뭔가 다른 것을 시도하는 일을 두려워하지 않았다. 일단 어떤 계획을 세우면 대담하게 진행했다. 장애물과 의심하는 사람들이 존재하는가? 이를 시든 상추처럼 대하면 된다. 존재한다는 사실을 인지하되 한쪽으로 치우고 더 나은 것으로 대체해야 한다.

여성과 천재에 대한 나의 관심을 전해 들은 몇몇 사람들은 내게 워치스키Wojcicki 자매인 앤, 수잔, 자넷 가운데 적어도 한 명과 이야기를 나누어보라고 말했다. 세 자매는 아주 똑똑하고 강인하고 야심차다. 그녀들은 여아가 어떻게 대담한 여성으로 자랄 수 있는지 좋은 본보기를 보여주며, 실리콘밸리에서 거의 신화적 위치에 도달했다. 나는 마침내 이 자매 중 막내인 앤 워치스키를 만났다. 워낙 바쁜 천재라 약속이 몇 번 미뤄진 후 성사된 만남이었다.

"인내심을 발휘해주셔서서 감사해요!" 우리가 만났을 때 앤이 쾌활하게 말했다. 실리콘밸리의 한 대기업 창립자이자 CEO인 앤은 거의 매일 운동화에 운동복 차림으로 여러 사무실을 활보하고 다닌다. 이러한 차림을 하면 안 될 이유가 있겠는가? 운동광인 앤은 자전거를 타고 직장에 가며, 문자 그대로든 비유적으로든 항상 어딘가로 뛰어다닌다. 그녀는 건강하고 활력이 넘치며 몸매가 아주 좋다. 그 무엇도 그녀를 가로막지 못할 것처럼 보인다.

상당히 지적인 분위기의 가정에서 자란 앤은 순응하는 건 다른 사람을 위한 일이며, 본인에게 규칙을 반드시 적용할 필요는 없다는 점을 일찍이 배웠다. 앤은 아버지가 스탠퍼드 대학교수였고, 주변에 자신의 열정을 따르고 스스로 독특한 사람인 것을 자찬하는 학계 부적응자들이 많았다라고 말했다. 나는 이 말에 웃음을 터뜨렸다. '부적응자'라는 말이 큰 칭찬으로 쓰이는 것을 처음 들었기 때문이다. 하지만 그녀는 그러한 절충적인 집단을 아주 좋아했고, 그곳에서 삶에 접근하는 단 하나의 명확한 방식은 없다는 교훈을 배웠다. "저는 실패에 대한 두려움이 없어요. 제게 성공은 이분법적 정의가 아니기 때문이에요." 그녀가 말했다.

앤이 인간 DNA에 있는 염색체 쌍을 따서 회사명을 지은 23앤드미를 창업하는 데 그러한 대담함이 도움되었다. 앤은 사람들이 자신의 유전적 특징을 쉽게 알 수 있게 해주고 싶었다. 그 결과 당신은 적당한 비용을 내면 진단 키트를 받게 되는데, 작은 플라스틱 모양의 이 키트에 침을 뱉어서 제출하면 DNA 분석을 받을 수 있다. 이 보고서에는 당신의 혈통에 대한 자세한 사항(당신은 아일랜드인 혈통이 5%, 자메이카인 혈통이 22% 섞여 있습니다!), 특정한 병에 걸릴 확률, 초콜릿 아이스크림과 바닐라 아이스크림 중 무얼 더 좋아할 가능성이 큰지 등이 담겨있다. 《타임》은 2008년에 이러한 직접 검사법을 '올해의 발명품'으로 선정했고 2년 후 23앤드미가 창립되었다.

앤은 그 회사를 고착된 의료 산업에 대한 반란이자, 건강관리를 소비자의 손에 다시 맡기는 방법으로 보았다. 만일 당신에게 알츠하이머나 파킨슨병의 유전적 소인이 있다면 당신은 그 사실을 알 권리가 있다. 이 회사는 고객이 증가하면서 주요 뉴스에도 자주 등장했고 많은 찬사를 받았다. 그러다가 2013년, 미국식품

의약국(FDA)에서 이 회사가 혈통 프로필은 제공해도 되지만, 건강 보고서는 제공하면 안 된다는 결정을 내렸다. 그렇게 또 한 명의 CEO가 침몰할 수 있는 귀로에 섰다. 앤은 꼬박 이틀 동안 잠옷 차림으로 어떻게 해야 할지 고민했다고 말한다. 그녀는 젊었을 적 문제가 생겼을 때 어머니가 한숨 자고 일어나 문제를 해결해보라고 했던 말을 떠올렸다. 인생에서 극복할 수 없는 장애물은 거의 없다. "투덜대는 것을 멈추면 문제를 해결할 수 있다는 생각이 들더군요."

결국, 앤은 해결했다. 이 회사 측은 마침내 FDA와 협의하여 원래대로 건강 보고서를 제공할 수 있게 되었다. 자신의 DNA를 검사용으로 보낸 사람들의 약 80%는 이 회사가 연구에 DNA 샘플을 사용하는 데 동의한다. 이러한 샘플은 빅데이터를 사용하여 건강 문제를 해결하겠다는 앤의 큰 목표에 꼭 필요하다. 하지만 엄청난 DNA 데이터베이스에 접속하기 바라는 제약회사들로부터 23앤드미가 거대한 자금을 지원받은 후, 비평가들은 이 회사가 개인의 의료 정보를 어떻게 이용하는지 의문을 제기했다. 앞으로 또 다른 의문과 비판이 제기될 가능성이 크다. 앤은 지금까지 시도된 적이 없는 일을 하는 여성이기 때문이다. 결국, 그녀의 가치를 폄하하는 사람들이 많아질 수밖에 없다. 하지만 그녀는 이러한 가능성에 대해 침착한 태도를 보인다. "저는 좌절한 순간이 많았어요. 하지만 그 순간을 기회로 붙잡고 최대한 활용하려 노력해야죠."

앤과 그녀의 언니 수잔은 실리콘밸리에서 첨단 기술계의 왕족이다. 내 짐작이지만 실제 군주보다 보석 왕관은 더 적을지 몰라도, 돈은 더 많을 것이다. 구글은 그야말로 수잔의 차고에서 시작되었다. 세르게이 브린과 래리 페이지가 1998년, 그곳에서 첫 사무실을 열었던 것이다. 수잔은 구글 초창기에 마케팅과 광고부서의 뛰어난 인재였고, 현재는 열정적이고 고무적인 유튜브의 CEO이자 다섯 아이의 엄마다. 그 과정에서 앤은 브린과 가까워졌고 2007년에 바하마 해변에서 비밀 결혼식을 올렸다. 그리고 수영복 차림으로 모래톱으로 헤엄쳐갔다. 이후, 두 사람은 두 자녀를 두었는데 브린이 여직원과 공개적으로 바람을 피워서 2015년에 이혼했다. 그 과정에서 앤은 힘든 시간을 보냈다. 남편의 불륜과 FDA와의 싸움이 같은 시기에 세상의 주목을 받았기 때문이다. 하지만 노벨상 수상자 프랜시스 아놀드처럼 그녀는 이렇게 말했다. "저는 희망적이고 긍정적인 시각을 갖고 있어서, 상황을 긍정적인 방식으로 끌고 갈 방법은 항상 존재한다고 생각해요. 그래서 계속 전진할 수 있는 거고요."

회사를 창업할 때 아주 부유한 남자와 사귀면 확실히 도움이 되기는 하지만, 앤의 재능과 성공을 결혼 덕분으로 생각하는 것은 불공평하다. 앤은 브린을 만나기 전부터 활기 넘치고 단호하고 창의적인 사람이었으며 — 그가 이러한 점에 매력을 느꼈겠지만 — 현재도 그러하다. 시대정신을 파악하여 사람들이 무엇을 원하는지 알았다는 점은 그녀의 천재성을 보여준다. 그녀의 회사는 현실 과학을 기반으로 세워졌다. 그녀는 사람들이 즐거움을 좋아하기 때문에 과학을 재미있게 만들면 관심을 쏟을 거라고 판단했다.

내가 앤과 대화를 하기 전, 나의 멋진 시누이 크리스가 23앤드 미에 자신의 침과 199달러를 — 2007년에 시작될 당시 1,000달 러였는데 여기서 인하되었다 — 제출하고 받은 보고서를 내게 보내주었다. 첫 페이지에는 크리스에게 열두 가지 이상의 병을 일으키는 유전자 변형이 전혀 없다는 내용이 담겨있었다. 좋은 소식이었다. 이어진 페이지에는 더 흥미진진한 정보가 담겨있었 다. 단 음식보다 짠 음식을 더 좋아하는 편이며, 고수잎을 싫어할 확률이 살짝 높고, 아침 6시 42분에 일어날 가능성이 크다고 나 와 있었다. 다른 사람들에 비해 모기에게 잘 물리며 고소공포증 이 있을 가능성이 있다는 내용도 있었다.

그 보고서를 보면서 몹시 놀랐다. 고수잎을 좋아하는 유전자 나…… 모기에게 잘 물리는 유전자나…… 6시 42분에 일어나는 유전자가 있는 걸까?

"생각보다 맞는 게 많아요. 하지만 고소공포증은 없어요." 크 리스가 웃으며 말했다.

나는 앤에게 유전자 보고서에 담긴 다소 별난 항목들에 관해 물었다. 그러자 앤은 대부분의 상관관계가 그녀의 회사가 했던 독창적인 연구에 있다고 말했다. 앤은 이를 과학을 재미있게 만 드는 과정 일부로 보았다. 사람들은 어릴 때 파티에서 하던 놀이를 좋아하기 마련이기에, 앤은 '누가 네안데르탈인의 유전자를 더 많이 가졌나?' 같은 질문을 어른들을 위한 칵테일 파티의 대화거리로 생각한다. 앤은 충치 하나 없이 건강한 치아를 항상 자랑스러워했는데 최근에 연구팀에게 그 이유를 조사해달라고 부탁했다. "바로 그런 게 재미있는 부분인 거죠." 앤이 말했다.

앤은 유전자를 바탕으로 어떤 사람인지 파악하는 일에 중심을 두고 경력을 만들어왔다. 나는 이 점을 고려하여 앤이 남녀의 차이가 염색체에 새겨져 있어 선천적이고 불변의 것이라고 말해줄지 궁금했다. 하지만 그 반대였다. 이른바 '성 중립적인 환경'에서 자란 앤은 항상 친한 남성 친구들이 있었고, 남자아이들의 재능과 여자아이들의 재능을 구분하지 않았다. 앤은 고등학교 과학 스터디그룹에 남학생 세 명과 여학생 세 명이 있었다면서 이렇게 말했다. "우린 굉장히 경쟁적이고 서로 맞섰지만 항상 동등했어요. 성별 특성은 전혀 없었어요. 모두 양쪽 특성을 갖고 있었거든요." 앤은 대학에서 마침내 여성의 역할에 대해 성차별적 발언을 하는 사람을 만났을 때, 인류학적 흥미를 느끼며 그 상황에 대처했다. "이런 생각을 한 게 기억나요. '와우, 넌 연구 대상이다. 여성들에게 한계가 있다고 생각하다니.'"

앤은 유전자 변이가 흥미로우나 이것이 어떤 결과를 결정하지 않는다는 점을 배웠다. 유전자는 재능이나 천재성과 비슷하다.

성향을 타고 나더라도 그것이 발현되려면 적절한 환경이 필요하다는 점에서 그렇다. 그러한 환경에 변화를 주면 극적인 결과가 발생할 수 있다. 가령, 세르게이 브린은 자신의 유전자 프로필을 보았을 때, 파킨슨병에 걸리기 쉬운 유전자 돌연변이를 갖고 있어서 잠재적으로 50대 50의 확률로 그 병에 걸릴 수 있다는 사실을 알게 되었다.* 수에 능한 브린은 문제 해결법에 변화를 주면 확률을 바꿀 수 있다고 판단했다. 젊은 사람의 경우 운동과 특정한 음식이 파킨슨병에 걸릴 확률을 낮춘다는 연구 결과가 있었고, 브린은 끊임없이 운동하고 식단에 신경을 쓴다. 그는 이러한 노력이 그 확률을 절반인 25%로 낮춘다고 추산한다. 파킨슨병 연구에 엄청난 기부를 한 그는 앞으로 신경과학의 발전으로 그 확률이 다시 절반인 13%로, 심지어 더 낮게 떨어질 거라고 기대한다.

천재성과 재능도 이와 같은 방식으로 생각해볼 수 있다. 당신에게 위대한 화가, 탁월한 물리학자, 뛰어난 수영선수가 되는 데 도움이 될 유전적변이가 있을지도 모른다. 하지만 이것은 나중에 카네기홀에서 연주한다거나, 달로 날아간다거나, 올림픽에서 우

• 브린의 어머니도 파킨슨병을 앓아서 이 사실이 완전한 충격은 아니었다. DNA 분석은 가족사에 대해 말하는 고급스러운 방식일 수 있다. 이 병이 걸릴 확률은 일반인의 경우 1%인데, LRRK2로 불리는 유전자의 돌연변이를 가진 사람의 경우 30~75%까지 증가한다. 브린은 이것에 관한 이야기를 할 때 일반적으로 이 차이를 절충해서 50대 50의 확률이라고 부른다.

승한다거나 하는 확률에 대해 그 무엇도 말해주지 않는다. 당신의 태도, 노력, 주변의 사회적 압력이 모든 변화의 요인이다.

"유전학의 장점은 그것이 내가 누구인지 결정하는 것이 아니라 시작점이 된다는 사실이에요. 저는 환경의 힘과 변화 잠재력을 믿어요." 앤이 말했다.

앤은 자신이 자란 동네의 환경 덕분에 자신감과 대담함이 생겼고 똑똑해졌다고 생각한다. 앞서 언급했던 부적응자 이웃들과 친구들이 앤에게 그 누구도 그녀를 멈추지 못한다는 말을 자주 해주었고, '너는 할 수 있다'라는 그들의 믿음이 앤에게 자연스럽게 스며들었다. 또한, 저널리즘을 가르치는 앤의 어머니가 고무시켜준 끈기도 그녀에게 스며들었다. 앤은 학교에 보고서를 제출해야 할 때마다 어머니에게 첨삭을 받은 후, 빨간색 표시로 가득 찬 보고서를 되돌려 받았다. 앤이 보고서를 다시 써서 어머니에게 내밀면 빨간색 표시가 덜 들어간 보고서를 되돌려 받았다. 그리고 이 과정을 한 번 더 했다. "그러면서 제가 실제로 배운 교훈은 인생은 끊임없는 발전 과정이며 첫 시도에 잘하지 않아도 괜찮다는 점이었어요. 배우고 성장할 기회가 필요한 거죠." 앤이 말했다.•

앤은 자신이 자연스럽게 좀 더 자신감 있는 쪽에 서게 되었다

• 우리 아이들 역시 끈질긴 편집자 엄마를 상대해야 했다. 나는 나의 빨간색 펜이 아이들의 회복탄력성과 천재성에 아주 조금은 기여했다는 인정을 받고 싶은 마음에 아이들에게 앤의 이야기를 해주었다.

고 표현하지만, 이러한 자신감과 내면의 힘을 키워야 천재성이 생긴다. 회사를 창업할 천재성. 끈질기게 계속할 천재성. 본인의 유전자에 대한 사람들의 사고방식을 바꾸는 천재성. 그녀가 발견한 가장 큰 진실은 성공에 이르는 단 하나의 길은 없다는 점이다.

"사람은 매일 훌륭할 순 없어요. 훌륭한 날이 평균적으로 더 많을 순 있죠. 하지만 별로인 날에도 자신을 지지해주는 집단이 필요해요." 앤이 말했다.

프랜시스 아놀드와 마찬가지로 앤은 안 좋은 날들을 긍정성과 회복탄력성으로 이겨내는 법을 배웠다. 앤은 실패하더라도 다시 일어설 수 있다는 사실을 안다. 처음에는 형편없이 원고를 썼어도 선생님이나 엄마의 빨간펜 첨삭을 받고 다시 쓰면 한층 더 나은 원고가 나온다. 이웃을 통해 인생을 성장의 기회로 보는 시각이 생길 수도 있다. 그들 덕분에 긍정성과 결단력과 대담함을 갖추게 된다면 아무도 막지 못하는 천재적인 여성이 될 수 있다.

14장

시선을 끄는 스카프를 매고
사업에 성공하는 법

몇 년 전에 상당한 지원비를 받고 한 프로젝트를 진행한 연구원
은 전세계 외진 지역에서 천재들을 찾아내려고 했다. 나는 그것
이 매우 효과적이지 못한 접근법이라는 생각을 했다. 마치 북극
에서 자라는 난초를 찾기를 바라는 것 같았다. 정말 해야 할 일은
난초를 기르기 위한 온실을 짓는 것인데 말이다. 그래서 나는 물
리학자 알버트 바라바시가 '왜 어떤 사람들은 천재로 인정받고
어떤 사람들은 그러지 못하는가?'라는 좀 더 적절한 질문으로 연
구를 했을 때 흡족했다. 바라바시는 사람, 기술, 자연을 어우르는
복잡 연결망complex networks 분야에서 세계 최고의 전문가다. 바
라바시는 성공하려면 재능 그 이상이 필요하다는 점을 진작 발견
한 사람이다. 그러니까, 성공하려면 자신의 발상을 퍼뜨리고 인정

을 받을 수 있는 연결망이 필요하다는 말이다. 그는 성공을 '우리가 속한 공동체로부터 받는 보상'으로 정의하며, 흔히 여성들은 성공을 만드는 공동체에서 차단되어왔다는 사실을 알고 있다.

나는 바라바시의 연구에 관해 이야기를 나누기 위해 그에게 전화를 걸었다. 바라바시는 세상을 바꾸는 성공이란 단순히 내가 거둔 성과만으로 되는 것이 아닌 사람들이 내가 한 일을 어떻게 인식하는가와 관련이 있다고 말했다. 나는 이 말을 듣고 미소를 지었다. 이는 내가 취재 초기에 발견한 사실을 또 다르게 표현한 것처럼 들렸기 때문이다. 그건 바로, 천재성은 명성이 수반되어야 하는 탁월한 재능이라는 것이다. 우리가 천재라고 부르는 사람들이 항상 해당 분야에서 최고의 자리에 있는 것은 아니다. 그들은 가장 많은 인정을 받게 된 사람들이다.

바라바시는 무엇이 천재를 구분하는지 살펴보기 위해 연결망 이론과 빅데이터 분석을 이용한다. 바라바시는 프로젝트의 일환으로, 1900년부터 연구한 과학자들의 이력과 간행물이 반영된 데이터를 분석하여 천재들을 발견하려고 한다. 나는 바라바시에게 1800년대에 프랜시스 골턴 경이 갇혔던 함정에 빠질 위험성은 없는지 물었다. 성공을 거둔 사람들만 살펴봄으로써 사회가 이미 양성하여 중요한 위치에 내세운 사람들에 대해서만 결론을 내리게 되는 함정 말이다. 그러면 힘을 갖는 것의 힘을 보여주는 셈이다. 바라바시는 이에 동의하면서 노벨위원회와 프랑스 한림원처럼 수준 높은 표창을 하는 기관들도 온전히 객관적이지 못하고 남성들에 대한 일반화된 고정관념을 드러낸다라는 사실을 지적했다. 바라바시는 이러한 기관들에서 어떤 한 사람을 선정하면 우리는 이와 비슷한 수준의 사람 열 명을 떠올린다고 했다. 그리고 이 가운데 대다수는 '성과와 영향력을 인정받지 못한' 여성들이라고 생각했다.

아무리 연결망이 크고 데이터가 복잡하더라도, 그것이 편견으로 형성된 자료라면 편견이 반영된 결과만 도출된다. 바라바시는 데이터베이스에 있는 정보를 평등하게 하려고 노력한다. "천재라는 개념이 객관적인 알고리즘이라기보다 사회적 산물이라는 점을 알기 때문입니다. 사람들이 그러한 편견을 공공연하게 드러내기 때문에 저는 성별을 무시하고 천재를 찾는 일을 기계가 더 잘할 거라는 농담을 자주 해요." 그가 말했다.

"농담처럼 들리지 않네요." 내가 말했다.

"맞아요, 그건 사실이죠." 그가 웃었다.

✳

나는 주요 투자회사의 상무이사인 모니카 만델리Monica Mandelli를 만났을 때, 여전히 오래된 데이터베이스에 의존하는 세상에서 주목을 받는다는 것이 얼마나 복잡한지 다시 한번 상기했다. 만델리 회사의 사무실 건물은 맨해튼 중간 지구에 있었다. 고급스러운 건물 42층에 있는 로비로 들어섰을 때, 센트럴파크가 내다보이는 창문이 바닥에서 천장까지 쭉 이어져 있어서 깜짝 놀랐다. 그 광경은 내가 그 도시에서 본 가장 눈부신 장관이었다. 창 밖을 바라보며 서있노라니 세상 꼭대기에 서있는 것이 어떤 의미인지 갑자기 이해되었다.

만델리는 금융계에서 가장 높은 위치에 오른 몇 안 되는 여성들 가운데 한 명으로 남성 지배적인 조직에서 유명인으로 떠올랐다. 만델리는 최고 자리에 오를 거라는 사회적 기대를 받던 사람은 아니었다. 만델리는 밀라노 외곽에 있는 보수적인 작은 마을에서 자랐다. 그곳에서는 여성들이 전혀 대학에 가지 않았다. 이는 여성들이 형편이 안 되어서가 아니라, 사회적으로 여성은 그저 결혼과 출산만 하면 된다고 기대되었기 때문이다. 내가 물리학자 칼라 몰테니에를 통해 알게 되었듯, 지중해 남부에선 여성들이 수학을 잘한다는 기대가 존재한다. 이러한 기대감이 이탈리아 북부의 마을에는 존재하지 않는 모양이었다. 만델리는 결혼해서 자녀를 낳는 것도 나쁘지 않지만(현재 세 자녀를 두었다) 삶에서 그 이상의 것을 원했다.

"전 어렸을 때도 변화를 수용했고 남과 다른 것을 편안하게 여겼어요. 항상 멋진 삶을 원했죠." 기막힌 장관이 내다보이는 회의실에 함께 앉으며 만델리가 말했다. 전세계에 고객을 둔 만델리는 멕시코와 브라질 출장에서 막 돌아온 상태였고 다음 날엔 베를린과 파리로 떠날 예정이었다. 그녀는 멋진 인생을 살고 있었다. 마음이 따뜻하고 활기차고 똑똑한 그녀는 복잡한 오르막 지형에서 제대로 전진하는 천재적 능력을 보여주었다. 그녀는 자라면서 사회에 순응하고 다른 사람과 똑같이 사는 것이 더 수월하다는 점을 깨달았지만 "온전한 저 자신이 되고 제 목소리를 찾고 싶은 욕구가 간절했어요"라고 말했다.

만델리가 자신의 목소리를 찾고 싶었다고 말한 것은 단순한 비유가 아니었다. 만델리는 20대 초반, 미국에 왔을 때 이탈리아 억양이 섞인 발음이 불리하게 작용할까 봐 걱정했다. 그녀는 로버트 드니로나 줄리아 로버츠 같은 배우들이 배역을 위해 억양을 교정하려고 다녔던 학원에 대해 들었고, 일상생활에서 억양을 다듬기 위해 그곳에 등록했다. 그곳 교사는 모음을 미국인처럼 발음하기 위한 연습용 문장들을 그녀에게 과제로 내주었다. 'Dorothy, please stand while they sing the national anthem'이라는 문장을 집으로 가면서 계속 반복해 연습했던 것을 그녀는 지금까지도 기억한다.

그녀의 남편은 아내가 거울 앞에 서서 중얼거리는 이유를 이해하지 못했지만 만델리는 계속 연습했다. 직장에서 연습하던 중 한 코치를 마주쳤는데 그는 만델리의 상황을 다르게 보았다. 직장에서 사람들의 주목을 받고 싶어 한다고 이해한 것이다. 그는 미국인들의 주의력이 짧기로 소문났는데 외국인 억양에 더 오래 귀를 기울인다는 조사결과를 만델라에게 알려주었다.

"7초 더 길다고 말해준 것 같아요. 아주 긴 시간이죠!" 만델리가 내게 말했다. 그러한 이점을 놓치고 싶지 않았기에 그 억양 교정 학원을 그만두고서, 순응하기보다는 독창적인 것의 의미를 폭넓게 생각하기 시작했다. 불리하다고 여겨지는 점이 장점이 될 수 있다는 생각이 들었다. 다르다는 것은 기억할만하다는 의미이기도 하다. "저는 마음이 따뜻하고 열정적이에요. 그리고 외향적이라 자연스럽게 대화를 잘하죠. 밀라노 출신이니 패션 감각도 있어서 하이힐, 큰 보석과 액세서리도 잘하고 다녀요. 저는 그 모든 제 모습을 수용하고 그걸 강점으로 살리기로 했어요."

사업 분야의 천재들도 다른 분야의 천재들과 아주 다르지 않다. 어느 분야든 천재로 인식되려면 사람들의 인정과 주목이 필요하다. 만일 당신이 회의에서 기발한 아이디어를 냈을 땐 아무도 관심이 없다가, 당신의 남성 동료가 당신의 말을 반복하자 사람들이 반응을 보인다면 그 자리에서 당신의 천재성은 의미가 없어진다. 우리가 만난 날, 만델리는 이탈리아 ― 혹은 프랑스 ― 여성만 보일 수 있는 우아한 솜씨로 색상이 화려하고 큰 실크 스카프를 맨 차림새였다. 천재란 탁월한 능력과 명성의 교차 지점에 존재한다면 훌륭한 업적만으로 충분하지 않다. 사람들의 관심과 상상력을 사로잡는 것이 필요하다. 만델리는 젊은 여성들에게 절대 남을 몰래 관찰하는 사람이 되기보다, 당당하게 말하고 시선을 끄는 우아한 스카프를 매라는 조언을 한다고 했다.

나는 만델리에게 어린 시절의 제한적인 기대에서 어떻게 벗어났는지 물었다. 만델리는 여덟 살이었던 어느 날, 어머니와 어머니의 가장 친한 친구분과 쇼핑갔던 이야기를 해주었다. 그 친구분은 빨간색 구두와 순식간에 사랑에 빠졌고, 한참 그 구두를 만지며 좋아하더니 남편의 허락과 돈을 받기 위해 집에 간다고 말했다고 한다. "그건 자신이 누구인지 규정하는 중요한 순간 중 하나였어요. 전 구두를 사기 위해 누구의 허락이나 돈도 절대 요청하지 않을 거라고 속으로 되뇌었어요."

그 순간 만델리의 내면에서 뭔가가 번뜩였다. 수 세기 동안 사회가 바랐던 대로 순종적인 여성이 되는 데 만족하지 못한 천재 여성들처럼, 자신에겐 삶과 자립에 대한 권리가 있다는 깨달음이었다. 만델리는 그 당시엔 목표를 어떻게 성취해야 할지 알지 못했다. 어떤 직업을 추구해야 하고 어떤 기회가 자신에게 열려있는지 알기에는 너무 어렸다. 그럼에도 자신의 길을 찾을 거라는 확신이 있었다. 많은 천재 여성은 가능성을 보여주는 롤모델이 아닌 반대의 롤모델을 보고서도 자극을 받을 수 있다. 이는 자신이 주변에서 본 것이 되고 싶거나 그것을 선택하고 싶지 않다고 생각하게 되는 경우를 말한다. 그 과정에서 자신의 미래를 어느 정도 스스로 창조해 나가게 된다.

만델리는 밀라노에 있는, 세계적으로 유명한 대학에 들어간 후 훌륭한 경력을 쌓아갔다. 하버드 경영대학원을 들어갔고, 맥킨지 앤드 컴퍼니와 골드만삭스에서 일했다. 모든 직업이 여성들에게 만만치 않지만, 특히 금융계는 더 힘들다. 만델리는 '내가 하는 일에 탁월하지 못하면 살아남을 수 없다'라는 기본적인 전제에서 시작했다. 다시 말하지만 그것이 출발점이었다. 뒤이어 끝없는 출장, 장시간 업무, 자신을 깎아내리려고 하는 남자 상사 때문에 지치지 않음을 입증해야 하는 도전이 이어졌다.

"여성들에게 적절한 기회와 적절한 확장 업무를 주는 것을 가로막는 무의식적인 편견이 존재한다고 생각해요." 만델리가 말했다. 관리자는 여성을 중요한 고객 미팅에 보내지 않거나 경력에 중요한 일에 참여시키지 않을 수 있다. 또한, 무의식적인 편견 — 저 여직원이 정말로 팀에서 가장 똑똑한 사람이라고? — 외에도, 여직원이 결혼 후 출산하여 퇴사할 가능성이 있다는 무언의 우려가 존재한다. 그래서 '여직원한테 많이 투자할 이유가 있겠어?'라고 생각한다. 이러한 태도는 어느 직종에서나 존재하지만 남성 지배적인 금융계에서 특히 강하게 나타난다.

만델리는 그러한 문제를 직시하고 상사들에게 자신도 물론 출산을 하겠지만, 일이 중요하기 때문에 복귀할 거라고 분명히 말해두었다. 그들은 만델리를 신뢰했다. 만델리는 몇 년 후 쌍둥이를 출산하러 가기 전에도 상사들에게 똑같은 말을 했다. 그녀는 자신이 여자이기 때문에 항상 면밀히 관찰되고 다른 기준이 적용되고 있다는 점을 알았다. 불공평한가? 이게 현실이다. 그녀는 이 현실에 대해 뭔가 할 수 있는 위치에 오르고 나서야 움직였지, 그 지점에 이르기까지는 항상 최선을 다해야 했다. "일을 잘하는 것은 필수 조건이지만 그걸로 충분하지 않아요. 자신이 남다른 존재가 되는 것에 집중해야 해요. 나는 고유한 나 자신인데 사람들이 나를 좋아해 준다면 더할 나위 없이 좋죠. 하지만 좋아하지 않는다고 해도 괜찮아요."

나는 만델리가 화려한 스카프 없이도 골드만삭스(그녀는 여기서 17년 동안 일했다)의 상무이사가 되었을 거로 생각한다. 하지만 만델리의 스카프는 성공이 우연히 발생하지 않고, 천재성이란 어느 정도의 악착같은 끈질김에서 나온다는 점을 상기시켜준다.

만델리는 매일 스스로 최선을 다할 때 충만한 기분을 느끼지만 자신처럼 자신감을 유지하는 것이 다른 사람들에게는 자연스러운 일이 아니라는 점을 안다. 젊은 여성 직원들은 항상 그녀에게 조언을 구하러 와서, 남자 직원이 자신의 아이디어에 대한 공을 차지했다거나 상사가 자신의 기여를 무시한다며 낭패감을 드러낸다. 이 여성들은 남성들을 대상으로 싸울 가치가 있는 걸까 아니면 그만두어야 할까? 만델리는 그녀들에게 힘을 주고 가능성에 대한 인식을 불어넣어 주려고 노력한다.

"저는 이렇게 말해요. '○○○ 씨는 뛰어난 사람이라서 그 자리까지 간 거예요. 인생에는 끝없는 기회들이 존재해요. 다른 사람 때문에 낙담하거나 자신을 폄하하면서 상황 때문에 지치지 말아요.'"

좋은 조언이지만 따르기는 쉽지 않다. 실제로 사람들은 매일 직면하는 상황에 지치기 때문이다. 그럼에도 천재로서 성공하고 싶다면 험한 언덕이나 성차별적인 상황에 지치지 말고 자신의 성공을 믿어야 한다. 만델리는 초기에 자신에 대한 모욕을 무시했다. 출장을 가려고 비행기 일등석 객실에 들어선 순간, 1A 좌석에 앉은 남자가 외투를 걸어 달라고 했을 때는 약간 재미있다고 느끼기까지 했다. 만델리는 1B 좌석 승객으로서 옆자리에 앉아 진짜 승무원을 찾아주겠다고 정중히 제안했을 때 놀란 그의 얼굴을 보고 미소지었다. 이제 그런 일은 발생되지 않는다. 출장 다니는 많은 여성 임원이 비싼 좌석을 채우고 있기 때문이다. 하지만 새 고객과의 다양한 미팅 자리에서 그녀는 아직도 커피를 따라 달라는 요청을 받는다.

만델리는 이제 10대 초반이 된 아이들과 함께 주기적으로 가족회의를 열어 복잡한 주제를 토론한다고 내게 말했다. 아이들이 폭넓게 사고하고 의견을 표현함으로써 자기 목소리를 찾도록 도움을 주는 것이 만델리의 목표다. 최근에 이 가족은 그리스 신화에 초점을 맞추어 헤라클레스가 쾌락과 의무 사이에서 직면한 선택에 관해 대화를 나누었다. 한길로 가면 쾌락의 인생으로 이어진다. 반면 다른 길은 엄청난 시련과 고난으로 가득 차 있지만, 마침내 올림포스산의 신들과 함께 영원히 기억될 터였다. 만델리는 아이들이(아들 두 명과 딸 한 명) 토론하는 모습을 보면서 자기주장을 명확히 말하는 모습에 흡족했다. 그녀는 아이들이 항상 자신을 시험할 필요가 있고 최선을 다해야 하며, 자신이 생각하는 것보다 더 많은 부분을 스스로 통제할 수 있다는 점을 깨닫게 하는 것에 엄청난 기쁨을 느꼈다.

나는 만델리와 대화를 마치고 작별 인사로 포옹을 한 후, ― 그녀는 이탈리아 사람이니까 ― 그녀라면 그러한 그리스 신화를 어떻게 분석할까 잠시 생각해보았다. 만델라에게는 헤라클레스의 선택이 전혀 갈등이 아니겠다는 생각이 들었다. 의무를 다하는 데 만족감이 있기 때문이다. 장애물을 극복해 길을 찾고 다음 단계를 파악하는 것은 그녀가 지닌 천재성의 일면이다. 어쩌면 이러한 측면 때문에 올림포스산에 이를 수 있을지도 모른다.

우리는 밀라노 외곽의 작은 마을 출신인 모니카 만델리가 세계적인 명사가 된 것을 통해, 천재 여성들에겐 어떠한 편견이나 문화적 제약도 억누를 수 없는 성취에 대한 열망과 열정이 있다는 점을 깨닫는다. 이러한 여성들은 자기만의 원칙을 만드는데, 그런 꿋꿋함은 흔치 않으며 감탄할 만하다. 내가 걱정하는 여성들은 열망이 있으나 그것이 너무 쉽게 사그라지는 부류이다. 만델리는 끈질기게 밀고 나갔고 긍정적으로 생각하며 결코 멈추지 않았다. 하지만 그녀와 동종 업계나 다른 업계에 있는 수많은 여성의 경우 상사, 동료, 일반적인 사회로부터 끊임없이 부정적인 메시지를 받는 탓에 가장 높은 위치에 오를 수 있음에도 그러지 못한다.

오랜 세월 동안 여성들은 모욕을 당해도 사람들의 기분을 망치지 않기 위해 친절하게 굴고, 때로는 그 자리를 피해야 한다고 배워왔다. 하지만 이제 지나 데이비스처럼 많은 여성이 여기에 진절머리를 느껴서 새로운 방법을 찾고 있다. 내 친구 한 명이 주요 투자 은행에서 떠오르는 천재로 여겨졌던 27세 여성 스테프에 대해 말해주었다. 몇 년 동안 그 업계 유명 인사로 등극했던 그녀는 평범한 인사 평가와 — 은행업계 기준으로 — 낮은 연봉을 받고 충격적이었다. 무의식적 편견이 작용했다고 확신한 그녀는 유명한 업계 잡지에서 성차별의 위험 신호를 다룬 기사를 찾았다. 그녀는 기사를 읽으며 거기에서 경고된 표현들에 파란색으로 강조 표시를 했다. 가령, 여성에게 회의에서 너무 공격적이라고 말하거나 스타일이 거칠다고 말하는 것이다. 이러한 말은 남성에게 쓰일 때는 부정적으로 쓰이지 않는다. 그녀는 자신의 인사 평가서를 상사에게 가져가, 파란색으로 표시한 부분을 — 그 기사와 거의 비슷했다 — 뺐을 때 실제로 남는 평가 부분에 대해 지적했다. 그건 바로, 그녀가 강인하고 긍정적이며 같은 직급에 있는 직원들보다 더 많은 거래를 처리한다는 내용이었다. "이 부분을 근거로 한다면 승진시켜주시는 게 당연하죠." 그녀가 단호하게 말했다. 그는 피드백을 해주어 고맙다면서 무슨 말인지 이해했다고 말했다.

나는 이 이야기를 들었을 때 뿌듯했다. 만일 편견을 지적할 용기가 있다면 상대의 코를 납작하게 해줄 수 있다! 하지만 그 상사는 스테프에게 승진을 시켜주지 않았다. 6개월 후, 그녀는 그 직장을 그만두었다. 나는 그녀가 앞으로도 모든 사람이 기대하는 금융업계의 인기 많은 천재가 되기를 바란다. 그리고 그녀가 성차별이 담긴 인사 평가 일화를 활용하여, 다른 여성들에게 자신의 가치를 알고 인정받기를 요구해야 한다는 점을 상기시켜주기 바란다. 하지만 최근에 들은 소식에 의하면 그녀는 아직도 일자리를 찾고 있다. 만델리가 말한 대로 넘어지면 넘어질수록 일어서기가 더 힘들어진다. 일부 여성들이 자신에 대한 모든 역경에도 불구하고 살아남아 성공했다는 사실에 경외심을 느낀다. 하지만 우리는 그러한 역경을 바꾸어야 한다. 그래야 재능 있는 여성들이 자기 힘으로 문을 깨부수기보다 열린 문을 통해 더 쉽게 들어갈 수 있다. 몸에 멍이 들고 피가 흐르고 나서야 천재성을 인정받는 일은 앞으로 없어야 한다.

※

라슬로 바라바시는 사람들이 현재 시점에서 볼 때보다 과거를 돌아볼 때 여성들의 재능을 인정하는 경향이 있다고 지적했다. 바라바시는 연결망과 데이터베이스에 관한 연구를 하지 않는 시간에 헝가리 미술 작품을 수집한다. 이 가운데 여성 화가들의 작품도 많다. 그가 좋아하는 도라 마우러는 최근에 런던 테이트 미술관에서 단독 전시회를 했다. 하지만 그는 마우러가 80세가 넘은 지금에서야 명예를 얻게 되어 씁쓸해한다. "여성 화가들이 다시 중심으로 들어오고 있는 건 좋지만, 영향력이란 다른 사람들이 자신을 따르게 만들 수 있을 때 어느 정도 생겨나거든요. 우리는 여성들이 자기 일에서 인정을 받게 해줘야 해요. 그 부분이 우리가 여전히 놓치고 있는 부분이고 변화되어야 할 부분입니다."

그가 말했다.

내가 최근에 참석했던 대규모 자선 만찬회의 기조연설자가 한 대기업의 여성 CEO이었다. 그녀는 매력적이고 말을 잘하고 똑똑했다. 저녁 식사 후 나는 같은 테이블에 앉은 한 남성과 천재 여성들에 관한 대화를 시작했다.

"저를 안 좋게 생각하실지 모르지만 제가 했던 생각을 말씀드려도 될까요?" 그가 물었다.

내가 고개를 끄덕였다. 그는 아까 CEO가 연설하는 동안, 그 여성이 회사에서 모든 남성의 영향력과 깊이 뿌리 내린 성차별적 편견을 극복하고 최고 자리에 오른 것을 보니 그 분야의 진정한 천재가 분명하다는 생각을 했노라고 말했다. 그러다가 '아니면 그 회사가 회사의 이미지를 바꾸려고 하는데 CEO가 여성인 게 도움이 된 건가?'라는 생각도 했다고 말했다.

"제 생각을 인정하기 부끄럽지만, 저 같은 남자들이 성공한 여성을 봤을 때 처음 드는 생각은 '여자네'라는 것을 이해하셔야 합니다."

나는 전혀 충격을 받지 않았다고 대답했다. 사실, 그 여성 CEO가 누구보다 뛰어난 사람일 거라는 생각을 포함하여 두 가지 가능성을 모두 고려한 그를 내심 뿌듯해했다. 여성이 성공을 거두었을 때 어떤 타협이 있었을 거라고 짐작하는 경우가 너무 많기 때문이다. 그 여성 CEO는 한 남성으로부터 그 자리를 인수인계 받았다. 물론 이는 사실이다. 그 여성의 직업은 많은 남녀가 원하는 직업이다. 하지만 왜 우리는 남성이 그러한 직업에 대해 여성보다 더 자연스러운 권리를 가졌다고 생각하는 걸까?

편견을 인지하는 것 자체만으로도 변화가 시작될 수 있다. 그 만찬회 직후에 나는 마이크로소프트 리서치에 있는 암호학 연구회를 이끄는 수학자 크리스틴 로터Kristin Lauter와 대화를 나누었다. 크리스틴은 데이터를 개인 정보로 유지하는 새롭고 훌륭한 방법을 발견하여 그 분야에 변화를 일으켰다. 그리고 이를 입증할 특허증을 많이 보유하고 있다. 크리스틴의 연구는 매우 복잡하고 수학적으로 독창적이지만, 이것을 비밀 디코더링*에 대한 첨단 기술 업데이트로 생각할 수도 있다. 사람들을 나치 당원으로부터 구하기 위해 암호를 해독했던 엘리제베스 프리드먼을 기억하는가? 로터는 우리를 해커로부터 구해주기 위해 암호를 만든다. 로터는 학계에서 처음으로 마이크로소프트에 갔을 때 "제 논문을 이 세상에서 한두 명만 읽는 것이 아니라, 최고 경영진이 제가 말하는 것을 이해하고 싶어서 회의까지 연다는 사실에 몹시 감격했어요"라고 말했다. 타원 곡선 암호에 대한 그녀의 작업은 민감한 데이터의 개인 정보를 보호하기 위한 방식으로 윈도우 제품의 일부가 되었다. "저는 제가 아는 수학이 공익적으로 활용될 거라는 생각에 몹시 흥분했어요." 그녀가 말했다. 중요한 일을 한다는 것은 수학 분야의 여성에 대한 암묵적 편견을 바꾸

---

* 간단한 대체 암호를 해독하거나 반대로 작업하여 메시지를 암호화하는 장치 – 역주

겠다는 크리스틴의 동기이기도 했다.

2000년에 크리스틴은 쌍둥이 딸 출산이 임박해있었기에 유럽의 한 수학 학회에서 강연해달라는 초청을 거절했다. 그 후로 몇 년 동안 아무런 강연 초청을 받지 못했다. "여성들에겐 한 번의 기회가 오는데, 만일 어떤 행사를 놓치면 다시는 초청받지 못해요. 그쪽에서 아예 저를 명단에서 제외한 거죠." 그녀가 말했다.

똑똑하고, 끈질기고, 현상을 제대로 파악하는 크리스틴은 다시 주류에 들어갔다. 하지만 크리스틴이 예전에 참석했던 중요한 학회에 종종 한두 명의 여성만 참석했다고 한다. "한번은 일본에서 그 학회가 열렸는데 남성 백 명에 여성이 한 명만 참석했어요. 끔찍하죠." 크리스틴이 말했다. 어느 날 크리스틴은 동료 두 명과 함께, 그 학회에 참석해야 마땅하지만 초청받지 못했던 여성들 75명의 명단을 만들었다. 그 여성들은 어디에 있고, 왜 아무도 그녀들을 생각하지 않았던 걸까? 이러한 현상을 '한 명 초대하면 됐지' 증후군으로 부를 수 있겠다. 이는 여성들과 소수민족이 많은 영역에서 직면하는 문제다. 두어 명의 탁월한 여성만 형식적으로 인정하고서, 다양성을 지켰다고 착각하는 것이다. 하지만 그 정도로 남성과 여성이 원활하게 통합되는가? 비범한 여성들이 동등한 관심을 받을 자격이 있는 동료라는 인식이 존재하는가? 아니다. 아직은 아니다.

로터는 미국 여성 수학자 협회(AWM)의 회장이 되었고 여성들을 위한 연구 협업 모임을 만들었다. 정수론number theory에 초점을 맞추어 그 모임의 이름을 '정수론 분야의 여성들women in numbers'를 뜻하는 윈(WIN)으로 불렀다.* 이 모임이 상당한 성공을 거두자, 로터는 수학의 다양한 영역에서 일곱 개의 또 다른 네트워크를 만들었다. "위상 기하학 분야의 여성들 모임은 WIT예요. 하지만 저는 여전히 WIN이 가장 좋아요." 로터는 웃으며 말했다. 나는 여성들만 있는 수학 모임이 혹시 잘못된 메시지를 전달하지 않는지 물었다. '포용력 있게 남녀가 함께 연구하는 것이 더 낫지 않나?'라는 생각이 들었기 때문이다. 그녀는 그러한 목적에는 동의했지만 이렇게 지적했다. "전적으로 남성 중심의 계급 구조가 이 분야의 직업을 지배하고 있기 때문에, 더 많은 여성을 주목받게 만드는 적극적인 노력 없이는 아무것도 변하지 않을 거라고 생각해요."

로터는 15세에 고등학교를 졸업하고 시카고 대학에서 학사, 석사, 박사 학위를 받았다. 어떤 정의로든 로터는 수학 천재였지만 사회적 표준에는 맞지 않았다. "천재에 대한 신화는 여전히 존재하는데 천재로 인정되는 건 남성들뿐이에요." 로터가 말했다. 현재 로터의 두 딸은 시카고 대학에서 컴퓨터 공학을 전공하고 있다. 하지만 딸이 초등학교 2학년 때, 교사가 고급 수학반에

• 로터는 두 수학자, 콜로라도 주립 대학의 레이첼 프리스Rachel Pries와 캘거리 대학의 레나테 셰이들러Renate Scheidler와 함께 윈(WIN)을 시작했다. 협업의 필요성에 대한 로터의 믿음은 진실하다. 그래서인지 그녀는 이러한 협업에 관해 책에서 언급되는지 확인하려고 내게 두 번 연락했다.

서 두 명을 모두 탈락시켰다는 말을 로터에게 했다. 로터는 두 딸의 시험 결과를 확인했는데 모두 완벽한 점수였다. "저는 성 평등 문제를 해결하려고 노력하는 사람인데 우리 모녀가 남자 수학 교사의 편견에 직면했지 뭐예요. 화가 단단히 났어요. 그런 일이 아직도 일어난다는 데 분노했죠." 로터가 말했다. 결국, 그 교사는 사과했고 로터의 두 딸을 수업에 복귀시켰다. 하지만 만일 부모가 이러한 싸움을 하지 않는다면 어떻게 될까? 만일 7, 8세 자녀를 둔 부모가 자신은 똑똑한 자녀를 두었을 리 없다고 믿기 시작한다면 어떻게 될까?

로터는 수학 네트워크를 구성할 때 협업 모델을 만들어 선배 여성 수학자, 대학원생, 박사과정을 끝낸 연구원을 모이게 하여 함께 문제를 해결했다. 로터는 롤모델과 협력해보는 일에 강력한 힘이 있다고 믿었다. 그녀는 수학이란 단순히 증명하고 푸는 것 그 이상이라고 설명했다. 수학 논문을 읽고 평가도 해야 하기 때문에 더 많은 사람이 모일수록 더 많은 힘이 생겨난다고 말했다. 간과된 여성들의 연결망이 서로에게 영향력을 끼치기 시작하면서, 이 여성들이 강인해지고 주목을 받게 된 것이다.

이후에 로터와 나누었던 대화를 생각해보았는데, 함께 뭉쳐서 여성들이 영향력을 얻는 그 연결망은 레오 리오니의 책 『으뜸헤엄이』를 생각나게 했다. 아이들이 어렸을 때 내가 자주 읽어주었던 책이다. 이야기 시작 부분에서 큰 물고기가 작은 물고기들을 전부 꿀꺽 삼켜버려서 작은 물고기 딱 한 마리만 남는다. 살아남은 물고기인 으뜸헤엄이는 홀로 아름다운 바다를 탐험하다가 자신과 비슷한 또 다른 물고기 떼를 만난다. 그런데 이 물고기들은 잡아먹힐까 두려워 바다를 여행하지 않았다.

"그렇다고 언제까지 그렇게 숨어만 있을 거니! 무슨 수를 생각해봐야지." 으뜸헤엄이가 말한다. 이후, 으뜸헤엄이는 작은 물고기들이 가까이 붙어서 수영하게 만든다. 그렇게 모이니 마치 바다에 사는 큰 물고기처럼 보였다. 그렇게 새로 생긴 힘으로 이 물고기들은 행복하게 헤엄치면서 큰 물고기를 쫓아낸다.

자신의 천재성을 알리려면 자기만의 고유한 목소리를 찾아서, 그것이 편견을 극복하고 사람들의 주목을 받을 만큼 강해지기를 바라야 한다. 아니면 자신과 비슷한 사람들과 힘을 합쳐서, 가혹하고 냉혹한 환경에 주저앉을지도 모를 재능 있는 여성들과의 연결망을 만들어야 한다. 만일 이것이 성공한다면, 주변 사람들의 도움을 받아 자유롭고 안전하게 헤엄치며 시원한 물과 한낮의 햇빛을 즐길 수 있을 것이다.

15장

천재 여성들의
세상을 바꾸는 힘

나는 이 책을 쓰려고 수많은 천재 여성들을 인터뷰하면서 그녀
들의 공통점을 계속 찾았다. 천재들은 정의상 독특하고 개인적
특성을 지닌 존재이지만, 몇 가지 일관된 공통점도 존재하는 것
같다. 천재들 대부분은 삶의 어느 시점에서 자신을 지지하는 부
모나, 남성이든 여성이든 자신을 격려하는 멘토가 곁에 있었다.
천재들은 자신이 원하는 것을 추구하는 데 집요함과 투지를 보
였으며, 대개 올림픽 육상 선수들이 허들을 대하듯이 장애물을
대했다. 그러니까 금메달을 향한 여정에서 넘어서야 할 대상처럼
생각했다. 천재들은 꼬리표나 제한을 받아들이지 않았으며, 일반
적으로 천재성은 특정한 분야와 관련있고 성별과 상관이 없었다.
나는 천문학, 물리학, 미술, 작곡, 미생물학, 철학, 신경과학, 연극

계 등에서 탁월한 여성들을 만났다. 만일 이러한 분야들이 천재 여성과 관련 없어 보인다면 그것이 중요한 점이다. 여성들의 재능은 다양한 분야에서 드러난다. 그리고 여성 과학자들은 여성 화가나 작가보다 남성 과학자와 공통점이 더 많았다.

내가 만난 천재 여성들은 대부분 결혼을 했고 자녀가 있었으며, 집안일을 똑같이 — 때로는 더 많이 — 책임지는 배우자나 동반자가 있는 것이 좋다고 말했다. 이 여성들은 자신의 야망을 포기하지 않으면서 자녀들에게 헌신하는 것을 행복하게 여겼다. 남들과 많이 다른 존재라는 사실에 신경 쓰지 않았고, 고정관념을 거부했으며 자신만의 원칙을 정했다. 나는 그녀들이 딸에게 공주 옷을 입힐 거라고 생각하지 않는다. 이 여성들은 대부분 사회생활을 시작하면서 남녀의 구별을 상당히 의식하지 않았으며 남성 동료와 여성 동료 모두를 편안하게 느꼈다. 이 여성들은 성적 편견을 신경 쓰지 않거나 아예 무시하고 대안을 찾았다. 그리하여 훗날 뿌리 깊은 성차별에 맞서 싸우고 다른 여성들을 지지할 수 있는 위치에 올랐을 때 정확히 그렇게 했다. 이러한 여성들 가운데 일부는 어릴 때 영재였지만, 그랬든 아니었든지 간에 모든 재능에는 노력, 투지, 회복탄력성이 필요하다는 점을 이해했다.

그녀들이 여성에게 만만찮은 세상을 쾌활하고 긍정적이고 강인하게 대면하는 비결은 무엇인가? 이 여성들은 대부분 실패를 두려워하지 않았고, 역경에서 회복하는 데 아주 뛰어났다. 실패해도 다시 도전하는 것은 천재성 발휘의 일부이며, 처음부터 —

혹은 매번 — 제대로 하는 사람은 없다는 점을 알았다. 이러한 점을 받아들이는 것은 성공하기 위한 첫 단계다. 어느 해에 아카데미 여우주연상을 받고 몇 년 후 골든래즈베리상(혹은 래지상) 최악의 여우주연상을 받은 할리 베리를 떠올려보자. 할리 베리는 용기 있고 쾌활하게 래지상 시상식에 직접 나타나 상을 받았다. "많은 사람의 도움 없이는 래지상을 받을 수 없었기 때문에 수많은 분께 감사를 전합니다!"라고 할리 베리는 농담했다.[•] 그녀는 자신이 받았던 오스카상을 높이 쳐들며 자신은 래지상을 반납할 필요가 없다고 말했다.

본래 천재성은 어떤 사람을 남다르게, 특별하게, 독창적으로 만들어주는 재능이다. 천재적인 여성을 양성하는 요소는 시간이 지나면서 바뀔 수 있지만 내가 발견한 요소들은 다음과 같다. 바로, 천재 여성들이 어떤 시대나 장소에서도 번영하도록 도움이 되는 요소들이다.

지지해주는 한 사람

천재는 양성되어야 한다. 처음부터 완벽하게 형성되어있는 존재가 아니다. 역사적으로 여성들의 잠재력을 기꺼이 인정하거나 격려하는 사람들이 없었기 때문에 이러한 잠재력은 점점 약해졌다. 하지만 사회적 변화가 발생할 때 획기적인 결과가 나타난다.

• 할리 베리는 〈몬스터 볼〉로 오스카상을, 〈캣우먼〉으로 래지상을 받았다.

로봇 기술자 신시아 브리질의 부모는 어린 브리질을 과학박물관에 데려갔고 컴퓨터와 놀도록 격려했다. 앤 워치츠키는 그녀를 지지해주는 학구적 분위기의 동네에서 자랐다. 이웃 사람들은 앤에게 성공할 수 있다고 말해주었고, 앤이 자신의 길을 가며 23앤드미라는 혁신적 기업을 창업할 수 있게 한 자신감을 불어넣어 주었다. 몇 세기 전에 소포니스바 안귀솔라와 아르테미시아 젠틸레스키 같은 여성 화가들은 남편이나 부모님의 도움을 받아 재능을 발휘할 기회를 얻었다. 천재 여성들을 위해 온 세상이 그녀들 편일 필요는 없고 실제로도 전혀 그렇지 않다. 하지만 격려해주는 멘토나 교사, 또는 부모님 같은 한 사람의 존재가 아주 중요하다.

편견에 대한 무시

어디에서나 편견을 마주하는 여성들의 경우, 그 편견이 옳고 그름을 떠나 자신에게 방해가 되기도 한다. 천재 여성들은 자기 일에 대한 집중과 열정으로 자신을 의심하는 사람들을 무시할 때 성공한다. 1930년대에 연구를 한 리제 마이트너는 여성들을 허용하지 않아 과학 실험실을 이용하지 못했지만 연구를 이어갔다. 좀 더 최근 인물들을 살펴보자면, 천체물리학자 조 던클리는 옥스퍼드 대학에서 자신의 물리학 수업을 듣는 여성들이 얼마나 적은지 전혀 인식하지 않았다. 맥 어리는 나사와 예일대에서 '최초의 여성'이라는 호칭을 단 위치에 올랐을 때 자신에게 모든 길이 열려있고 무슨 일이든 할 수 있다고 믿었다. 던클리와 어리는 최고 위치에 오른 후에야 뒤를 돌아보며 자신이 직면했던 장애물들을 인지했다. 그리고 현재 후배 여성들을 위해 그러한 장애물을 제거해주는 일에 열정을 보인다. 결국 자신이 손 쓸 수 있는 위치에 오를 때까지는 구조적 문제를 무시할 필요가 있다는 것이다.

성별 구분을 뛰어넘기

천재 여성들은 자신을 제한하고 일정한 범주 안에 넣는 것을 거부하며, 여성이 하는 일을 깎아내리고 제약하는 성별 관습에 반대한다. 페이-페이 리의 부모는 여성을 제한하는 고정관념에 딸이 결코 순응하지 않길 바라며 성장 과정에서 독립적 사고를 고무시켜주었다. 인공지능 분야에서 그녀의 천재성은 제한 없이 폭넓은 사고력에서 나온다. 분자생물학자이자 프린스턴 대학의 총장인 셜리 틸먼은 두 눈을 감고 머릿속에 과학자를 그려보는 시간을 보냈다. 이때 남자 과학자만큼 여자 과학자를 떠올렸다. 천재 여성들은 차별을 만들어내는 사회적 메시지가, 남성과 여성의 뇌에 모자이크처럼 섞인 부분이 있다는 설명보다 더 완고하다는 점을 안다.

당신은 천재적 여성으로서 당신을 성별 고정관념의 한계가 없는 개인으로 정의하고, 당신의 고유한 재능이 홀로 설 수 있다는 점을 알아야 한다. 당신은 남성과 여성이라는 이분법을 초월하고 타인과 비슷해야 한다는 걱정을 하지 않으며, 가능성의 세계를 좁히는 기대에 순응하지 않는 능력이 필요하다.

긍정적 접근법

내가 대화를 나눈 대부분의 천재 여성은 어떤 모욕이나 거절, 편견에 직면해도 그 부정적 상황을 기회로 생각할 줄 알았다. 나는 누구와 대화를 해도, 그 여성들과 대화할 때보다 불평을 적게 들은 적이 없다. 화학자 프랜시스 아놀드는 여성들에게 세상을 부정적이고 두려운 태도가 아닌, 긍정적이고 강인한 태도로 직면하라고 격려한다. 아놀드는 어떤 상황에서든 좋은 면을 보는 능력이 있었기에 개인적으로 힘든 시간을 극복했다. 그리고 이러한 능력은 그녀가 스웨덴에 가서 노벨상을 받는 데에도 도움이 되었다. 아프리카계 미국인 연구 전문가인 캐롤 앤더슨은 여성들에겐 두 번의 기회가 오지 않는다는 점을 깨달았다. 그런데 이것이 아무리 불공평하더라도, 긍정성을 유지해 자신의 연구를 훌륭히 하려고 노력했다. 천재 여성들은 자신이 하는 일에 즐거움을 느끼며, 자신의 강하고 의미 있는 기여로 여성들의 능력에 대한 부정적인 사회적 메시지를 극복할 수 있다고 긍정적으로 생각한다.

주류에 속한다는 확신

당신은 만일 다른 사람들이 당신의 천재성을 알아봐 주고 칭찬해주길 바란다면, 당신의 재능을 폄하하거나 열외로 취급하고 싶어 하는 사람들을 겁내선 안 된다. 당신은 당신이 게임에 참여할 권리가 있다고 믿어야 한다. 브로드웨이의 천재 티나 랜도우는 자신이 여성 감독이 아니라 감독을 하는 여성이라고 말하며,

여성이라는 사실은 자신의 일부일 뿐이라는 점을 강조한다. 모니카 만델리는 멋진 삶을 추구하기 위해 이탈리아의 작은 마을에서 대담하게 벗어났다. 그녀에겐 성공하겠다는 열정과, 남과 달라도 괜찮다는 태도가 있었다. 프랑스 혁명 당시 제르멘 드 스탈은 여성으로서 권리가 없었지만, 평등과 자유에 대한 자기 입장에는 온전한 확신이 있었다. 그리고 자신의 목소리를 사람들이 듣게 할 방법을 찾았다. 천재 여성들은 그만둘 이유를 쉽게 전하는 그 어떤 대중문화의 메시지를 접하더라도, 자신이 아웃사이더라는 점을 인정하지 않으며 자신이 주류에서 활동할 수 있다고 확신한다.

다면적인 생활

바너드 칼리지 총장 사이언 베일락은 천재 여성들이 세상을 바꾸는 획기적인 연구를 하면서도, 때로는 아이의 도시락 싸는 것을 잊어버리는 엄마라는 사실을 인정한다는 점을 발견했다. 공학자인 안드레아 골드스미스와 다프니 콜러는 자신의 분야에 획기적인 혁신을 일으켰으며 자신의 아이들에게는 롤모델과 엄마로서도 좋은 본보기를 보였다. 천재 여성들에겐 많은 특성과 다양한 자아가 있다. 이들은 여배우 지나 데이비스처럼 자신의 목소리를 찾을 때, 자신을 규정하거나 제한하지 않을 때의 힘을 깨닫는다. 그리고 이들은 천재 여성이 되는 것의 진정한 즐거움은 스스로 다양함을 담아낸다는 점이라고 생각한다.

내가 만난 대부분의 천재 여성에겐 내가 감탄할 정도의 결단력과 강인한 성격이 있었다. 하지만 개인적인 불굴의 정신만으로 모든 문제를 해결할 수 있다는 것은 지나치게 낙관적인 생각이다. 자신감이 넘치고 자신을 믿으며 자신이 하는 일에 집중해서 장애물과 편견을 무시하더라도 구조적 불공평, 사회적 메시지, 암묵적 편견 때문에 좌절할 수 있다. 이때 과거와 현재의 천재 여성들은 이러한 상황을 바꾸는 데 도움이 된다. 이 여성들은 세상에 접근하는 다양한 방식을 보여주는 롤모델이기 때문이다. 이들이 사회적 기대에 순응하는 것을 거부한다는 사실은, 그러한 기대가 얼마나 터무니없는지 지적하는 데 도움이 된다. 여성들은 과학을 잘하지 못한다? 노벨상 수상자 프랜시스 아놀드를 제발 만나보길 바란다. 모성애는 훌륭한 경력을 쌓는 데 방해가 된다? 내가 만난 모든 천재 여성들에게 자녀와 가족이 있었다. 여성들은 획기적인 발명품을 만들지 못한다? 사교적인 로봇 지보에게 이 부분을 물어본다면 지보는 자신을 창조한 신시아 브리질에게 머리를 살짝 숙일 것이다.

내가 만난 모든 천재 여성들은 남성들이 일하는 분야에서 경쟁하여 저명해졌다. 그 여성들과 대화를 나누면서 남학생과 여학생이 어릴 때부터 함께 공부하며 서로를 신뢰하는 것이 얼마나 중요한지 깨달았다. 딸에게 '넌 뭐든 될 수 있어'라고 아무리 말해도, 분홍색 레고와 화학물질로 만든 미용제품 만들기 세트를 사준다면 여자는 남자와 다른 범주라는 메시지를 더 분명히 전달하는 셈이다. 우리는 남녀가 구분되는 재능은 없으며 우리가 스스로를 어떻게 보는지가 중요하다는 점을 인식해야 한다. 여배우 마임 비아릭은 마침내 두 눈으로 확인하기 전까지는 자신이 무엇이 될 수 있는지 모른다고 내게 말했다. 나는 딸에게 공주 옷을 사주는 부모들이 그런 옷을 우주 비행사 복으로 대체하거나, 적어도 보완하는 것을 고려해보길 바란다. 그렇게 하는 것이 정상적이고 보편적인 행동이 될 때 여성들은 위대한 성취를 이룰 수 있다.

우리가 여성의 탁월한 작품들이 전시되는 것을 당연하게 여긴다면, 여성 전시의 부족은 잘못되었고 이해 불가인 것처럼 보일 것이다. 최근에 《뉴욕 타임스》의 한 평론가가 뉴욕 현대 미술관의 주요 화랑들을 평가하면서, 여성 화가들의 부재에 '숨이 턱 막히는 듯했다'라고 묘사했다. 그 평론가는 미술관 측에 피카소의 작품을 일부 팔아서 여성들의 좀 더 중요한 작품을 구입해보라고 제안했다. 미술관 벽에 여성의 작품이 없자 평론가들이 이를 비판하는 지점에 이르렀다는 사실에…… 가슴이 벅차다. 여기서 핵심은 공정한 사회적 관점을 지녀야 한다는 것이 아니라, 남성 중심 사회에서 정의되지 않은 재능의 힘을 인정하는 것이다. 2019년, 뉴욕의 또 다른 미술관 구겐하임에서 화가 힐마 아프 클린트의 단독 전시회가 열렸을 때 이러한 힘은 분명히 드러났다. 클림트는 1900년대 초에 그림을 그렸고, 사후 20년 동안 자신의 작품을 봉인해달라는 유언을 남겼다. 만일 클림트가 여성 화가들이 예전과 다른 대우를 받기를 원해서 그렇게 한 것이라면 이는 옳았다. 그녀의 대담하고 철저히 추상적이고 영적인 작품들은 사람들을 몹시 놀라게 했다. 그래서 미술관 역사상 가장 많은 관람객이 이 전시회를 찾았다. 나는 어디엔가 있을 위대한 화가들인 클라라 피터스, 주디스 레이스테르가 명예를 회복했다고 느낄 것을 상상하면 기분이 좋다.

컴퓨터 시대를 여는 데 도움을 준 에이다 러브레이스와 그레이스 호퍼 같은 천재 여성들, 리제 마이트너처럼 일찍이 과학에 돌파구를 마련한 천재 여성들에게 우리는 영원히 빚을 지고 있다. 이처럼 재능이 있었지만 명성을 얻지 못한 여성들이 너무 많다. 1900년대 초에 하버드 대학교 천문대에서 연구한 헨리에타 스완 레빗은 더 정확하게 우주를 측정할 수 있는 별들의 밝기에 대해 발견했다. 그 당시에 레빗은 공적을 인정받지 못했지만, 에드윈 허블은 그녀의 연구를 활용하여 은하들의 거리를 재어 아주 유명해졌다. 심지어 그의 이름을 딴 허블 우주 망원경도 만들어졌다. 만일 당신이 천문학자의 이름을 들어본 적이 있다면 아마 허블일 것이다. 그는 큰 빚을 졌다. 어쩌면 다음에 달로 가는 로켓은 그녀의 이름을 따서 명명되어야 할지도 모르겠다.

여성들은 발견을 통해 우리에게 세상을 열어주었고 여전히 그렇게 하고 있다. 내가 이 책을 쓰기 위한 조사의 마지막 단계에 이르고 이 부분을 공개적으로 토론하기 시작하자, 나를 만났던 사람들이 내게 기사를 보내주었다. 획기적인 발견을 했거나, 엄청난 성과를 거두었지만 시간이 지난 후에야 인정을 받은 여성들의 기사를 말이다. 음악인, 화가, 과학자로서 반향을 일으키고 있는, 자신이 아는 탁월한 여성들에 관한 이야기를 해주는 사람들도 있었다. 나라고 그러한 여성들을 전부 포함하고 싶지 않았을까?

나도 그녀들을 모두 포함하고 싶었기에, 포괄적인 방법으로나마 비슷한 일을 한 것이길 바란다. 우리는 여성이 세상의 절반을 차지하고 있다는 점을 깨닫고 있다. 각 개인의 이야기에서 진정으로 드러난 사실은 여성의 재능과 천재성이 결합할 때 그 힘이 얼마나 강력한가 하는 점이다. 오래전부터 너무 많은 재능이 간과되거나 장려되지 못했다. 만일 이제 우리가 이것을 알아보고 그 잠재력에 매료된다면 나는 앞으로 세상이 아주 달라질 거라고 생각한다.

변화는 그 속도가 느리더라도 어쨌든 일어난다. 과거의 여성들이 잃어버릴 수밖에 없었던 것에 대해 우리가 이해하기 시작하자, 여성이 무엇을 할 수 있는지에 대한 우리의 인식도 바뀌고 있다. 이 책을 마무리하던 어느 날 저녁, 남편은 메트로폴리탄 오페라 하우스의 공연 표를 가져왔고 그렇게 우리는 기쁜 마음으로 좌석에 앉아 베르디가 작곡한 〈리골레토〉의 멋진 공연을 보았다. 나는 오페라광은 아니지만 19세기의 명곡을 듣는 모든 순간이 아주 좋았다. 3막에서 공작이 그의 유명한 아리아를 부를 때, 나

는 그 노래를 곧바로 알아차렸다. ─ 분명 당신도 그럴 것이다 ─
좌석 앞에 대사와 가사가 영어로 번역되는 스크린이 있었는데 나
는 매력적이고 유혹적인 그 노래의 가사를 보고 내심 놀랐다. 그
날 밤늦게 남편이 잠자리에 들 때 나는 그 가사를 언급했다.

"여자는 바람의 깃털처럼 변덕스럽네, 그녀는 항상 거짓말을
하고 항상 비참하지." 나는 기억나는 가사를 말해보았다. "그게
그 장엄한 아리아가 의미하는 건가?"

"당신이라면 어떻게 말하고 싶은데?" 남편이 물었다.

"여자는 힘 있고 강인해, 항상 용감하고 대담하네, 그중 최고
를 천재라 하지." 나는 어깨를 으쓱였다. 이 가사가 완벽하지 않
을지 모른다. 하지만 메트로폴리탄 오페라 하우스는 항상 작품을
새롭게 연출했다. 이 작품도 16세기 이탈리아 배경의 원작을
1960년대의 라스베이거스로 배경을 바꾸어 연출한 것이다. 그
러니 가사도 좀 바꿀 수 있지 않을까? 우리가 희망, 가능성, 발전
이 반영된 다른 세상을 원한다면, 오래된 고정관념을 버리고 새
로운 서술을 받아들여야 한다.

남편은 지금까지 몇 달 동안 여성과 천재에 대한 내 취재의 최
신 정보를 접해왔다. 기회를 전혀 얻지 못했던 모차르트의 누나,
자신이 얼마나 가치 있는지 깨닫지 못했던 클레어 포이, 자격이
충분한데도 노벨상을 받지 못했던 많은 탁월한 여성 과학자들에
대한 나의 연민과 격분의 말을 들었다. 또한, 수 세기 동안 얼마
나 많은 훌륭한 잠재력이 사라지고 버려졌는지, 우리가 여성의

천재성을 인정하고 격려할 때 무엇을 얻을 수 있는지 이해했다.

남편은 잠에 취한 듯했다. 오페라 시간이 길어서 피곤했던 모양이다. 자정 가까운 시간에 여성에 대한 예술적 묘사를 논하기보다 잠을 자고 싶어 했다. 하지만 팔로 나를 감싸서 가까이 끌어당겼다. 그리고 눈을 스르르 감으며 중얼거렸다.

"우리한테 정말 필요한 건 베르디의 누나가 작곡한 오페라야."

나는 그날 밤 잘 잤다. 우리가 진전을 이루고 있는지도 모른다는 생각이 들었다.

감사의 말

출판계의 두 천재 여성들의 지지와 격려를 받으며 이 책을 쓴다는 건 크나큰 즐거움이었다. 똑똑하고 끈기 있으며 처음부터 이 주제를 지지했던 앨리스 마텔과 내 책을 항상 더 좋은 책으로 만들어주는, 비범하고 통찰력 있는 편집자 질 슈왈츠먼에게 깊은 감사를 전한다. 그리고 크리스틴 볼, 존 파슬리, 에밀리 캔더스, 레베카 오델, 나탈리 처치, 마야 파시우토, 앨리스 달림플 등 더튼의 매력적인 팀원들에게 큰 감사를 전한다. 멋진 팀을 이끌어주는 매들린 매킨토시, 앨리슨 돕슨, 이반 헬드에게도 감사한 마음이다.

재능과 성과를 고려할 때 수잔 파인은 이 책에 나온 천재 여성들 가운데 한 명으로 불릴 자격이 있다. 이뿐만 아니라 수잔은 나

의 친한 친구이자 조언자이며, 초등학교 4학년 이후 나의 길잡이
별이 되어왔다. 크리스 다월과 밥 캐플런은 아낌없는 아이디어와
우정과 지지를 보내주었고, 우리가 서로 인척 관계라는 사실이
우리를 더 돈독하게 해주고 있다. 로버트 마셀로는 여전히 나를
웃게 하고 작가적 영감을 불어넣어 주며, 내 오랜 천재 친구이자
멘토인 헨리 자레키는 항상 통찰력과 독창적인 시각을 보여준다.
리사 델, 진 한프 코렐리츠, 카렌 카펠루토, 캔디 굴드, 린 슈너버
거, 웬디 해시몰, 베스 스커머, 레슬리 버먼, 낸시 캐플런, 안드레
아 밀러, 마샤 에드웰 등, 내가 생각을 발전시킬 때 격려와 조언
을 해준 많은 친구에게도 감사를 전한다.

　미국과 영국의 교수들, 과학자들, 화가들, 작가들을 포함한 천
재들이 자신의 이야기를 내게 공유해주었다. 그렇게 시간을 내주
고 통찰력을 보여준 그분들께 진심으로 감사드린다. 이 책에 담
아낸 분들과 담아내지 못한 분들의 솔직함, 탁월함, 투지에 경외
심을 느낀다. 스탠퍼드 대학의 천재 스티븐 보이드는 몇몇 탁월
한 여성을 굉장히 사려 깊게 소개해주었는데, 그의 친절한 도움
과 너그러운 마음에 감사를 드린다. 천재와 여성에 대한 글을 쓰
도록 격려해준 전략 컨설턴트 마이클 벌랜드에게도 깊은 감사를
전한다. 이 책에서 밝혔듯 그의 열정과 올바른 시각, 더불어 그의
여론 조사 결과는 내가 처음에 이 분야에 흥미를 느끼게 만든 중
요한 요인이다. 항상 참고 도서를 찾게 도와주고 기분을 북돋아
준 예일 클럽의 사서 크리스티나 카스만과 조교 데비 뉴젠트에

게도 감사를 전한다.

　제이콥과 엘리에게도 감사를 전한다. 하루 동안 글을 쓴 후에 두 사람의 이야기를 듣는 것보다 더 좋은 것은 없었기 때문이다. 천재성과 즐거움을 어우르는 방법에 대한 영감을 준 잭, 애니, 맷, 폴린에게 존경과 사랑의 마음을 전한다. 남편 론 데넷은 내 말에 귀 기울여주었고 내 생각을 발전시키는 데 도움을 주었다. 내가 앞에서 원고를 여러 번 큰 소리로 읽을 때 지혜와 격려의 말을 해준 남편이다. 내가 쓴 다른 책들의 독자분들은 그를 잘생긴 남편으로 알고 있을 것이다. 하지만 그는 평등을 믿는, 전형적으로 강인한 사람이기도 하다. 작가 틸리 올슨은 이런 말을 한 적이 있다. 남성 작가는 '제 아내에게 이 책을 바칩니다. 아내가 없었다면……' 같은 헌정사를 쓸 수 있지만, 여성 작가는 결코 그러한 지원을 받지 못한다고 말이다. 나는 그러한 지원을 받았다. 그러니 이 책을 남편 론에게 바친다. 남편이 없다면…… 그 무엇도 정말 중요하지 않다.

여성의 천재성

초판 1쇄 발행　2021년 5월 20일

지은이 ｜ 제니스 캐플런
옮긴이 ｜ 김은경
발행인 ｜ 홍경숙
발행처 ｜ 위너스북

경영총괄 ｜ 안경찬
기획편집 ｜ 박혜민, 안미성
마케팅 ｜ 박미애

출판등록 ｜ 2008년 5월 2일 제2008-000221호
주소 ｜ 서울 마포구 토정로 222, 201호(한국출판콘텐츠센터)
주문전화 ｜ 02-325-8901
팩스 ｜ 02-325-8902

표지디자인 ｜ 김종민
본문디자인 ｜ 김수미
지업사 ｜ 한서지업
인쇄 ｜ 영신문화사

ISBN　979-11-89352-40-0　(13190)